北京市减轻农民负担历史回顾

（1990—2014）

陈水乡 主编

中国农业出版社

图书在版编目（CIP）数据

北京市减轻农民负担历史回顾：1990～2014 / 陈水乡主编．—北京：中国农业出版社，2015.6

ISBN 978-7-109-20499-7

Ⅰ.①北…　Ⅱ.①陈…　Ⅲ.①农民负担-农业政策-北京市-1990～2014　Ⅳ.①F323.8

中国版本图书馆 CIP 数据核字（2015）第 112326 号

中国农业出版社出版

（北京市朝阳区麦子店街 18 号楼）

（邮政编码 100125）

责任编辑　姚　红

北京中兴印刷有限公司印刷　　新华书店北京发行所发行

2015 年 6 月第 1 版　　2015 年 6 月北京第 1 次印刷

开本：700mm×1000mm　1/16　　印张：13.75

字数：246 千字

定价：45.00 元

编　委　会

序　　言

1978年，党的十一届三中全会吹响了中国改革开放的号角。改革首先从农村开始，家庭联产承包政策的实施，极大地调动了农民群众的生产积极性。农业生产迅速发展，农民收入大幅度提高，城乡差别有所缩小。但是，当城市改革起步以后，由于城乡分割的公共产品供给体制没有得到根本改变，进入20世纪80年代末90年代初，农民承担的工农业产品价格剪刀差负担又回归到1980年以前的水平。城乡居民收入比改革开放之前进一步扩大。在农村公共产品供给“民办公助”的体制下，为了筹集农村各项事业发展所需资金，面向农民的集资、收费、罚款和各种摊派处于失控状态。大大超过了农民的承受能力，加上农业生产资料涨价和一段时间农副产品收购打“白条”，严重挫伤了农民发展生产的积极性，影响了党群、干群关系，农民群众很不满意。对此，党中央、国务院非常重视，及时做出了减轻农民负担的重大决策，连续出台了一系列的有关政策、文件和规定，要求各地加强对农民负担的监督管理。农民负担监督管理成为农村经济经营管理工作的重要任务之一。减轻还是加重农民负担，不是少拿还是多拿几个钱的问题，而是保护还是挫伤农民生产积极性的问题，是促进还是阻碍农村生产力发展的问题，是赢得还是丧失群众信任和拥护的问题，是维护还是动摇基层政权的问题，是落实科学发展观的具体体现。减轻农民负担事关大局，事关全局，影响大，意义大。

在中共北京市委员会和北京市人民政府的领导下，北京市从1990年开始，组建了由农村工作、纪检监察、法制、财政、物价、农村合作经营管理等部门组成的各级政府减轻农村负担工作机构。25年来，按照中共中央和国务院部署，结合北京市实际，制定了一系列减轻农民负担的法律、法规、政策和制度，采取了执法检查、专项审计、明察暗访等一系列行之有效的方法，深入、持久地开展了减轻农民负担工作，取得了显著成效。一是全面清理、取消了大批面向农民和农村集体经济组织、乡村企业的收费、集资、罚款、摊派以及达标升级项目。二是治理了对农民和农村集体经济组织、乡村企业的乱收费、乱集资、乱罚款和各种摊派行为。三是对在教育、土地征占、市政市容管理、报刊订阅、无偿献血、生产资料供应、运输车辆管理、农村供电、农民建房、水资源管理、污水处理、电影放映等环节加重农民负担的行为反复进行了专项治理。四是推进了农村税费改革和综合改革。着力解决增加农民负担的深层次问题，取消了延续2 600多年的农业税；改革农村公共产品供给体制，政府财政支出大幅度向郊区、农村、农民倾斜；全面推进农村基础设施建设，有效地改变了郊区农村面貌。五是减负增收同步抓，采取一系列支农惠民政策和财政补贴政策，增加农民就业岗位和收入；推进集体经济产权制度改革和林权改革，增加农民财政性收入。六是查处了一大批损害农民利益、加重农民负担的案（事）件，遏制了各种加重农民负担、损害农民利益的腐败行为，有力地保护了农民和农村集体经济组织、乡村企业的合法权益。七是增强了各级党委、政府和干部的法制观念和群众路线观念，促使他们把对上负责和对农民负责统一起来，转变工作作风，依法行政、依法保护农民利益、减轻农民负担，有效地密切了农村党群、政群、干群关系，增强了基层组织执政能力，促进了农村社会稳定和谐与基层政权的巩固。

本书共分为七章，第一章减轻农民负担综述；第二章减轻农民负担过程；第三章农民负担监督管理执法检查；第四章减轻农民负担工作制度；第五章农民负担项目的清理与专项治理；第六章农村税费改革；第七章农村综合改革。北京市减轻农民负担工作的历史，是各级政府农民负担监督管理部门与其他相关机构、组织之间长期博弈的过程。为了党的整体利益，为了革命政权的巩固，为了保护农民的合法权益，北京市各级农民负担监督管理干部在自己的岗位上恪尽职守、依法行政，默默奉献，得到了农民的欢呼与赞许，使农民减负增收，为农村社会带来稳定与和谐。为了反映北京市1990—2014年共25年期间减轻农民负担工作全过程，总结减轻农民负担工作的丰富经验，让后人记住这一难以忘怀的艰难历程，北京市农村经济研究中心史志处组织专家撰写了本书。本书的记述时期为1990—2014年。为了使读者对历史有一个全面的了解，本书对古代、民国时期以及改革开放之前的农民负担情况进行了简单描述。本书主编为北京市农村经济研究中心史志处长、高级经济师陈水乡；主笔为原北京市农村负担监督管理办公室主任、中国合作经济学会副会长、高级会计师黄中廷。在本书编写过程中，得到北京市农村工作委员会农村改革与经营管理处侯书江处长、北京市农村经济研究中心社会处吴新生副处长等同志的大力支持，在此特表示感谢！由于历史资料保存不全，本书存在资料不够全面、不够翔实的缺陷，敬请广大读者见谅。

编　者

2015年2月27日

目　录

京市农村经济研究中心史志处组织专家撰写了本书。本书的记述时期为1990—2014年。为了使读者对历史有一个全面的了解，本书对古代、民国时期以及改革开放之前的农民负担情况进行了简单描述。本书主编为北京市农村经济研究中心史志处长、高级经济师陈水乡；主笔为原北京市农村负担监督管理办公室主任、中国合作经济学会副会长、高级会计师黄中廷。在本书编写过程中，得到北京市农村工作委员会农村改革与经营管理处侯书江处长、北京市农村经济研究中心社会处吴新生副处长等同志的大力支持，在此特表示感谢！由于历史资料保存不全，本书存在资料不够全面、不够翔实的缺陷，敬请广大读者见谅。

编　者

2015年2月27日

目　　录

第一章　减轻农民负担综述

所谓农民，《汉书·食货志》说："辟土殖谷曰农"。《辞海》称："直接从事农业生产的劳动者。"在中国现代城乡分割的户籍管理体制下，凡是户籍注明为农业人口的居民都是农民，而不论其是否直接从事农业生产经营。所谓农民负担，是指农民无偿向社会提供剩余价值的总和。农民负担的实质是我国经济发展不同阶段所表现出来的国家与农民利益分配关系。农民负担属中性词汇，既包括农民承担的合理负担，也包括不合理负担；既包括合法负担，也包括不合法负担；既包括有形负担，也包括隐形负担。农民负担重，会打击农民生产积极性，阻碍农村生产力发展，影响农村社会乃至整个国家政权的稳定；农民负担轻，能调动农民生产积极性，促进农村生产力发展，促进农村社会乃至整个国家政权的稳定。我国古代思想家孔子曰："百姓足，君孰与不足；百姓不足，君孰与足"；又说"财聚则民散，财散则民聚"；"不患寡而患不均，不患贫而患不安。"《管子·治国》中说："凡治国之道，必先富民，民富则易治也，民贫则难治也。"所以农民负担问题不仅仅是经济问题，也是政治问题；不仅仅影响到农民的收入水平，也是影响到社会和政权稳固的大问题。

第一节　古代农民负担

几千年的古代中国社会，基本上一直是以农民为主的农业社会。农民负担主要以三种形态存在，一是田赋，二是徭役，三是其他苛捐杂税。中国进入封建社会后，形成地主阶级与农民阶级两大对立阶级。代表地主阶级利益的封建王朝兴盛衰败与农民负担的轻重有着密不可分的相关性。历史上农民负担重直接导致了无数次农民起义，所以一部中国封建社会历史，也是一部农民对沉重的负担行为进行反抗的历史。在封建王朝统治阶级内部，也一直进行着是加重农民负担还是"轻徭薄赋"减轻农民负担的激烈斗争。

一、古代农民负担

夏商周时期实行井田制，采取贡（实物地租）、助（劳役地租）和彻（以贡为主与助为辅）三种税赋制度。夏商周三代农业生产水平不同，但是税率都是10%（数年收获量平均数的"什一"）。

古代农耕图

秦汉时期实行封建土地私有制。《汉书》説：“古者税民不过什一之利，至秦力役三十倍于古，田租田赋，盐铁公之利，二十倍于古，或耕豪民之田，见税什伍，故民常衣牛马之衣，而食犬彘之食，重以贪暴之吏，刑戮妄加，民愁亡聊，亡逃山林，转为盗贼”。同时征收人头税。汉代从汉高祖开始实行实物地租“十五税一”，至汉文帝实行“三十税一”，创造了“文景之治”的农业盛世。

三国两晋南北朝时期。曹魏改汉代按照土地收获量征收为土地税按亩征收，亩收四升。西晋实行“户调法”，田租比曹魏时期提高50%，田赋则提高一倍。南北朝在沿袭东晋“户调法”的基础上增加了许多杂税和杂调。北魏实行“均田制”，采用有利于地主阶级的“九品混通”，农民与地主的户等量，地主负担轻，而农民负担重。

隋唐五代时期实行均田制。唐朝前期实行“租庸调法”。租为田赋，每丁租粟二石，调为向政府交纳的特产品，庸为劳役代替纳物。每丁每年服役20日。唐代后期实行“两税法”，一是按各户资产定分等级，依率征收；二是征税原则是量出制入简化手续，统一征收；三是证课时期分夏秋两季；四是两税证课资产，按钱计算。

两宋的税赋制度，名目繁多，提出了几种“均税法”。北宋的民田税，北方每亩官税一斗，南方官税三斗。此外还有“官田税”“身丁税”“和籴与和实”。南宋时期税赋比北宋还高，名目繁多。

元代实行官田与民田并存的土地制度，征收地税与丁税，上田三升，中田二升半，下田二升，水田五升。除正税之外还有科差、包银等杂税。

明代实行官田与民田土地制度。朱元璋推翻元朝以后，针对元代名目繁多的税种，普查土地与人口，制定“黄鳞册”和“黄册”作为赋役制度的基础，减轻农民负担。明代后期实行“一条鞭法”负担新税制。

清代沿袭明代土地制度，前期沿袭明代税赋制度，后期实行“摊丁入亩”。①

二、古代三次税费改革

为了调和统治阶级与农民的矛盾，巩固政权、发展生产，中国古代历史上进行了三次较为重要的税费改革。

第一次是唐代的“两税法”。公元780年（建中元年），唐德宗接受宰相杨炎的建议，实行两税法改革。一是归并税目，把当时繁杂的税种合并为户税和地税两种；二是集中征税时间，一年分为夏秋两次征收；三是费改税，将各种名目繁多的收费改为正税。

第二次是明代的“一条鞭法”。公元1581年（万历九年），明王朝接受内阁首辅张居正的建议，实行一条鞭法，把各种徭役、田赋和各种杂费，并而为一。一是化繁为简，统归为一，即合并各种税赋为田赋一种，以田亩为对象，一次性征收。各种名目的收费、摊派、额外附加等也合并成一条，归入田赋，税费合一，一次征收。二是“役归于地，计亩征收”，将扰民最重的劳役并入田赋之中。三是征收的田赋一律折合银两交纳。四是官收官解，由地方官吏直接征收后解缴国库。

第三次是清代的“摊丁入亩（地）”。就是把原来的按丁征收的丁银并入地赋内征收，地丁合一，实际上就是废除人头税，增加地赋。“摊丁入亩”是明朝一条鞭法赋役制度的再统一，不仅有利于国家财税制度的贯彻，而且促进了各地社会经济的发展。

历史上的这三次较为重要的税费改革有三个共同特点：一是改革背景相似，大多是由于原来的财税体制弊病丛生，难以继续执行下去，收费名目繁多，数额巨大，管理失控；贪官污吏滥用职权，坐收坐支，中饱私囊；国家财政状况危机日深；农民不堪重负，破产流亡，威胁到政权的稳固。二是改革的内容相似，基本上是改费为税，统一税制，化繁为简，官收官解。三是改革的效果大体上相同，即省费便民，规范了收费管理，扩大了税基，增加了中央财政收入，加强了中央财权的集中统一，限制了地方越权收费和巧立名目收费。但是，这三次改革不仅未能彻底解决乱收费的问题，反而为下一次加费增税垫高了门槛，使得农民负担更加沉重。这就是明清时期的思想家黄宗羲

---

① 参考张秋锦、张强、龚介民、吴志冲，《农本论》，中国农业出版社，2008年，第49～57页。

总结的“积累莫返之害”，也就是著名的“黄宗羲定律”。

被称为中国启蒙思想家的明清大儒黄宗羲，不仅对明王朝而且对整个传统体制都进行了深刻反思。他批判一条鞭法而要求恢复赋役分征，是极有洞见的。他的评论实际上远远超出一条鞭法本身，对传统封建王朝千年以来农民负担问题及其解决方法的根本缺陷，也堪称认识深刻。包括一条鞭法在内的历代“并税式改革”，连同“易知由单”这样的配套措施，在中国历史上都是屡屡出现。由于我国传统赋役历来就有“明税轻、暗税重、横征杂派无底洞”的弊病，而在专制封建王朝费用刚性增长的条件下，财政安排只能“量出制入”而不能“量入为出”。为克服胡征乱派之弊、减少税收流失和官吏层层贪污，并税—除费—简化税则，就成为主流的改革思路。仅在明清两代，就搞过“征一法”“一串铃”“一条鞭”“地丁合一”，等等。其宗旨都是要求把从朝廷到基层的明暗正杂诸税（赋、役）“悉并为一条”“一切总征之”。同时下令不得再征他费，往往还给农民发放“易知由单”（法定税目表），允许农民照单纳税并拒纳所列税目以外的杂派。

黄宗羲画像

一般说来，历史上的税制改革大都可以在短期内使“向来丛弊为之一清”。然而它的中长期效果却无例外地与初衷相反。原来税种繁多时虽有官吏易于上下其手之弊，但这些税种包括了能够“巧立”的一切“名目”，也使后来者难以再出新花样。如今并而为一，诸名目尽失，恰好为后人新立名目创造了条件。时间稍移，人们“忘了”今天的“正税”已包含了以前的杂派，一旦“杂用”不足，便会重出加派。黄宗羲精辟地把它总结为“积累莫返之害”，他说唐初的租庸调制度本来分为土地税（“租”，征收谷物）、人头税（“庸”，征收绢）和户税（“调”，征收麻布）。晚唐杨炎改革为两税法，全都以贫富（即占有土地的多少）为标准来征收，虽然没有了户税和人头税的名目，其实这两项征收已经并入了土地税中。相沿至宋朝，一直没有从中减去户税和人头税，然而却在此之外重又开征新的人头税目（“丁身钱米”）。后人习以为常，认为“两税”只是土地税，“丁身”才是户税和人头税，其实那是重复征收的。如果当初不把庸、调之名目取消，何至于此？所以杨炎的税制改革一时有小利，却给后世留下大害。到明代，在两税、丁口税之外，又征劳役（力差）和代役租（银差），本来是十年轮一次的。嘉靖末年改革为一条鞭法，把两税、丁口、差役和各项杂派全都归并到一起征收，原来每十年中轮值一年的差役负担，如今分摊到十年里征收了。这实际上是把银、力二差又归并到了两税中。但不久每到轮值之年，各种杂役又纷纷派了下来。后人习以为常，认为“一条鞭”只是两税，而杂役则是该着轮流当差的，谁知道那也是重复征收的？如果当初不取消银差、力差的名目，何至于此？所以一条鞭法也是一时有小利，却给后世留下大害。到明末，朝廷又先后加派旧饷（辽饷）500 万两，新饷（剿饷）900 万两和练饷 730 万两。户部尚书倪元璐要改革，又把三饷归并为一，实际上是把这些杂派又并入了正税（“两税”）。人们以两税之征为理所当然，岂知其中包含的三饷加派正是导致明朝灭亡的原因之一。设若三饷之名目不改，人们或许还会顾其名思其义，知道这是税外的加派。

三、古代农民负担的特征

中国农民负担问题，具有以下六个特征：一是历史长。最早可以追溯到公元前 11 世纪的周代。之后几乎每一个朝代都不同程度出现过，而且越是新旧朝代更替时期，越是兵荒马乱、军阀混战时期，农民负担就越重。二是名目多。中国历史上对农民的收费项目五花八门，名目繁多。明代全国苛捐杂税不下千种。三是数额大。历史上费大于税、费重于税的现象司空见惯，杂税远远高于正税。四是范围广。全国各地都不同程度地存在乱收费现象；收费几乎是无物不征。五是危害大。繁重的农民负担使得农业生产力长期低下，农业发展十分缓慢，社会风气恶化，农民起义时常发生。六是具有反复性。增而复减，减而复增的情况一直存在。

农民起义

第二节　民国时期农民负担

一、民国初期农民负担

20 世纪初，以孙中山为代表的资产阶级革命派发动辛亥革命，建立了中华民国，但不久辛亥革命的果实被袁世凯窃取。袁氏在实行专制独裁统治的同时，对人民大肆搜刮。如，1914 年仅田赋改征银圆一项，“直隶增收一百二十万元，江西、江苏两省或增收一百三十万元或增收一百七十万元，其他各省除浙江增收五百万元外，均增收四五十万元至八九十几万元，均较前清旧额增收倍徒。”北洋时期田赋正额基本呈逐年上升趋势。各省正税之外的附加税越来越重。1914 年，北京政府通令山东、直隶两省于完纳地丁漕粮正额之外，附加 10％的收费。次年，通令各省仿效，但规定，不得超过正税的 30％。

银圆，俗称袁大头

二、国民政府时期农民负担

1928 年，南京政府中央和地方划分税收税目。田赋为地方税种，田赋附加成为地方政府财政收入的主要来源和各地军阀筹集军费的重要手段。抗战前，全国附加税数目在 673 种以上。税率一般超过正税 1～2 倍，甚至高达 80 多倍。南京国民政府直接统治的江苏省许多地方的田赋附加税到 1933 年已经超过正税 10 余倍至 26 倍以上。军阀混战中，兵差也成为军阀筹措军需品的一种简捷手段。据 1929 年、1930 年两年报纸记载，军阀派征的实物不下百种。各种经费随粮带征，战区农民则无代价地提供民夫，不少地区的军阀摊派超过正税的数倍。1930 年蒋阎冯中原大战时，河南商丘、郏县、柘城的兵差平均占丁正税的 40 倍。任意实行田赋的“超年预征”是军阀搜刮民财的又一手段。抗战前，实行超年预征的有河北、山东、四川省。1926 年，四川梓潼县田赋预征到 1957 年。1932 年，二十四军已征到 1958 年，二十八军已征到 1978 年，川陕地区实际已征到百年以上。

民国后期物价飞涨，
货币贬值，人民苦不堪言

抗日战争期间，南京政府推行了田赋“三征”——征实、征购和征借。征实（1941 年 8 月在全国实行）就是将以前货币农业税改为直接征收粮食，标准是每一元税款折征稻谷 2 斗，1942 年又提高到 4 斗。各省可以参照这个比数，根据具体情况酌定各自的折征率。1942 年，国民政府在田赋征实之外实行粮食征购。由于征购扰民太甚，引起民间强烈反对，国民政府遂于 1944 年废止征购，改行征借，即暂时加收钱粮或田税，规定五年后归还。通过“三征”，国民政府在抗战时期从农民手中获得粮食 2.449 亿石，抗战以后又征得 0.924 亿石。“三征”折价不公，官方定价远低于市场价格，农民亏累甚重，“借征”名为借贷，实际是借而不还，与摊派无异。另外，“三征”过程为中营私舞弊、中饱私囊现象繁多。因此，“三征”大大加重了农民负担。

在抗日战争期间及抗战胜利以后，国民政府统治区在恶性通货膨胀下，工业品与农产品交换价格的剪刀差更加扩大，通常保持在三倍左右。以重庆市为例，重庆市趸售物价按加工程序分类的指数，若以 1937 年上半年为 1，到 1945 年 7 月，原材料 1 639.50，半成品价为 2 535.00，制成品为 7 810.70，其剪刀差已经分别拉到了 1.55 和 4.76。当时中国的工业主要是轻工业，上述原料价格实际上就是农产品价格。工农产品剪刀差过大，进一步加重了农民负担。

三、革命根据地、抗日根据地和解放区的农民负担

大革命时代以后，中国共产党通过武装斗争建立了革命根据地。土地革命前期，各地革命根据地普遍实行了向封建剥削者进行“没收、征收”的筹粮筹款方式，以解决红军给养，由于负担落在了剥削者身上，有利于减轻根据地农民的负担。土地革命后期，革命根据地的主要筹款筹粮方式是征税，税收主要有两种：一是土地税，向农民直接征收；二是商业税，向商人征收。另外，少数根据地还征收过摊子税、屠宰税和特种税等。土地税的征收，贯彻了集中经济力量供给战争，同时极力改善民众的生活的原则。

向农民征收土地税最初是 1927 年 8 月 3 日，中共中央在《关于湘、鄂、赣、粤四省农民暴动大纲》中提出的。但在 1927 年到 1929 年间，尽管红军给养困难，鉴于农民尚未得到土地或刚刚分到土地，生活比较贫苦，绝大多数地方都未向农民征税。1930 年以后，农民普遍分田受惠，经济状况有所好转，而且随着根据地的扩大和红军人数的增多以及国民党军队的多次“围剿”，各根据地单靠打土豪已不能克服财政困难。在这种情况下，革命根据地较为普遍地向农民征收了土地税。但从 1930 年到 1932 年，征收数额较小，农民负担还是较轻，一般占到田产量的 8%～9%。1932 年底以后，由于敌人的围剿越来越凶，封锁越来越紧，而在红军数量猛增的同时根据地面积又越来越小。为保证战争之需，各根据地增加了土地税的额度，而且逐级分配指标，责令各区乡如数完成。此外，还开展了借谷运动，并多次向农民摊销公债。这一时期根据地的农民承受的负担是很重的，约占当年农业产量的 15.7%。

红军长征初到陕北时，由于粮食供应很困难。1936 年为保障红军东征军需，中共陕北省委、陕北省政府连续发出《关于卖粮借粮的决定》和《关于紧急动员收集粮食的决定》，向农民买粮 5 950 石、借粮 3 550 石。当时只有九个

县的农民拿出那么多粮食，负担是很大的。

抗日战争时期，全国19块抗日根据地中，除陕甘宁边区部分地区已经平分土地，农民分得的土地不再退回外，其余地区均实行“耕者有其田”政策，改行减租减息（二五减息）。减租减息政策的实施限制了封建剥削，减轻了农民的地租负担和高利息负担。农民负担主要是财粮负担、战勤负担、社会负担（农民为抗日军人、抗日工作人员的家属代耕、代种或代粮）以及农民所受的封建剥削（交租交息部分）。农民出的钱、粮，一般分别占根据地经费总额的50%以上和筹粮总数的90%以上。1940年以前，陕甘宁、晋察冀和晋绥等根据地农业税征收额不超过产量的10%。在1941年和1942年根据地经济困难时期，农民负担有所加重，有的甚至比抗日战争爆发前增加了3～4倍。如，1941年陕甘宁边区农民人力负担每劳力平均100～115天，农民饲养的牲畜负担平均每畜65～75天，农民的正式财粮负担人均小米54斤[①]，占总收入的15.31%，非正式财粮负担人均81斤，占总收入的23.14%。

从1943年到1945年，由于在延安开展了大生产运动，八路军自力更生在南泥湾开荒种粮，农民负担又趋于减轻，陕甘宁边区农民财粮负担与农民收入之比降到10%以下。抗日战争时期，中共中央对各阶级负担的安排在政策上要求“有力出力，有钱出钱”。到1940年9月，正式决定在根据地推行统一累进税制，即在废除田赋和其他旧税的基础上，把土地财产税、所得税和营业税，按照合理负担的原则，分级次、分税率统一征收。在实行统一累进税的地方，由于消除了苛捐杂税，而且纳税人数增多，政府财政收入增加，纳税人负担相对减轻。

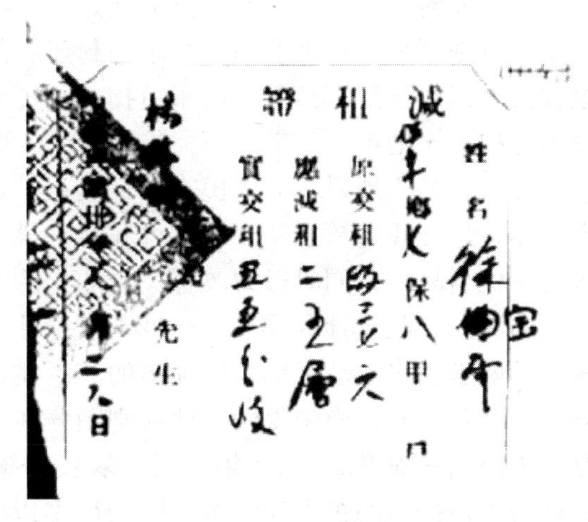

减租证书

抗日战争结束以后的1946年，根据地农民的财粮和战勤负担较抗日时期有所减轻。这年根据地农民的公粮负担，除了东北和热河达到20%以外，其他地区一般在9%～16%。1947年和1948年是蒋介石发动内战后战争最激烈的阶段，这期间根据地面积缩小，惨重的战争破坏加上严重的自然灾害，使根据地的财政经济十分困难。这两年根据地田赋征收占农民收入的比例一般在

① 1斤=500克。

15%～25%。而陕甘宁边区和东北解放区受到国民党军队的重点进攻，所以两地农民的负担更高。陕甘宁边区1947年的农民田赋负担由1946年的8.9%上升为27.33%；山东解放区1947年农民田赋负担由1946年的15.61%增加到22.51%。1947年和1948年，根据地农民的战勤负担也显著增加。1947年，有些青壮年男子每月要服勤务10天左右，在战区、交通沿线和机关驻地，农民支差有的高达每月20天。辽沈、淮海和平津三大战役期间，动用民工539万人，挑子42 400副，担架197 700副，小车43 900辆，大车389 820辆。1949年，老解放区农民的粮赋负担和战勤负担比上年有所下降。当然，由于战争仍在进行等原因，农民负担还不可能得到大幅度减轻。在整个新民主主义革命时期，根据地广大农民以其伟大的付出，为中国革命的胜利奠定了坚实的基础。①

淮海战役中农民用手推车运输军粮支援前线

第三节　新中国成立后农民负担概况

判断农民负担是否合理合法的标准：一是农民负担的项目是否合理合法；二是农民负担的数额是否合理、合法，是否与农民承受能力相适应。在工作实践中遵循三个基本准则：一是农民负担费用与劳务必须是用于农村生产、生活和社会发展的需要；二是农民负担项目必须符合现行法律与法规；三是农民负担数额不得超过农民的经济承受能力。

一、新中国成立后至改革开放之前农民负担

1949年，中华人民共和国宣告成立。1949年老区主要是公粮负担，税率

① 巴志鹏，民国时期的农民负担，《临沂师范学院学报》，2006年第4期。

是17%；新区征收的重点是地主富农，富农的税率为20%～40%，地主的税率是35%～50%，全国公粮248亿斤，占粮产总量的比例为13.5%。解放初期，实行农业税及其附加，正税为15%～20%，附加为5%（1952年取消附加），同时杂费负担很重，如，乡教育粮、抗美援朝捐款、兴修水利用工等。

土改法颁布

在新中国成立以后，全国各地先后按照农民人口、以村为单位进行了土地改革。没收了地主的土地、征收了富农多余的土地，平分给无地或者少地的贫雇农，结束了长达两千多年的封建土地所有制。土地改革以后，为了防止新的阶级分化、发展农业生产，党中央、毛主席及时向全国农民"发出了组织起来发展生产"和推进社会主义改造的号召。按照自愿互利的原则，先后组织起互助组、初级农业生产合作社和高级农业生产合作社。1950—1957年，农民负担一直稳定在1952年的水平，实行休养生息，稳定负担，全国负担总额为388亿斤细粮（1952年度征收总额），调动起了农民群众生产积极性，全国农业取得长足发展。

1958年，在高级农业生产合作社的基础上成立了人民公社，开展了大跃进运动。1958—1960年，由于浮夸盛行和一平二调，农民负担大幅度上涨，出现反弹。1958年农业税征收总额达到445.7亿斤。1959年是灾年，但是征收总额仍达442亿斤。1960年继续受灾，但税率仍达13.8%。1960—1965年间，党对农村政策和农民负担进行了调整。中央规定农业税正税及附加全国不超过10%。1961年征收正税217.6亿斤，地方税21.8亿斤，总额为239.4亿斤。"文化大革命"时期实行粮食征购"一定五年不变"，农业税征收稳定在222亿斤细粮基数上，农民负担减轻，但社会杂项负担增加，人均平均杂项负担为 4～10 元，相当于农业税负担的 50%～100%。在大跃进和以后的农业学大寨运动中，农民群众采取出义务工和劳动积累工的形式，开展大规模的兴修水利设施和农田基本建设、平整土地工程。

密云水库建设现场

二、改革开放以后的农民负担

在没有进行农村税费改革之前，全国农民的负担项目主要有：一是依法向国家缴纳的税收，包括农（牧）业税、农业特产税、屠宰税、契税、耕地占用税等；二是根据《农民承担费用和劳务管理条例》的规定，向乡镇政府和村级组织按照不超过上年农民人均纯收入 5%缴纳的村提留和乡统筹费（又称“三提五统”）；三是按规定每个农村劳动力每年承担 15～30 个标准工日的劳动积累工和义务工（简称“两工”）；四是各级政府和有关部门出台的涉及农民负担的其他行政事业性收费（如，结婚证书工本费）、政府性基金、集资（如，农村教育集资）和各种摊派等。

据统计，1999 年全国农民直接承担的税费负担总额约为 1200 亿元，全国农民人均负担税费为 130 多元。其中，农民缴纳的农（牧）业税、农业特产税、屠宰税各项税收收入近 300 亿元；农民直接缴纳的村提留和乡统筹费约为 600 亿元；“两工”中的以资代劳及其他各种社会负担（包括行政事业性收费、集资、罚款、摊派等）约为 300 亿元；承担“两工”约为 82 亿个，每个农村劳动力平均出工 17 个。总体上看，农民负担偏重，居高不下，与农民收入增长缓慢形成了强烈反差。农民负担存在的主要问题表现在以下几个方面：

一是农村“三乱”普遍存在。在收费方面，借中小学学生就学、农民建房、农民结婚登记之机搭车收费问题比较突出；在集资方面，反映较多的是地方向农民集资修建道路、兴修水利、办电等。

二是高估虚报农民人均纯收入，多提村提留和乡统筹费。国家规定，村提留和乡统筹费不得超过农民上年人均纯收入的5%。受此制约，有的地方为了多提村提留和乡统筹费，就在农民纯收入统计上弄虚作假，虚增收入，变相加重农民负担。

三是摊派问题严重。其一，平摊农业特产税、屠宰税。一些地方不按税法规定依法征税，采取高估平摊办法，按人头、田亩数向农民征收农业特产税、屠宰税。有的地方为了增加农业特产税税源，甚至强迫农民种烟、种果等。其二，报刊征订中来自上级部门的强制摊派比较普遍。一般的村每年订阅报刊的支出少者上千元，多的上万元。其三，公安、交管、土地、规划、税务等行政执法部门依仗职权摊派。

四是“两工”政策弹性大，强行以资代劳现象较为严重。根据规定，可以要求每个农村劳动力每年承担5～10个农村义务工和10～20个劳动积累工，有条件的地方，经县级政府批准还可适当增加。该项政策在具体执行中，几乎都变成固定要求农民无偿出工，有的地方甚至不让农民出工，而要求农民以资代劳。

五是不切实际的达标升级活动屡禁不止。往往是上面布置任务，基层出钱出物，这些负担最后都摊派到农民头上。

六是少数基层干部法制观念淡薄，在向农民收取税费的过程中，不严格依法办事，不向农民宣传解释国家有关政策，方法简单，成为农民上访和引发恶性案件的重要原因。

三、新中国成立后农民的隐形负担

新中国成立后农民不仅要承担税费、劳务等显性负担，而且要承担由于城乡分割的二元管理体制带来的隐形负担。从绝对数额来说，隐形负担大大高于显性负担。主要有以下四个方面：

（一）工农产品价格体制带来的剪刀差负担

新中国成立以来，因国家经济发展战略的选择，形成了现代工业和城市与落后、传统的农业和农村并存的二元经济结构。在国家处于经济落后、工业基础薄弱的背景下，确定工业化超前发展的经济发展战略具有历史的必然性。客观现实和历史条件也决定了农民要担负起为工业化提供大量原始积累的重任。这也注定了国家不得不对农民采取“以农养工”的工农产品价格“剪刀差”分配倾斜政策。由于国家实施对工业和城市倾斜的分配政策持续太久，使农业的积累严重不足，农民扩大再生产能力减弱，农民的社会负担过重。

20世纪80年代初，农民踊跃交公粮

研究资料表明，从中华人民共和国建立到20世纪90年代中期，国家通过税收和工农产品“剪刀差”，从农业向工业流入资金至少有1.3万亿元。有研究认为，此期间仅工农产品“剪刀差”即有2万多亿元，相当于当时国有非农固定资产总值的60%以上。我国工农产品“剪刀差”的问题，并没有得到完全解决。如，近年来国家通过农村税费改革，取消农业税和村提留、乡统筹以及发放粮食直补给农民带来的好处，很快就被化肥、农药、农机具和燃料等农业生产资料的急剧上涨所抵消。据北京市经管站对18个农产品成本核算点的调查，2005年北京市小麦平均亩产338.1千克，同比上年增长3.8%；亩收入539.85元，同比上年增长4.7%；亩成本411.41元，同比上年增长13.4%；亩利润114.63元，同比上年减少了18.6%，亩利润减少26.17元。构成物质成本的8个项目都有所增长。其中化肥、农药分别增长了19.1%和42.7%。由于农产品的价格受到控制，农民无法转嫁成本的上涨，只能自己消化，农民的负担仍然很重。农村税费改革免除了农业税，但农民仍然在交税。在目前的增值税结构下，给农民免掉了农业税，并不等于农民就不再交税了。据初步测算，目前我国农民在购买生产资料等生产过程中，交纳的增值税，每年在4 000亿～5 000亿元之间，农民人均交纳的税款在200元以上。

（二）农村土地征用占用体制造成的经济损失

改革开放30多年来的城市规模的急剧扩张中，征用占用了大量的农村集体土地。如果在国家征用占用农民土地的过程中，能够尊重农民的土地所有权，按照平等协商的原则，以市场价格给予农民足够土地补偿，农民就可以在失去土地的同时获得从事非农经营的资本，也就可以从根本上改变农村的面貌。但是，农民的这种土地所有权并没有得到应有的尊重，在城市建设征用占用农民集体土地过程中采取了近乎剥夺的办法。1987—2001 年，全国非农建设用地占用了 160 万公顷耕地，至少有 3400 万农民因征地失去或者减少了土地。据国家发改委专家测算，改革开放以来，通过各种形式低价征用农民土地，国家从农民身上拿走 6 万多亿元。从北京市的情况来看，在土地征占中损害农民利益的问题十分普遍。有的地方征占农村集体土地每亩只支付两三万元，还有的地块政府占用以后根本就没有给农民补偿。有的地方以每亩 10 多万元的低价农民手中拿走土地后，转手拍卖 100 万～200 多万元。有的地方农民与开发商议定的土地征用补偿费达到每亩 40 万～50 万元，而政府征用只支付 10 万元。在北京市城市绿化隔离带建设中，采取行政命令的办法，强迫农民拆除蔬菜大棚和工厂、车间，进行绿化建设，而给予农民的补偿在 2004 年提高到每年每亩 500 元以后，也不足以使农民安居乐业。1980 年全市郊区 374.3 万人农业人口、42.58 万公顷土地，2004 年全市耕地面积减少到 23.65 万公顷，减少了 18.93 万公顷，减少幅度达到 44.5%。按照土地减少的幅度，农业人口应当减少 168 万人。而实际上，2004 年全市农业人口仍然有 308.2 万人，只减少了 66 万人，减少幅度只有 18%。造成 100 多万农民耕种无地。全市减少的 18.93 万公顷集体土地，平均每亩地补偿费用不到 3 万元。巨大的资金流向了城市，流向了少数房地产开发商。

（三）公共产品供给的体制带来的负担

公共产品供给体制的实质就是财政管理体制。“一级政府，一级事权，一级财政”，这是市场经济发达国家的通行做法。但在我国，事权界定经常含糊不清，中央政府和地方政府以及村级组织之间的很多职能非常相似，事权的落实经常不是基于事权和财权一致的原则，而是基于政府间博弈。现行的财政供给体制是分税制。这种分税制使主要税种向中央、市等高级政府集中，压缩了乡镇财政空间。在主要财政收入向高层政府集中的同时，高层级政府却转嫁支出责任，把农村公共产品供给的责任全部推给乡镇政府。虽然政府财政每年都安排一定数量的支农资金，但主要用于农林水利气象等部门的事业支出，真正用于与农民生产生活息息相关的公共产品供给方面很少。乡镇政府和财政职能定位不明确，职能过多，各地区的乡镇财政收入规模差异很大，且没有建立起兼顾公平和效率的长效财政转移支付机制。特别是远郊区县经济欠发达，区县财政困难，拿不出更多的钱来用于农村公共产品的供给。例如，在农村道路建设上，据北京市公路局反映，国、市、县级公路有明确的资金保障来源，北京市农村公路建设与养护，除顺义区等个别经济发达区县能有较多的投入外，其他区县均没有明确的资金投入制度。大多数区县在乡级公路养护工作中，实行区县政府补贴、乡镇政府自筹和路政局补助的资金筹集办法，但由于区县和乡镇政府财政困难，存在资金不足、到位无保障等问题。北京市有 8 个远郊区县（除门头沟、延庆之外）共建立了 124 个乡公路管理站，占全市 153 个乡镇的 81%。但现有的很多乡公路管理站，存在人员不固定、技术设备缺乏和管理水平落后，不足以全面承担管辖区域内乡村公路的建设、养护及管理工作。又如，农村教育，长期以来实行的是民办公助的政策，农民是农村教育的责任主体，农村教育基础设施投入和正常运转经费以农民筹资为主、政府补助为辅，教师工资的发放以乡镇政府为主、农民补助为辅。这种体制不仅严重加重了农民负担，也使得多数乡镇政府陷入月月为发放教师工资发愁的境地。农村税费改革以后，按照中央关于农村教育体制改革的思路是以政府为主，以区县政府为主。但是由于多数区县财政经费紧张，只是把教师工资从乡镇财政拿到区县来统一发放，乡镇政府教育负担仍然很重，一些农村学校正常运转经费不足，向农民和村级组织伸手要钱的问题依然存在。

（四）行政管理体制和社会事务管理体制造成的负担

在城市基层行使行政管理的是街道办事处。街道办事处不是一级政府，而是区县政府的派出机构。所以街道办事处的经费开支是由区县政府予以保证的，城镇居民没有承担街道办事处经费的义务。城市的环境卫生清理打扫、绿化、市政基础设施的建设与维护、社会治安综合治理等事项也是由区县政府直属的环卫局、市政管理委员会、园林局、公安局等职能部门承担，费用由市、区政府公共财政负担。城镇居民没有承担这些城市运行费用的义务。农村地区的基层政权是乡镇人民政府，由于乡镇政府财力有限，农村地区环境卫生、基础设施建设与维护、绿化、治安与综合治理的任务基本上交由村级组织负责，也就是农民自己承担。实质上造成了村级集体经济组织的超层次供给公共产品。据北京市经管站统计，2002 年，北京市村级组织支出总额达到 38.63 亿元，平均每个村 96.45 万元，其中基础设施建设支出占 35%，维持村级组织日常运转的支出占 65%。2004 年，全市村级组织支出总额达到 45.23 亿元，平均每个村 112.91 万元，其中维持正常运转支出平均每个村 79.45 万元，基础设施建设的支出平均每个村 33.45 万元，农村税费改革特别是农村土地承包经营权确权以后，村级组织正常运转经费严重不足。不仅村级组织困难，乡镇政府正常运转运转经费也十分紧张。北京市相当一部分乡镇政府正常运转经费除了财政资金（包括上级转移支付资金）以外，还需要乡级集体经济组织进行补贴。据北京市经管站对 10 个乡镇一级财务收支情况的审计，2001 年，共使用集体性质的资金 2 119 万元（企业上缴 1 517 万元，村社上缴 71 万元，业务收入 1 774 万元，土地征占租赁收入 531 万元，其他收入 305 万元），平均每个乡镇为 212 万元。

第四节　北京市农民负担概况

一、北京郊区农民负担的基本状况

（一）农业税负担

农业税是向从事农业生产有农业收入的单位和个人征收的一种税，分夏、秋两季征收。

1. 法律依据。1958 年 6 月 30 日全国人大常委会颁布的《中华人民共和国农业税条例》。

2. 计税依据。1958 年核定的农作物常年产量。由县乡常产评定小组逐村、逐地块核定。北京市以小米为计税主粮，其他粮食作物和经济作物按收入折合成小米。1958 年，全市常产 5.6 亿千克。由于土地面积减少，1998 年全市常产为 4.24 亿千克，计税土地面积 34 万公顷，平均每亩常产 83.14 千克。

3. 税率。1958 年国务院发布《关于各省、自治区、直辖市农业税税率的规定》，全国平均税率为 15.5%，北京市平均税率 15%。具体税率由各区县确定。从昌平区调查，最低的地方 8%，最高的地方 14%。

4. 计税价格。根据粮食收购价格和市场价格变化情况由市农业税征收部门确定。1996 年，市财政局综合考虑玉米、小麦的收购价格和其他因数，确定北京市农业税计税价格每千克 1.384 2 元，以后一直未变。

5. 1998 年农业税征收情况。1998 年全市农业税收入 5 895 万元，计税面积 34 万公顷，平均每亩 11.56 元。农业税地方附加最高不超过农业税正税的 15%，与农业税同时缴纳，列入区县财政预算外收入，作为地方公益事业开支，没有规定具体用途。1998 年全市征收农业税附加 580.66 万元，占正税的 9.85%。

（二）农业特产税负担

农业特产税是向种植经济作物或从事林果、畜牧、水产业生产，有农业收入的单位和个人征收的一种税。

1. 法律依据。1994 年 1 月 30 日，国务院发布的《关于对农业特产收入征收农业税的规定》。

2. 计税依据。根据农业特产品的实际收入。农民家庭农业特产品实际收入难以准确核定，实际工作中采取由征收机关按产品品种和生长周期，按亩核定收入和固定税额的办法征收。

3. 税率。分烟叶产品、园艺产品、水产品、牲畜产品、食用菌和贵重食品等七大类税目和 14 个细目，分别确定 8%～31%的税率。由于北京没有烟叶生产，实际税率为 5%～12%。其中：苹果税率 12%，西瓜税率 8%。据对

14 个苹果成本点的调查，平均每亩特产税 35.37 元，最高的 147 元，最低的 5 元。据对 14 个西瓜成本点的调查，平均每亩特产税 22.68 元，最高的 55 元，最低的 7.5 元。

4. 1998 年农业特产税实际征收情况。全市农业特产税收入 2 825 万元。其中，与农业税交叉征收的 250 万元，占 8.8%；属于生产和收购两个环节征收的农业特产品只有原木和水产品，共征收 91 万元（分别为 77 万元和 14 万元），占农业特产税收入的 3.2%。

（三）屠宰税负担

屠宰税是向屠宰牲畜、猪和羊的单位和个人收取的税。

1. 法律依据。1950 年 12 月 19 日政务院发布的《屠宰税暂行条例》。

2. 计税依据。牲畜屠宰后的实际重量乘以市场价格。

3. 税率为 10 %。1998 年全市实际屠宰税收入 501 万元。

（四）村提留负担

村提留是指农村集体经济组织每年依法从本集体经济组织成员生产收入中提取的用于本组织内维持或者扩大再生产、兴办公益福利事业和日常管理开支费用的总称。

1. 村提留包括公积金、公益金和管理费三项（简称“三提”）。公积金，用于农田水利基本建设、植树造林、购置生产性固定资产和兴办集体事业。公益金，用于五保户供养、特别困难户补助、合作医疗保健以及其他集体福利事业。管理费，用于村干部报酬和管理开支。

2. 法律依据和收取限额比例。国务院 1991 年颁布的《农民承担费用和劳务管理条例》和北京市 1994 年颁布的《北京市农民负担管理条例》，规定农民每年负担村提留款和乡统筹款总额不得超过上年人均纯收入的 5%。1997 年，市委一号文件将此限额降至 3%。其中，村提留占 60%，即人均纯收入的 1.8%。

3. 收取程序。年初由村集体经济组织编制预算，经村集体经济组织成员大会或者成员代表会议讨论通过，报乡镇人民政府备案。村集体经济组织将预算收入任务分解落实到农户，填入农民负担监督卡，一般在年底收取（也可以分夏秋两季收取）。

4. 1998 年全市村提留收入情况。1998 年，全市 4 037 个村，村提留 18.94 亿元（含公积金 8.09 亿元、公益金 1.89 亿元、管理费 8.96 亿元）。其中直接向农户收取村提留 1.25 亿元，占 6.6%。

（五）乡统筹负担

乡统筹费是按照国家有关法规和政策规定，由集体经济组织（注：实际为乡镇政府）向所属单位（包括乡办企业、村组企业、联户企业）和农户收取的专门用于本乡（镇）范围内的乡村两级办学、计划生育、优抚、民兵训练、修建乡村道路建设等民办公助事业的款项（简称“五统”）。

1. 收取限额。中央和北京市农民负担的法律、法规规定，农民每年负担村提留款和乡统筹费总额不得超过上年人均纯收入的5%。1997年，市委一号文件将此限额降至3%。其中，乡统筹费占40%，即人均纯收入的1.2%。

2. 收取程序。乡镇政府编制预算，经乡镇人民代表大会审查通过报区县经管站备案。乡镇政府将预算收入任务分解落实到村，由村分解到户，填入农民负担监督卡，村集体经济组织依卡统一收取后上缴乡镇。

3. 1998年全市乡统筹费收入情况。全市245个乡镇共收入乡统筹费3 416.4万元，其中农民个人负担2 708.3万元，占79.3%；由村集体代缴708.1万元，占20.7%。

4. 1998年乡统筹费开支情况。全市乡镇公益事业支出10 492.2万元，其中：民办教育开支4 290.2万元，计划生育开支760.7万元，医疗补助1712.3万元，军烈属和五保户补助1 196.2万元，征兵、献血补助632万元，修建乡村道路等其他开支1 900.8万元。乡统筹、上级福利性拨款等公益事业收入5 416.8万元，收支相抵亏损5 075.4万元，主要靠乡办企业上缴利润弥补。

1998年，农民直接负担的提留统筹合计1.52亿元，人均41.4元，占上年人均纯收入的1.16%。

（六）劳务（即“两工”）负担

农村义务工是按照国家有关法规和政策，要求农民无偿承担的一种劳务。义务工来源于革命战争年代的支前工作，新中国成立后成为农民为农村植树造林、防汛、公路建设、修缮校舍等公益事业做贡献应尽的义务。

劳动积累工是指按照国家有关法规和政策，组织农民进行农田基本建设和植树造林，要求农民无偿承担的一种劳务。农民承担劳动积累是农村集体经济组织内部的一种主要积累形式。

1. “两工”的法律依据。一是1991年国务院第92号令颁布的《农民承担费用和劳务管理条例》，二是1994年北京市人大常委会通过颁布的《北京市农民负担管理条例》。

2. 劳务负担限额。有关法律、法规规定每个农村劳动力每年承担农村义务工5～10个（标准工日），劳动积累工10～20个（标准工日）。

3. 出工办法。乡村编制年度用工计划，分解到户，填入农民负担监督卡。可以出劳，也可以资代劳。任何单位和个人不得强迫农民以资代劳。

4. 1998年用工情况。全市农民负担“两工”840.8万个，（其中义务工508.3万个，积累工332.3万个），劳均4.8个。以资代劳192.4万个工日，以资代劳金额1 424.1万元，平均每工7.4元。

2003年年底，朝阳区豆各庄农民在税改以后缴纳农业税

二、北京市农民负担特点

北京市农民负担具有以下六个方面的特点：

（一）农户直接承担的提留、统筹和“两工”任务较轻

市委、市政府十分重视减轻农民负担工作，认真贯彻落实了党中央和国务院规定的各项减轻农民负担的方针和政策，采取了一系列重要举措，使全市农民直接承担的税费负担保持在一个比较低的水平。据统计，从1995—1997年，全市农民人均纯收入（劳动所得）分别为3 223.82元、3 580.16元和3 762.37元；1996—1998年，全年农民直接承担的村提留和乡统筹费人均分别为50.84元、39.73元和41.42元；农民负担的提留统筹分别占上年人均纯收入的1.58%、1.11%和1.1%，均大大低于国家规定的5%的限额比例。同期，劳均负担“两工”分别为9.8、6.1和6个，均低于国家规定的劳均15～30个的限额标准。在一些地方村级集体经济实力不强，甚至没有集体统一经营收入的村向农户收取提留统筹困难，造成一些地方村级干部报酬得不到保障。

2001年，农民负担总额28 670万元。其中：集体经济组织负担18 846.44万元，占65.7%；农民个人负担9 723.56万元，占34.3%。农民负担总额中：农业税和特产税7 873万元（其中农业税5 987万元，特产税1 886万元）；村提留乡统筹18 470万元（其中乡统筹4 732万元，村提留13 675万元）；农民税费负担共计26 280万元，人均负担83.11元；农户直接负担的“两工”以资代劳款1 416万元；此外有行政事业性收费537万元，其他收费（治安费、卫生费、献血费等）405万元。农民税费负担总额中，农民个人负担总额9 723.56万元，人均53.9元，其中农业税和特产税24.9元，村提留乡统筹费29元。

（二）由乡镇集体企业承担的农民间接负担沉重

1998年，北京市经管站对乡（镇）财务管理情况的审计结果表明，集体资金被挪作行政管理开支的现象十分普遍。如，对密云县东邵渠镇、穆家峪镇和怀柔县的怀北镇三个镇统计，1996—1997年这三个镇政府机关总收入共计1225万元。其中，财政拨款共计563万元，占46%；乡镇企业上缴利润共计662万元，占54%。1996—1997年，全市238个乡（镇）共收缴乡镇企业利润59 075.5万元，平均每个乡（镇）每年收缴124.1万元，同期乡（镇）办企业可分配税后利润共计107 941万元，平均每个乡（镇）每年226.77万元；合同约定应上交共计51 194.5万元，平均每个乡（镇）每年107.55万元；实际收缴利润占企业可分配税后利润的54.7%，比合同约定的上交任务多出15.4%。

（三）在土地征占中损害农民利益、加重农民负担

1997年，北京市经管站对郊区12个区（县）的调查，自1991年1月1日至1996年12月31日，集体土地向非农产业转移共计2.14万公顷。其中，国家征地1.124万公顷，占52.4%；乡（镇）占地0.36万公顷，占16.2%；村合作社自身非农业占地0.66万公顷，占30.8%。存在的主要问题：一是乱批、滥占、越权审批的共计0.98万公顷，占集体土地向非农产业转移总面积44.7%。二是拖欠、截留土地变价收入共计5亿多元，占村合作社应收土地变价收入31.53亿元的15.9%。三是挥霍浪费土地变价收入7.23亿元，占村合作社实收土地变价收入总额26亿元的35.2%。四是国家在城市建设中无偿征占集体土地。

（四）在市政、市容管理中存在加重农村集体经济组织负担

城乡结合部非农业户口的居民与农民混居的现象较为普遍。非农居民中，有的是老居民住户，有的是近年来由农民转成的居民，还有新建居民小区从城市搬迁过来的居民。有的乡域范围内非农业户口的居民人数已超过农民，但仍由乡政府和村民委员会进行管理。而市政、市容等部门要求乡村按照城市的标准供水、供电、修道路、建绿地、建公厕、扫卫生、搞治安、抓计划生育。据海淀区山前4个乡统计，乡村集体经济组织1998年用于补贴居民管理、垃圾清运和水电设施维护建设的费用共计1 447.8万元，平均每个乡362万元。其他城乡结合部的乡（镇）每年用在这方面支出数额也大体上在200万～300万元之间。

（五）名目繁多乱收费和乱摊派时有发生

在农村教育、报刊订阅、乡镇企业管理、医疗卫生、无偿献血、交通运输、车辆管理、计划生育、养犬管理、治安联防、婚姻登记、户口管理、农民建房、农村用电、工商管理、税务征收等各个环节、各个领域，巧立名目向农

民和集体经济组织、乡镇企业乱收费、乱集资、乱摊派、乱罚款。如，在无偿献血工作中，农民献血负担过重。据房山区统计，1998 年区里农民献血，各项补助及组织费用开支 1 254 万元，平均每个劳动力负担 55.24 元。另据通州区统计，1998 年组织本区农民献血，各项开支 675.4 万元，平均每个劳力负担 32 元。北京市血源紧张，实行了《无偿献血法》，也还需要向社会分任务搞摊派。京郊农村地区按劳动力总数的 3%分派任务，每年需 5.2 万瓶血。按每份血平均补助 700 元计算，每年需农民额外负担 4 900 万元，相当于 1998 年农民直接负担提留、统筹 1.52 亿元的三分之一。这笔款项，集体有钱的就由乡、村集体经济组织补贴了；乡村补不起的就得向农民摊派；农民拒绝摊派的就得由集体出面向银行贷款。

（六）村提留和乡统筹费收取不规范

少数乡村没有认真贯彻执行中央和市委、市政府有关减轻农民负担和土地承包的政策，存在“上打支（提前收取村提留、承包费）”、未发卡（农民负担监督卡，下同）收费、卡外乱收费等不规范行为，引发干群矛盾。

第二章　减轻农民负担过程

北京市减轻农民负担工作经历了三个阶段：第一阶段，1990—1999 年，为治标阶段，为期 10 年时间，全力查处对农民和集体经济组织的乱收费、乱罚款、乱集资和各种摊派。第二阶段，2000—2007 年，为期 8 年时间，为治标与治本相结合阶段，在推进农村税费改革，增加农村公共产品供给，从源头上减轻农民负担的同时，继续治理各种“三乱”和摊派。第三阶段，2008 年以后至今，为农村综合改革阶段。

第一节　减轻农民负担组织机构

自 1990 年起，北京市逐步建立健全了市、区县、乡镇三级减轻农民负担组织机构，形成了以党政主要领导负总责，分管领导具体负责，纪检监察、财政、物价、法制等相关部门分工协作，农村合作经济经营管理站负责日常工作的农民负担监督管理体系。

北京市农村负担监督管理领导小组召开会议

一、北京市农民负担监督管理机构的建立

1990 年 2 月 3 日，国务院发出了《关于切实减轻农民负担的通知》（国发〔1990〕12 号）。1990 年 9 月 16 日，中共中央、国务院发出《关于坚决制止乱收费乱罚款和各种摊派的决定》（中发〔1990〕16 号）。为认真贯彻落实中央

的指示，1990年10月16日，北京市人民政府办公厅发出《关于切实做好减轻农民负担工作的通知》（京政办发〔1990〕61号）。该通知提出了三点要求，一是要求建立农民负担监督管理机构。经市政府同意，决定成立北京市农村负担监督管理领导小组，由黄超副市长任组长，市政府农林办公室主任白有光、市农村经济研究中心主任赵树枫任副组长。领导小组下设办公室，负责日常工作。办公室设在市农村合作经济经营管理站。同时要求各区县也要建立相应机构。二是要求各级农村负担监督管理机构要认真履行职责，切实维护农村合作经济组织和农民的合法权益。对违反规定乱摊派、乱收费、乱罚款的行为，必须追究有关人员的责任。三是要求对有关增加农民负担的文件进行一次全面的清理，并提出处理意见报市农村负担监督管理领导小组。

二、北京市农民负担监督管理机构的调整

1998年12月16日，市政府办公厅和市编办给市农村负担监督管理领导小组发出通知，决定根据第24次市长办公会议精神，将北京市农村负担监督管理领导小组作为予以保留的市政府非常设机构。非常设机构的职能为代表市委、市政府协调全市农民负担管理工作。市农村负担监督管理领导小组组长、副组长随着干部职务变动而调换。自黄超以后，先后有段强、岳福洪、刘志华、牛有成等主管农业和农村工作的副市长任领导小组组长。领导小组副组长先后由市委农工委副书记王江渝、王海平、市政府农办副主任安刚、农工委纪检书记高华、朱二宏、市监察局副局长王仁根、周玉珍、市财政局副局长郭文杰、王晓明、市物价局长张万恒、李仲元、市政府法制办副主任周继东、市农委主任赵凤山和李进山等同志担任。领导小组成员单位有市委农工委、市农委、市监察局、市财政局、市物价局和市经管站主管领导。市农村负担监督管理领导小组办公室主任先后由李明瑞、黄中廷同志担任。市农村负担监督管理领导小组办公室建立了联席会议制度，参加联席会议的有市农委法制处处长徐再城、王小东和监察处长张暹，市财政局综合处处长杨慕彦、赵燕翌、付小娟、沈玲，市物价局收费处处长李明、李鸿，市监察局执法监察室主任吴天宝、张建路、陈哲民，市纠风办宋兰刚、李玉莲等。2002年12月25日，北京市农村负担监督管理领导小组办公室向北京市编制委员会办公室提交了《关于北京市农村负担监督管理领导小组组成人员的报告》组长为刘志华副市长；副组长为市农村工委书记兼市农委主任李进山；成员有：市政府法制办副主任周继东、市财政局总经济师郭文杰、市监察局副局长王仁根、市物价局副局长张万恒、市委农工委纪检书记高华、市农村经济研究中心副主任席成奉、市农工委法制处长王小东、市经管站书记黄中廷，办公室设在市农村合作经济经营管理站，办公室主任为黄中廷。2003年4月2日，北京市人民政府发出《关

于议事协调机构和临时机构设施与调整有关事项的通知》（京政发〔2003〕9号），决定将北京市农村负担监督管理领导小组调整为部门联席会议。

北京市农村负担监督管理办公室主任黄中廷查看村级收费情况

三、北京市农民负担监督管理机构的完善

根据农业部等七部委《关于印发〈2011 年减轻农民负担工作要点〉的通知》和《北京市农民负担管理条例》的有关规定，经 2011 年 7 月 26 日全市减轻农民负担检查协调会议研究，决定调整充实人员，完善北京市农村负担监督管理联席会议。联席会议组成部门联席会议由市农委牵头，由市政府各相关部门参加。总召集人市委农工委书记市农委主任王孝东，召集人市委农工委副书记高华，市监察局副局长、市纠风办副主任杨逸铮，市农村纪工委书记尚延华。组成人员有市纪委纠风室主任、市纠风办副主任徐纪铭、市发改委副主任蒋力歌、市财政局副局长李玉国、市审计局副局长郭彤、市政府法制办副主任李富莹、市教委副主任罗洁、市新闻出版局副局长孙瑛、市农研中心副主任吴志强。联席会议下设办公室，办公室设在市农委，负责联席会议日常工作。办公室主任由市委农工委副书记高华同志兼任；办公室副主任由市农委农村改革与经营管理处处长侯书江、市农委监察处处长杨建平和市农研中心经管站站长胡登洲担任。办公室成员有市纪委纠风室副主任周剑梁、市政府法制办法制一处处长林志炜、市发改委区县处副处长方明成、市财政局农业处副处长张梅、市审计局农业与资源环保处副处长江玉成、市教委监察处副处长滕继辉、市新闻出版局新闻报刊管理处副处长邢芳英。

联席会议主要职责是依据国家有关法规要求和《北京市农民负担管理条

例》规定，本市农民负担监督管理联席会议的主要职责是：负责协调本身相关部门贯彻落实国家减轻农民负担有关法律法规和政策等工作，研究制定本市减轻农民负担相关政策，协调落实解决实际工作中遇到的重点问题，建立健全农民负担监管长效机制，防止农民负担反弹。

联席会议的工作机制和要求是：联席会议由联席会议办公室根据工作需要及领导指示精神，每年采取定期与不定期相结合的方式，组织全体或部分组成人员召开。各组成部门相关人员应当根据本部门职责，通过联席会议对涉及本部门的有关事项及时提出工作措施或建议。每个年度的农民负担监督管理工作计划、农民负担监督管理工作制度的制定、农民负担执法检查、涉及农民负担项目的审批等问题，先由联席会议进行研究，拿出意见提交领导小组决策。

四、区县及乡镇农民负担监督管理机构

按照市委、市政府的要求，京郊 14 个区县普遍建立了农民负担监督管理领导小组。由主管农村工作的副书记或者副区县长担任组长，区县农委书记或者主任副组长。区县财政局、经管站、法制办、监察局、物价局等单位主管领导为成员。领导小组办公室设在区县经管站。办公室主任由区县经管站长兼任。各区县经管站明确一名副站长负责具体工作。具体负责农民负担监督管理工作多数由审计监督科承担。密云、大兴、通州三个区县经管站专门设立了农民负担监督管理科。各个乡镇也普遍成立了农民负担监督管理领导小组，由乡镇党委书记或者乡镇长担任组长，主管副书记或者副乡镇长为副组长。乡镇有关部门领导为成员，领导小组办公室设在乡镇经管站。

五、北京市农民负担监督管理机构的职责

北京市各级农民负担的监督管理部门的主要职责是：宣传、贯彻农民负担管理的法律、法规和政策；检查有关农民负担管理法律、法规的实施和政策的执行情况；按照管理权限审核涉及农民负担的项目；监督村提留、乡统筹费和劳务的使用情况；监督村民一事一议筹资筹劳活动，监督对农民和乡村组织财政转移支付资金管理使用情况；受理有关农民负担的检举和控告，协助有关部门处理涉及农民负担的案件；培训农民

培训农民负担监督管理干部

负担监督管理工作人员。

六、党政一把手负责制

农民负担问题，不仅是个重大的经济问题，也是一个重大的政治问题，是关系到党和政府与农民群众关系、关系到国家的长治久安的涉及全局性的问题。鉴于这个问题的极端重要性，江泽民、李鹏、朱镕基、胡锦涛、温家宝等党和国家领导人都十分重视，多次做出重要指示。党中央、国务院要求各地在农民负担监督管理工作中，实行党政一把手负责制，做到亲自抓，负总责，并列入党委和政府的重要议事日程。根据党中央和国务院的这个指示，市委、市政府历届主要领导对农民负担监督管理工作都十分重视。李其炎、陈希同、尉健行、贾庆林、刘淇、孟学农、王岐山等市委、市政府原主要领导对农民负担监督管理工作多次做出重要批示，并经常深入基层对农民负担进行调查研究。市委常委会、市政府常务会议多次专题研究农民负担监督管理工作。在历年的北京市农村工作会议上，都对减轻农民负担工作做出部署。市党风廉政建设反腐败领导小组把减轻农民负担工作列为全市党风廉政建设反腐败斗争的重要内容，明确市委、市政府主管领导的责任，明确市委农村工作委员会和市农委为牵头单位，法制、财政、物价、纪检、监察、教育等部门为协办单位，签订责任书，定期考核评比。各区县和乡镇也实行了减轻农民负担的党政一把手负责制。区县和乡镇签订了减轻农民负担责任书。

第二节　减轻农民负担法律依据

北京市农民负担监督管理工作的法律依据是《农业法》《土地法》《乡镇企业法》《民法》《物权法》等由全国人民代表大会发布的法律，国务院颁布的《农民承担费用和劳务管理条例》等政府规章，以及由北京市人民代表大会颁布的《北京市农民负担管理条例》等地方性法规。

一、《北京市农民负担管理条例》的起草过程

1991年12月5日，国务院第92次常委会通过了《农民承担费用和劳务管理条例》。1991年12月10日，农业部发出《关于贯彻实施〈农民承担费用和劳务管理条例〉的通知》。《通知》要求，各地要充分认识贯彻实施《条例》的重要意义，广泛开展《条例》的宣传活动，继续做好农民负担的清理和项目审核工作，切实加强农民负担监督管理队伍建设，尽快制定《条例》实施细则和日常监督管理制度，定期进行农民负担执法检查。

根据《农民承担费用和劳务管理条例》以及农业部的要求，1993年5月，

市政府农林办公室会同北京市农村合作经济经营管理站成立了《北京市农民负担监督管理条例》起草小组。起草小组成员有：安钢、李明瑞、黄中廷、胡登洲等同志。

起草小组首先对北京市农民负担的基本状况进行了调查研究，对制定农民负担监督管理条例的必要性进行了论证。通过调查，发现经过15年的改革开放，1993年本市农民人均收入达到2 255元，比1978年的198元有了较大提高。但是，也面临一些亟待解决的问题。主要是农业比较利益下降，农民负担加重，务农农民收入增长缓慢，生产积极性受到影响。1992年郊区农民直接向集体缴纳的村提留和乡统筹费人均44.43元，占上年人均纯收入的3%。虽然没有超过国务院规定的限额比例，但是在一些地方，特别是贫困乡镇农民限额负担超标，最高的乡达到8.64%。在限额负担不超标的乡镇也存在超标的村。有的村农民直接承担的限额负担达到人均纯收入的16%。此外，来自各部门的收费、集资、罚款、摊派、基金等项目繁多。郊区农民每年人均社会负担高达102元。农村集体经济组织及其企业承担的社会负担也十分沉重，平均每个村经济合作社负担2.38万元，平均每个乡9.4万元，平均每个集体企业2.2万元。负担过重已经成为影响乡镇企业和集体经济发展，影响干群关系、党群关系，影响农村社会稳定的一个重大问题。因此，为了坚持不懈地做好减轻农民负担工作，把农民负担监督管理纳入规范化、法制化管理轨道，制定农民负担监督管理条例是十分必要的。

在调查研究的基础上，起草小组对国家有关农民负担监督管理的法律、法规和政策进行了认真学习研究，并认真总结了前一阶段农民负担监督管理的经验。在此基础上起草了《北京市农民负担监督管理条例（征求意见稿）》。经过征求各区县、市各有关部门的意见和反复修改，形成了《北京市农民负担监督管理条例（草案）》。1994年5月19日，北京市第十届人大常委会第十次会议对该《条例（草案）》进行了审议。市人民政府农林办公室副主任安钢做了说明。经过认真审议，会议通过了该条例。

二、《北京市农民负担管理条例》的主要内容

《北京市农民负担监督管理条例》共有六章、三十六条。

第一章总则有三条，第一条为立法目的；第二条为适用范围；第三条对农民的合法负担与非法负担进行了界定。明确了农民群众的权力与义务。

第二章村提留、乡统筹和劳务共有九条。第四条规定了农民承担村提留和乡统筹费的比例限额。第五条明确了农民承担村提留和乡统筹的依据是农民从事的产业和经济收入。第六条规定了村提留的减免政策。第七条规定了村提留和乡统筹的使用范围。第八条明确了村提留和乡统筹的收取办法。第九条规定

了村提留和乡统筹费的预决算制度。第十条规定了村提留、乡统筹费的所有权和财务制度。第十一条规定了农民承担劳务的限额标准、使用范围和减免政策。第十二条规定了农民承担劳务的方式。

第三章共有十二条。从第十三条到第二十条，分别对向农民和集体经济组织进行行政事业收费、集资、设立基金、发放牌照证件和簿册、乡镇政府行政经费、国家工作人员在农村执行公务所需经费、计划内农业生产数据供应、农用水电供应进行了规范。第二十一条对农民认购有价证券、订阅报刊、保险罚款、募捐和摊派、达标升级进行了规范。第二十二条对政府提供给农民的各种贷款、补贴、预购定金、专项投资农产品收购资金、救灾救济款、扶贫资金收购农副产品的挂钩优惠物资和返还的减免税进行了规范。第二十三条对为农民和集体经济组织提供经济、技术、劳务、信息等服务进行了规范。第二十四条对农民交售农副产品进行了规范。

第四章监督管理共有五条。第二十五条明确了各级政府农民负担监督管理部门和日常工作部门。第二十六条明确了农民负担监督管理部门的职责。第二十七条规定了每年进行一次监督检查的制度。第二十八条规定了农民负担监督管理部门受理农民负担检举和控告的责任和处理时限。第二十九条明确了区县和乡镇人大对农民负担监督管理工作的监督责任。

第五章法律责任共有五条。从三十条到三十四条，分别对违反本条例设置收费、集资和基金项目，违反本条例增加农民负担，违反国家法律、法规和本条例非法增加农民负担责任人员的处理，打击报复农民负担举报当事人以及农民负担监督管理人员违纪行为等应承担的法律责任进行了明确。

第六章附则有两条。第三十五条明确了本条例的解释机关。第三十六条明确了本条例自 1994 年 6 月 1 日开始施行。

三、《北京市农民负担管理条例》实施的成效

《北京市农民负担监督管理条例》的颁布实施，使北京市农民负担监督管理工作走上了依法管理的轨道。在 2003 年全市全面推进农村税费改革之前，该条例一直是指导、规范农民负担监督管理工作的最强有力的法律依据。根据该条例，在长期的农民负担监督管理实践中，根据形势的发展和管理工作的不断深入，又制定了具体的各项规章和制度，对该条例起到了充实和补充的作用。

第三节　1990—1999 年减轻农民负担工作

一、1990 年减轻农民负担工作

10 月 16 日，北京市人民政府办公厅发出《关于切实做好减轻农民负担工

作的通知》(京政办发〔1990〕61号)。主要内容有三项：一是经市政府同意，决定成立北京市农村负担监督管理领导小组，并设立办公室。二是凡是涉及农民负担的收费项目必须经过农村负担监督管理机构审核后，报人民政府批准。三是对有关增加农民负担的文件进行一次全面的清理。

12月11日，北京市农村合作经济经营管理站发布《京郊农村合作经济经营管理工作“七五”回顾与“八五”展望》(农经字〔1990〕39号)，首次提出要建立健全农民负担监督管理机构，认真履行职责，切实保护农村集体经济和农民的合法权益，并提出了要制定《北京市农村负担监督管理条例》的任务。

二、1991年减轻农民负担工作

全国人大代表张占林（左一）接见外宾

3月初，大兴区长子营乡留民营村党总支书记、第六至九届全国人大代表、两届全国劳动模范、北京市特级劳动模范张占林同志，在全国人代会上强烈呼吁减轻农民负担。时任北京市委主要负责人指派市政府法制办和农村负担监督管理办公室进行调查。调查表明：长子营乡有在公路设卡乱罚款、向村集体无偿摊派农产品送礼等加重农民负担的行为。北京市农村负担监督管理办公室就此发出简报。长子营乡党委领导心怀不满，对张占林同志进行孤立，并向市委农村工作部门上书批驳市农民负担监督管理办公室的简报。市委农村工作部门主要领导不但不批评长子营乡党委，反而批评市农村负担监督管理办公室工作“毛糙”。

3月19日，中共中央、国务院发布了《关于坚决制止乱收费，乱罚款和各种摊派的决定》，在全国范围内开展治理“三乱”工作。北京成立了治理

“三乱”领导小组和办公室。北京市农村负担监督管理办公室承担了治理农村“三乱”的工作，组织各区县对农村“三乱”进行了清理、治理。通过检查发现，由于财政管理体制不顺，财政供给跟不上形势发展，导致一些权力部门依仗职权向农民、农村集体经济组织和乡村企业乱收费、乱罚款、乱集资和摊派。如，公安干警过去骑自行车办案，现在罪犯利用汽车作案，上级只得给基层派出所配备汽车，但是只给了车，没有汽油钱和维修费。基层派出所只能向农村集体组织和企业摊派。户口管理实行电子化以后，上级只给配备了设备，没有配备运行耗材。基层派出所也只得向农村集体、企业摊派。房山区公安局政委形象地说“主粮不够吃杂粮”。再如，乡镇土地规划管理科行使行政执法职权，但在一些区县列入事业编制，有一段时期还搞“断奶”让其自收自支。有的乡镇土地规划管理科就故意放纵一些农户和单位多占宅基地和土地，然后再向这些农户和企业收取“宅基地超占费”“土地超占罚款”，以此获取工作经费。城乡和结合部一些乡镇农工商总公司，每到年底春节都要给驻本地的公安、税务、学校、工商、医院、环保等单位发放职工过节费，负担很重。

在基层暗访中，平谷区大华山镇后北宫村反映河北省三河市在平谷与三河交界处设卡，向从平谷区贩运大桃的东北客户收取10%的农林特产税，打击了东北商贩销售平谷大桃积极性，影响了当地大桃生产。在接到后北宫村农民的举报以后，北京市农村负担监督管理办公室向财政部提出申述，不久就受到河北省财政厅的答复称：“北京市作为大桃产地没有征收农林特产税，河北省可以在运输环节依法征收。但是河北省规定的税率是5%，三河市擅自提高到10%是错误的，已经责成三河市纠正，确保今后不再发生类似问题。”过了一段时间，北京市农村负担监督管理办公室又收到河北省财政厅来函，反映河北省客户到北京贩运猪肉，在北京肉联厂向卫生防疫部门缴纳了防疫费，到北京市大兴区榆垡镇又被北京市畜牧防疫部门收取一次防疫费。经调查，市卫生防疫部门和市畜牧防疫部门分别依据国家卫生部与农业部制定的法规收费，属于合法收费，但是的确属于不合理重复收费，需要经过中央层次协调，修改相关法律、法规。

三、1992年减轻农民负担工作

9月24日，根据国务院办公厅《关于进一步做好农民承担费用和劳务监督管理工作的通知》以及国务院法制局、农业部和监察部的通知，北京市人民政府农林办公室、北京市人民政府法制办公室、北京市监察局联合发出《关于检查〈农民承担费用和劳务管理条例〉执行情况的通知》（京政农〔92〕127号），组织各区县人民政府对执行《农村承担费用和劳务管理条例》的情况进行了联合执法检查。为此专门成立了执法检查领导小组，成立了办公室，黄中廷同志任办公室主任。通过10月的检查和复查，进一步宣传了中央《条例》，提高了各级干部执行《条例》的自觉性，增强了乡村合作社和农民群众利用《条例》维护自己合法权利的意识，发现和解决了农民负担监督管理工作中存在的问题，受到农民群众好评。

11月10日，北京市人民政府发布《北京市实施〈农民承担费用和劳务管理条例〉若干规定》（92年第16号政令），自1992年11月15日起实行。

四、1993年减轻农民负担工作

4月至6月，北京市农村合作经济经营管理站向北京市农村负担监督管理小组提交《关于对郊区部分乡镇村提留、乡统筹和社会负担情况实施专项审计的报告》（农经字〔1993〕27号）。

7月22日，中共中央办公厅国务院办公厅发出《关于涉及农民负担的项目审核处理意见的通知》（中办发〔1993〕10号）。

11月12日，经市委、市政府批准，中共北京市委办公厅、北京市人民政府办公厅发布《关于本市涉及农民负担的项目审核处理意见的通知》（京办发〔1993〕20号）对涉及农民负担的70项收费、集资、基金项目提出了处理意见。其中，取消或者部分取消的20项，暂缓执行的2项，需要修改的17项，继续执行的33项。同时，取消了要求农民出钱、出物、出工的达标升级活动5项。

1993年及以后年份，北京市人民政府分六批取消涉及农民负担的252项收费项目。

五、1994年减轻农民负担工作

1月9日，北京市财政局、北京市人民政府法制工作办公室、北京市物价局发出《关于实行“北京市收费监督卡”的通知》（京财综字〔1994〕71号）。

5月21日，北京市人大常委会发布《北京市农民负担管理条例》。该条例颁布以后，市委、市政府召开了有各区县主管区县长参加的减轻农民负担工作会议，对宣传贯彻该条例进行部署。北京市农村负担监督管理办公室编辑发行了《北京市农民负担监督管理手册》，印制了条例布告5 000张，在乡村广泛张贴宣传。市、区县分别举办了培训班，对乡镇以上农民负担监督管理干部进行了培训。

7月25日，北京市人民政府农林办公室、北京市物价局、北京市财政局发出《关于涉及农民负担部分收费项目的修改意见的通知》，对本市涉及农民负担的17项收费项目提出了修改意见，普遍降低了收费标准。

六、1995年减轻农民负担工作

1月20日，北京市人民政府农林办公室、北京市财政局、北京市物价局、北京市乡镇企业局联合发出《关于印发〈北京市乡镇企业管理费管理办法实施细则〉（试行）的通知》。

11 月 20 日，北京市农村负担监督管理领导小组发布《关于进一步做好农民负担监督管理工作的通知》（京政负〔95〕3 号）。该通知总结了北京市减轻农民负担工作的成绩，指出了存在的问题，就认真贯彻第二次全国农民负担监督管理工作会议精神，确保减轻农民负担的政策、法规落到实处提出了要求。当月，北京市农村负担监督管理领导小组召开了农民负担监督管理工作会议，就贯彻落实中央提出的减轻农民负担"约法三章"进行了部署。

七、1996 年减轻农民负担工作

中共中央办公厅连续发出〔1996〕6 号、15 号文件和第 10 期中办通报，转达了江泽民总书记对做好减轻农民负担工作重要批示，并对做好减轻农民负担工作提出了新的要求。中办 6 号文件指出："党中央、国务院重申，各地区、各部门必须不折不扣地贯彻执行减轻农民负担工作的'约法三章'。第一，坚决把不合理的负担项目压下来，停止一切不符合规定和不切合实际的集资、摊派项目；第二，暂停审批一切新的收费项目，禁止一切需要农民出钱、出物、出工的达标升级活动；第三，中共中央办公厅、国务院办公厅《关于涉及农民负担项目审核处理意见的通知》（中办发〔1993〕10 号）已明令取消的项目，任何地方和部门都无权恢复，国务院规定的提留统筹费不超过上年农民人均纯收入 5%的比例限额不得突破。"市委书记尉健行同志就此批示"请市纪委根据总书记批示及报告精神，对照检查我市农民负担情况，提出有针对性的建议"。

3 月 27 日，北京市农村负担监督管理领导小组召开全市农民负担监督管理工作会议，重点就发放《北京市农民负担监督卡》进行了部署。中共北京市委农村工作委员会副书记王江渝发表了题为《坚决贯彻中办发 6 号文件精神，把农民负担监督卡送到千家万户》的讲话。

6 月 9 日，北京市农村负担监督管理领导小组在海淀区召开了有各区县政府主管区县长参加的农民负担监督卡工作会议，市政府农办副主任安钢参加会议并强调了四个问题。会议交流了各地传达贯彻中办发〔96〕6 号文件、发放农民负担监督卡工作情况，研究了有关具体政策。次日，北京市补偿负担监督管理领导小组发布《北京市农民负担监督卡发放工作会议纪要》，就发放农民负担监督卡明确了十条政策。

8 月 29 日，北京市人民政府农林办公室、北京市监察局联合向农业部和监察部提交了《关于北京市落实中央减轻农民负担三个文件情况的报告》。同时组织开展了农民负担执法检查，市委书记尉健行同志亲自过问，市委农工委、市农办和各区县领导亲自参与。在乡镇自查和区县复查的基础上，市经管站与市纪检委、市农办、市监察局一起，用一个月的时间对12个区县的22个乡镇进行抽查。检查结果表明，全市已经有219个乡镇、2 868个村向75万农户发放了《北京市农民负担监督卡》，约占应发卡农户总数的76%。通过实施农民负担监督卡制度、预决算制度和专项审计制度，全市农民负担监督管理工作走上法制化、规范化管理轨道。

12月17日，中共北京市委农村工作委员会发布《关于印发〈关于村经济合作社社员代表大会的若干规定（试行）〉的通知》（京农发〔1996〕22号），就保护农民群众的民主选举权、民主决策权、民主监督权和民主管理权从程序上做出明确规定。

12月30日，中共中央国务院颁布《关于切实做好减轻农民负担工作的决定》，就做好减轻农民负担工作做出了13条决定。

八、1997年减轻农民负担工作

3月6日，根据《中共中央、国务院关于切实做好减轻农民负担工作的决定》（中发〔1996〕12号），中共北京市委、北京市人民政府市发布了《关于认真落实〈中共中央、国务院关于切实做好减轻农民负担工作的决定〉的通知》（京发〔1997〕1号），针对北京市农民负担监督管理工作中的难点问题，提出了解决办法，建立了有关制度，理顺了各方面关系，进一步加大了对涉及农民负担案件的查处力度，取得了明显成效，受到中央农业部、监察部等有关部门表扬。市委、市政府决定，按照中央规定，农民负担执法检查由一年进行一次，改为春秋两次进行。据不完全统计，1997年全市共检查清理出非法涉农收费项目20项，已经清退或已经收缴没收1 000多万元。进一步落实了农民应承担的合法合理负担。1997年全市100%的乡镇落实了中央关于乡镇统筹费收取计提标准"乡改村"的政策；91%的乡镇人民代表大会编制了乡统筹费预决算方案；95%的村合作社经过社员代表大会编制了村提留预决算方案。全市农民负担监督卡共发放80万份，入户率达到应发卡农户的90%。全年乡统筹、村提留20 478万元，人均55元，比上一年的59.8元减少4.8元，占上年人均纯收入的比例为1.7%。对涉及农民负担的深层次问题进行了调查研究，采取了初步的解决措施。针对乡镇企业负担过重的问题，市经管站与市政府农办、监察局、乡镇企业局、财政局、物价局等部门联合对乡镇企业69项负担项目进行了调查清理，并公布了处理意见。针对一些区县、乡镇规模过小、管理费用过高，集体负担过重的问题，提出了将规模过小乡镇进行合并的建议。1997年，延庆、顺义、昌平三个县共合并乡镇21个。

4月30日，在农口调研工作会议上，市委农工委、市政府农办部署了对郊区1991年1月1日至1996年12月31日期间，农村集体土地向非农产业转移和土地变价收入进行一次全面清查。

6 月 26 日，北京市人民政府召开农民负担监督管理工作会议。副市长岳福洪讲话强调："减负工作不仅是经济行为，而且是政治任务，为落实党在农村的基本政策提供了良好前提。"

6 月 26 日，北京市人民政府农林办公室、北京市农村负担监督管理领导小组、北京市人事局联合发出《关于表彰北京市农民负担监督管理工作先进集体和先进个人的通知》（京政农发〔1997〕029 号），决定对在北京市农民负担监督管理工作中表现突出的黄中廷等 43 名个人和昌平区法制办等 23 个单位予以表彰奖励。

8 月 1 日，中共北京市委、北京市人民政府向中共中央、国务院提交了《关于贯彻落实中发〔1996〕13 号文件精神，做好减轻农民负担工作情况的报告》（京文〔1997〕18 号）。

10 月 31 日，北京市农民负担监督管理领导小组办公室发出《转发房山区〈关于严格执行农村用电收费标准〉的通知》。该通知指出："为了解决有些地区农村用电管理中存在的收费和管理不规范的问题，房山区由财政、物价局、供电局和经管站联合下发了《关于严格执行农村用电收费标准的通知》。我们认为这个办法很好，具有可操作性。各区县要参照房山区的做法，并根据本地区实际情况制定相应办法，杜绝农村用电超标准收费，加重农民负担的现象。"

11 月 5 日，市委农工委下发《关于认真搞好农民收入及负担统计核算的通知》。

九、1998 年减轻农民负担工作

2 月 15 日，北京市监察局、北京市人民政府农林办公室、北京市财政局、北京市物价局、北京市乡镇企业局、北京市农村经济研究中心联合发出《关于印发〈我市向乡镇企业收费的取消项目和审核意见〉的通知》。

7 月 16 日，北京市环境保护局发出《关于停止征收畜禽养殖业排污费的通知》（京环保监理字〔1998〕287 号），决定停止执行京环保监理字〔1997〕141 号文件附表中第五项关于"对畜禽养殖业企业排污费计算办法"的规定。

北京市农民负担管理手册

9 月 4 日，中共北京市委办公厅、

北京市人民政府办公厅下发《认真贯彻落实〈中共中央办公厅、国务院办公厅关于切实做好当前减轻农民负担工作的通知〉的通知》（京办发〔1998〕25号）。该通知对减轻农民负担工作提出六点要求：一是各级干部要重新学习中发〔1996〕13号文件，广泛进行一次减轻农民负担的再教育；二是实行农民承担提留统筹相对数与绝对数双重控制，严禁1998年提留统筹数额超过1997年的预算额；三是严格执行国家税收政策，认真解决本市郊区农村城市化过程中涉及农民负担的特殊问题；四是严肃纪律，落实责任，从重、从快查处加重农民负担的违法违纪行为；五是加强农村集体财务和资产管理，搞好民主管理，调动农民履行合法义务的积极性；六是进一步加强对减轻农民负担工作的领导，继续坚持党政一把手亲自抓、负总责和部门分工负责的制度。

9月10日，市委、市政府召开电视电话会议，要求下大力气做好减轻农民负担工作。副市长岳福洪发表了题为《认真贯彻落实中央两办通知精神，切实做好我市减轻农民负担工作》的讲话。他强调："要严格控制集体经济组织内部农民和企业负担，坚决把向农民乱收费、乱集资、乱罚款和各种摊派全停下来，把农业税据实征收的政策落到实处，管好用好提留统筹费。"

十、1999年减轻农民负担工作

1999年，北京市进一步加大了农民负担监督管理力度。认真贯彻中央关于农民合理负担要实行限项定额、保持稳定、一定三年不变的指示精神，全市设计并印制了1999—2001年度《北京市农民负担监督卡》80多万份。各区县召开了村民代表大会和乡镇人民代表大会，编制了1999—2001年度村提留、乡统筹预算，分解落实到卡，发卡到户，全市农民负担监督卡入户率达到95%以上。编写并印制了《北京市农民负担监督管理手册》1.7万份，继续开展对农村基层干部的培训。在春季执法检查的基础上，按照国务院减轻农民负担电视电话会议精神，市政府召开了全市减轻农民负担工作电视电话会议，并按照岳福洪副市长的指示，从10月15日到12月中旬，开展了全市减轻农民负担工作大检查。检查结果表明：经过多年的努力，全市农民负担监督管理工作已经步入法制化、规范化管理的轨道。农民直接承担的提留统筹和"两工"任务较轻，面向农民和乡村集体经济组织的"三乱"基本上得到遏制，涉及农民负担的深层次问题也开始引起重视并着手解决。市人大常委会对《北京市人民政府关于北京市农民负担管理条例执行情况的报告》进行了审议。全市共查处了101起加重农民负担的案件，保护了农民和集体经济组织的合法权益，化解了干群矛盾，维护了农村社会稳定。对涉及农民负担的深层次问题进行了调研，并向市政府、农业部提交了调研报告。市经管站、市政府研究室、市委农工委和市财政局联合开展了农村税费制度改革的调查研究。

8月2日，中共北京市委农工委、北京市政府农办发布《关于北京农村集体土地征用占用收入管理使用办法》（京农发〔1999〕29号），严格规定了土地征用占用收入范围、使用途径、使用程序。

10月，北京市农村负担监督管理办公室主任李明瑞同志退休，由副主任黄中廷同志接任主任职务。北京市减轻农民负担工作第一阶段任务圆满完成。

12月1日，中共北京市委农工委、北京市政府农办发布《关于印发〈北京市农村集体土地承包费收取使用管理办法〉的通知》（京农发〔1999〕54号），进一步规范了村提留、乡统筹费的收取办法。

1999年，石景山区在全市率先将辖区内12个行政村的市政市容管理、社会事务管理职能全部移交给区政府有关部门，相关管理费用由区财政负担，彻底解决了村集体经济组织承担市政市容和社会管理费用的问题，减轻了农民和村集体经济组织负担。

第四节　2000—2007年减轻农民负担工作

一、2000年减轻农民负担工作

9月12日，市委、市政府召开北京市减轻农民负担电视电话会议。会议要求，认真贯彻中央关于减轻农民负担电视电话会议的精神，切实减轻农民负担，促进农村发展，维护农村稳定。

9月30日，北京市农村税费改革办公室、昌平区委、区政府召开了由400多人参加的昌平区农村税费改革试点工作动员大会，翟鸿祥副市长出席会议，对昌平区农村税费改革试点工作进行了全面部署。

本年采取有力措施切实减轻农民和乡村集体及组织负担。开展了农村集体土地征占收入的清理和回收工作，对乡镇企业负担、农村电价、农村中小学收费、农村报刊订阅和村级招待费等进行了专项治理，开展了春秋两季农民负担管理执法检查，全年共减轻农民负担6 000多万元。

二、2001年减轻农民负担工作

8月21日，昌平区召开全区农村税费改革试点工作实施动员大会。市委副书记张福森发表讲话，要求："充分认识农场税费改革的必要性和重要性；从政治的、全局的高对待农村税费改革工作；用积极稳妥严肃的态度做好各项试点工作。"12月27日，召开了昌平区农村税费改革试点工作总结大会。

6月28日，北京市纠正行业不正之风办公室、北京市农村工作委员会发布《关于转发〈国务院纠风办和农业部关于进一步全面清理要求农民出钱出物出工达标升级活动的通知〉的通知》（京纠通〔2001〕4号），要求从当年7月至10月，对全市农村达标升级活动情况进行一次全面清理。

8月28日，中办、国办联合召开减轻农民负担工作电视电话会议，通报了全国发生的26起涉及农民负担的恶性案件。温家宝副总理做了重要讲话，对进一步做好减轻农民负担工作提出了七个方面的要求。会后，北京市政府立即召开了全市减轻农民负担工作会议，刘志华副市长做了题为《以“三个代表”重要思想为指导，切实做好我市减轻农民负担工作》的讲话，对北京市贯彻中央会议精神作了全面部署。

11月21日，经市政府领导批准，北京市财政局、北京市农村工作委员会、北京市监察局、北京市国土资源和房屋管理局、北京市物价局联合发布《关于进一步做好减轻农民负担工作的通知》（京财字〔2001〕2223号）。该《通知》对做好2001年度减轻农民负担工作提出了五点要求：一是深入开展“三个代表”教育，进一步统一对减轻农民负担工作极端重要性的认识。二是扩大，完善涉及农民的价格公示和收费公示制度。三是认真纠正在农民负担专项检查中发现的问题。要求年底前完成农民建房专项治理工作；清理和纠正农村中小学校乱收费问题；检查农村电网改造和农村用电收费情况；严格控制村级公费订阅报刊数额；坚决纠正在集体土地征占和对外出租、承包损害农民利益的行为。四是继续实行村提留、乡统筹和“两工”的预决算制度和农民负担监督用卡制度。五是加强对减轻农民负担工作的领导。

三、2002年减轻农民负担工作

3月13日，北京市人民政府办公厅发出《北京市人民政府办公厅转发〈市农委关于2003年本市减轻农民负担工作意见〉的通知》（京政办发〔2002〕15号）。该通知提出了七项要求：一是进一步提高对减轻农民负担工作重要性的认识；二是继续执行“一项制度、八禁止”，对提留统筹费的收取和使用情况进行一次专项审计；三是加强农村税费改革试点地区农民负担的监督管理；四是深入开展专项治理，逐步规范农民负担管理；五是认真开展农民负担执法检查；六是加强农村集体资产管理，坚决纠正各种损害农村集体经济组织利益的行为；七是加强减轻农民负担工作领导。

3月26日，市委、市政府召开减轻农民负担工作会议。刘志华副市长对做好减轻农民负担工作提出要求：正确认识新形势下做好减轻农民负担工作的极端重要性，扎扎实实做好四项工作：一是在全市全面推进农村税费改革；二是继续做好农村集体土地征用补偿款清欠工作；三是认真开展对农村中小学校收费、农村用电收费、农村电网改造收费和农民建房收费以及农村生产经营过程中的收费进行专项治理；四是加大工作力度切实保护农民工权益。加强领导，落实措施，确保各项减负任务顺利完成。

5月15日，北京市农村税费改革领导小组发出《关于做好2002年农村税费改革工作的通知》（农税改〔2002〕2号），提出2002年，全市农场税费改革工作的任务：一是继续搞好昌平区改革试点。在全市范围内开展与农场税费改革有关的配套改革：要继续搞好机构改革，建立村级干部固定补贴制度；要完善农村义务教育管理体制；要健全乡镇村集体资产管理体制，强化乡镇村集体资产管理；要逐渐建立农村社会保障体系；要核实有税无地或有地无税的土地面积；二是继续做好减轻农民负担工作；三是加强对农村税费改革工作的领导。

6月17日，市农村工作负担监督管理领导小组办公室公示：主要涉农收费项目及收费标准和减轻农民负担的“八个不准”。涉农收费项目和收费标准的新监督卡发到了农户手中。

8月27日，中共北京市委农村工作委员会、北京市农村工作委员会、北京市新闻出版局、北京市监察局发布《关于实行村级报刊订阅限额控制制度的通知》（京农发〔2002〕43号）。

9月4日，国务院召开减轻农民负担电视电话会议，温家宝副总理做了重要讲话，中纪委和国家有关部委作了专题发言。为贯彻落实中央会议精神，市委、市政府召开了全市减轻农民负担工作会议。刘志华副市长主持，强卫副书记代表市委、市政府就北京市减轻农民负担工作做了重要讲话，就切实做好北京市减轻农民负担工作提出三点意见：一是高度重视减轻农民负担工作的重要意义；二是认真贯彻落实中央关于减轻农民负担的各项任务；三是加强对减轻农民负担工作的领导。会议要求各区县党委、政府、纪检和市有关部门要组织领导班子成员认真学习温家宝副总理和强卫副书记的重要讲话，以及中央关于实行农民负担案事件责任追究制度的文件，并结合本地区、本部门的实际进行认真讨论，领会精神实质，贯彻落实方案。各区县要将国务院和本市减轻农民负担电视电话会议精神以及中办、国办文件精神迅速传达到各级党委、政府领导班子，传达到村党支部、村委会和村经济合作社全体干部。各区县要将贯彻落实国务院和本市减轻农民负担电视电话会议精神的方案、贯彻落实的情况，学习贯彻中办、国办文件的情况，开展秋季农民负担执法检查的情况，分别在9月10日和10月底前报市农村负担监督管理领导小组办公室。

9月11日，市农委主任李进山就贯彻全国减轻农民负担工作电视电话会议情况向市委、市政府作了专题汇报。

12月2日，市减轻农民负担工作总结会召开。对进一步做好减负工作提出意见：一是认真学习党的十六大精神，进一步提高对减轻农民负担工作的认识；二是全面贯彻落实减轻农民负担的各项法规政策；三是继续开展减轻农民负担的专项治理工作；四是稳定土地承包政策，加强农村集体资产管理；五是加强领导，健全机构，提高农民负担管理干部的素质。

四、2003 年减轻农民负担工作

1 月 16 日，北京市农民负担监督管理领导小组发布《关于 2003 年减轻农民负担工作若干问题的通知》（京政负办〔2003〕1 号）指出："鉴于 2003 年我市将全面开展农场税费改革，行政统筹费要予以取消，村提留要改为新的农业税附加。各乡镇不得再编制 2003 年度乡统筹费预算方案。各村不要再编制村提留的预算方案。各区县要坚决制止提前收取乡统筹和村提留的行为。"

3 月 26 日，市委、市政府召开全市减轻农民负担工作会议。各区县汇报了 2002 年 12 月 2 日全市减轻农民负担工作会议以来的情况。强卫副书记代表市减轻农村负担领导小组就做好 2003 年的减负工作提出了三点要求：第一，要正确认识新形势下做好减轻农民负担工作的极端重要性。第二，要扎扎实实做好 2003 年的减轻农民负担工作。全面推进农村税费改革；继续下大力气解决农村集体土地征用占用补偿款的问题；认真开展专项治理；切实保护农民工的权益。第三，要加强领导，落实措施，确保各项减负任务顺利完成。

6 月 25 日，中共北京市委、北京市人民政府发布《关于进一步深化乡村集体经济体制改革，加强集体资产管理的通知》（京发〔2003〕13 号）。

7 月 14 日，市委、市政府召开全市农村税费改革试点工作动员大会。昌平区主要领导介绍了开展农民税费改革工作的经验。牛有成副市长代表市委、市政府就全市农村税费改革工作进行了全面部署。强卫副书记在讲话中提出要求；要充分认识推进农村税费改革的重要意义，增强搞好这项重大改革的责任感和使命感。要加强领导，落实措施，确保农村税费改革顺利进行。

7 月 16 日，中共北京市委、北京市人民政府发布《关于全面进行农村税费改革试点工作的通知》（京发〔2003〕14 号）以及《北京市农村税费改革方案》。

7 月 16 日，中共北京市委农村工作委员会、北京市农村工作委员会、北京市财政局发布《关于印发〈北京市村级干部报酬管理办法〉的通知》（京农发〔2003〕28 号）。

7 月 28 日，北京市人民政府办公厅发布《北京市人民政府办公厅转发〈市农委等部门关于 2003 年本市减轻农民负担工作意见〉的通知》（京政办发〔2003〕39 号）。该通知提出，2003 年度本市减轻农民负担工作的主要任务：一是全面推进农村税费改革；二是认真清理涉及农民负担的收费项目；三是深入开展农民负担专项治理工作，包括对农业生产性费用的不合理收费和搭车收费的专项治理，对农民建房乱收费的专项治理，对农村义务教育乱收费的专项治理，对农民进城务工乱收费和拖欠农民工工资的专项治理；四是全面落实减轻农民负担有关制度，进一步提高公示制质量和水平，坚持农民负担监督卡制度，认真落实村级报刊订阅费用限额制，严格执行违反涉及农民负担政策责任追究制度；五是进一步强化农民负担监督检查。

8月8日，经北京市委、市政府领导同意，北京市农村税费改革办公室印发《关于在农村税费改革中需要进一步明确的几个政策问题的意见的通知》（京农税改〔2003〕2号）。该通知针对农场税费改革以后，出现的土地承包纠纷制定了7条指导性意见，进一步落实土地承包政策，完善土地承包关系，合理确定计税土地面积。

五、2004年减轻农民负担工作

1月30日，办公室纠风办、北京市新闻出版局、北京市农村工作委员会、北京市教育委员会联合发出《关于全面实行乡镇、村级组织、农村中小学校公费订阅报刊最高限额标准，切实加强检查监督落实工作，减轻基层负担的通知》。

牛有成副市长听取农民减负工作情况汇报

3月23日，中共北京市委、北京市人民政府发出《关于推进郊区城市化、促进农民增收的意见》要求："继续推进农场税费改革。从2004年开始，全市免征农业税及其附加，确保农民负担进一步减轻。市、区县财政对部分村给予资金补助，确保村级组织正常运转。健全农民负担监督管理机制，全面清理整顿乱摊派、乱收费行为，防止农民负担反弹。摸清缺口、探索途径，积极化解乡村不良债务。"

3月24日，市委、市政府宣布从2004年度开始，全市停止征收农业税及其附加、农林特产税及其附加，并把继续推进农村税费改革，减轻农民负担作为增加农民收入和党风廉政建设的一项重要举措和任务。

3月30日，市委、市政府召开全市减轻农民负担工作会议。市农委主任李进山做了题为《继续推进农村税费改革，为农民增收创造体制基础》的报告，具体落实市委、市政府郊区工作会议和党风廉政建设会议对减轻农民负担工作提出的要求进行了部署。第一，要充分认识农村税费改革以后，继续做好减轻农民负担工作的重要意义。第二，要切实做好2004年度减轻农民负担工作的各项任务并提出了具体措施。第三，要切实加强对减轻农民负担工作的领导。

4 月 20 日，中共北京市委农村工作委员会、北京市农村工作委员会、北京市发展和改革委员会、北京市监察局、北京市监察局、北京市财政局发出《关于认真做好 2004 年度减轻农民负担工作的通知》（京农发〔2004〕11 号）。该通知提出 2004 年度减轻农民负担工作的主要任务：一是继续推进农村税费改革政策试点工作；二是强化农村集体土地征占监督管理，切实纠正在农村集体土地征占过程中侵害农民利益问题；三是继续清理涉及农民的各种乱收费、乱集资、乱罚款和乱摊派。重点对在农村电网改造、农村用电、农村报刊订阅和农村教育、农村献血中加重农民负担的行为以及拖欠农民工工资的问题进行专项治理。

6 月 2 日，北京市农村工作委员会、北京市财政局发布《关于保证村级组织正常运转专项补助资金管理的使用办法的通知》（京政农发〔2004〕35 号）。

8 月 26 日，中共北京市委、北京市人民政府发布《关于积极推进农户土地承包经营权确权和流转的意见》（京发〔2004〕17 号）。全市应承包的 4 897 万亩农用地，已经确权到户的 488.86 万亩，占 98.4%。通过确权，试点农民直接享受到农村税费改革带来的好处。在实行确权确利的地方，平均每个农业人口从土地经营收入中增加收入 300 元。其中，从集体获得土地流转收入 230 元，从国家获得种粮直补 70 元。

8 月 31 日，中共北京市委农村工作委员会、北京市农村工作委员会发布《关于积极推进乡村集体经济产权制度改革的意见》（京农发〔2004〕28 号）。

六、2005 年减轻农民负担工作

1 月 28 日，中共北京市委、北京市人民政府发出《关于进一步加强农村工作提高农业综合生产能力加快郊区城市化进程的意见》要求：深化农村税费改革和乡镇机构改革。坚持“多予、少取、放活”的方针，继续实行免征农业税及其附加的政策、财政扶持村级组织正常运转的政策。采取配套措施，推进乡镇机构改革，加快乡镇政府职能转变，精简乡镇机构和人员。搞好村级干部精简，压缩后勤服务人员。建立村级公益事业筹资机制、搞好“一事一议”。积极推进农机、水利设施的产权制度改革，搞活投资和经营机制，扶持农机、水利等社会组织的发展。研究化解村级债务的办法和途径，推进村级经济健康发展。加强检查监督和治理，确保农民负担不反弹，巩固税费改革成果。

2 月 2 日，中共北京市委农村工作委员会、北京市农村工作委员会、北京市人事局发出《关于表彰郊区京郊工作先进集体和个人的决定》（京政农〔2005〕4 号），对 2004 年度郊区经济工作的 158 个先进集体和 30 名先进个人进行了表彰。朝阳等区县被授予农村税费改革先进区县称号。黄中廷等 20 人被授予农村税费改革先进个人称号。

4月10日，北京市农村合作经济经营管理站制定了村级公益事业补助资金月报制度，要求各区县于每月10日前将村级公益事业补助资金的拨付及使用情况上报市站。这项制度的实施，促进了村级公益事业补助资金的及时拨付，资金的使用情况也得到了有效的监督。

4月28日，北京市政府召开了全市减轻农民负担工作会议，昌平等区县做了典型发言。市农委主任李进山做了题为《巩固农村税费改革成果，防止农民负担反弹》的讲话，总结了2004年工作成效，指出了存在的问题，明确了2005年度减轻农民负担工作的任务。

4月30日，中共北京市委农村工作委员会、北京市农村工作委员会、北京市发展和改革委员会、北京市财政局、北京市监察局发出《关于认真做好2005年度减轻农民负担工作的通知》，部署2005年减轻农民负担工作。2005年度减轻农民负担工作的主要任务：一是继续实行免征农业税及其附加的政策；二是继续实行财政扶持村级组织正常运转的政策；三是继续开展减轻农民负担的专项治理；四是加强检查监督和治理力度，确保农民负担不反弹，巩固农村税费改革成果。

5月16日，中共北京市委农村工作委员会、北京市农村工作委员会发布《关于印发〈北京市农村税费改革办公室关于进一步深化农村税费改革试点工作的意见〉的通知》（京农发〔2005〕20号）。

6月23日，北京市农村负担监督管理办公室发布《关于严禁向村集体经济组织摊派农村教育经费的通知》（京政负办〔2005〕3号）。

七、2006年减轻农民负担工作

2月20日，北京市农村工作委员会、北京市财政局、北京市审计局、北京市监察局发布《关于进一步加强村级公益事业专项补助资金监督管理的通知》（京政农发〔2006〕2号）。

3月22日，中共北京市委、北京市人民政府发出《关于统筹城乡经济社会发展推进社会主义新农村建设的意见》（京发〔2006〕3号）要求："进一步深化以农村税费改革为主要内容的农村综合改革。以转变乡镇政府职能为重点，强化乡镇政府的社会管理和公共服务功能。开展乡镇管理体制改革试点。逐步增加并改善与农民生产生活条件密切相关的村级公益事业的政府投入，制定村级公益事业专项补助资金管理办法，确保专项补助资金直接到村。研究探索化解村级债务的办法和途径。巩固农村税费改革成果，确保农民负担不反弹。积极推进城乡结合部地区农村综合管理体制改革，将城乡结合部地区的基础设施和社会管理，纳入城市建设与管理范围。推进城乡户籍制度改革，为建立全市统一的户籍制度奠定基础。"

10月16日至11月11日，开展了秋季农民负担执法检查。

12月15日，北京市人民政府办公厅《关于印发北京市深化国有农场税费改革方案的通知》(京政办发〔2006〕75号)。

八、2007年减轻农民负担工作

2月14日，中共北京市委、北京市人民政府发布《关于加快都市型现代农业和农村经济发展扎实推进社会主义新农村建设的意见》(京发〔2007〕6号)要求："深化农村综合改革。重点是推进乡镇机构、农村义务教育和县乡财政管理体制改革，以此带动农村的各项改革。制定乡镇机构改革指导意见，开展乡镇机构改革试点，提高农村公共服务水平。建立健全财权与事权相匹配的财政管理体制，增强基层政府公共产品和公共服务的供给能力。市级财政要安排一定资金，对区县推进农村改革给予奖励。""探索化解乡村债务的办法与途径，坚决制止乡村发生新的不良债务。妥善处理好农业税拖欠，在严格把握政策和加强审核的前提下，该减免的要坚决减免，能豁免的应予以豁免。市级财政要安排一定奖励资金，鼓励地方主动化解乡村债务。"

10月20日，北京市人民政府办公厅发出《关于做好清理化解乡村债务工作的实施意见》(京政办发〔2007〕65号)。

12月13日，北京市人民政府发布《关于做好本市农村综合改革工作的意见》(京政发〔2007〕32号)。

到2007年年底，北京市减轻农民负担工作第二阶段的任务顺利完成。8年来在积极推进农村税费改革试点，增加农村公共产品供给，从机制体制源头上减轻农民负担的同时，持续开展对加重农民负担、损害农民和集体经济组织权益的深层次问题进行了全面治理。全市减轻农民负担工作即将进入综合改革阶段。

第五节 2008—2013年减轻农民负担工作

一、2008年减轻农民负担工作

1月29日，中共北京市委、北京市人民政府发出《关于切实加强农业农村基础设施建设 进一步促进城乡经济社会发展一体化的若干意见》(京发〔2008〕1号)要求："深化农村综合改革。积极开展乡镇机构改革试点。强化乡镇政府公共服务和社会管理职能；严格控制对乡镇党政领导的'一票否决'事项。建立健全财权与事权相匹配的财政管理体制，进一步转变乡镇财政管理方式，逐步增加对村级公益事业的政府投入，完善运转经费保障机制。加强检查监督和治理力度，防止农民负担反弹。""清理核实乡村债务，锁定债务总额，建立债务动态监控机制。严格控制乡村举债行为，完善村级财务管理制度和监管方式。建立干部经济责任审计和新债责任追究制度，坚决制止发生新的乡村债务。建立政府偿债准备金制度。开展化解乡村债务试点工作。”

11月17日，中共北京市委农村工作委员会、北京市农村工作委员会发布《关于印发北京市村民一事一议筹资筹劳管理办法的函》（京农函〔2008〕12号）。

二、2009年减轻农民负担工作

9月17日，北京市人民政府办公厅发布《转发市农委等部门关于开展清理化解农村义务教育“普九”等债务工作实施意见的通知》（京政办发〔2009〕96号）。用一年时间对全市农村义务教育债务进行了全面清理。

10月15日，北京市农村工委员会、北京市教育委员会、北京市审计局、北京市监察局发布《关于印发北京市化解农村义务教育“普九”等债务实施细则的函》（京政农函〔2009〕64号）。

三、2010年减轻农民负担工作

由于北京市农村负担监督管理办公室主任黄中廷同志退休。本年度农民负担监督管理工作暂时停顿。

四、2011年减轻农民负担工作

4月12日，北京市农村负担监督管理协调会议办公室发出《关于开展2011年春季农民负担管理专项执法检查的通知》（京政负办〔2011〕1号）。

7月26日，根据农业部等七部委《关于印发〈2011年减轻农民负担工作要点〉的通知》和《北京市农民负担管理条例》的有关规定，经北京市减轻农民负担检查协调会议研究，决定调整充实人员，完善北京市农村负担监督管理联席会议。

五、2012年减轻农民负担工作

8月2日，北京市农村工作委员会、北京市发展和改革委员会、北京市纠正行业不正之风办公室发布《关于深入治理涉农乱收费的通知》（京政农发〔2012〕22号）。

6月4日，北京市农村工作委员会、北京市财政局发布《关于印发北京市村级公益事业建设一事一议财政奖补项目管理暂行办法的通知》（京政农发〔2012〕16号）。

6月5日，北京市农村工作委员会、北京市财政局、北京市规划委员会、北京市水务局、北京市园林绿化局发布《关于开展村级公益事业建设一事一议财政奖补工作的实施意见》（京政农函〔2012〕26 号）。

北京市农村综合改革领导小组办公室在 10 个远郊区县的 91 个乡镇 202 个村全面推开村级公益事业建设一事一议财政奖补工作，共建设项目 203 个。

8 月 15 日，北京市农村综合改革协调会议办公室发布《转发财政部关于村级公益事业建设一事一议财政奖补工作考核评价试行办法文件的通知》（京农改发〔2012〕1 号）。

六、2013 年减轻农民负担工作

按照国务院农村综合改革工作小组办公室的统一部署，北京市农村综合改革领导小组办公室在 13 个涉农区县全面开展村级公益事业建设一事一议财政奖补工作。

第三章　农民负担监督管理执法检查

经过长期实践，北京市减轻农民负担工作形成了专业队伍治理与农民群众参与相结合，定期执法检查与发现问题随时查处相结合，实地检查与查账审计相结合的一整套工作方法。

农业部农民负担监督管理办公室的同志到北京市朝阳区检查农民负担

第一节　执法检查依据与方法

按照《北京市农民负担监督管理条例》的规定，自1994年开始，市农民负担监督管理部门每年开展一次农民负担监督管理执法检查。根据《北京市委、北京市人民政府关于贯彻〈中共中央、国务院关于切实减轻农民负担的决定〉的通知》（京发〔1997〕1号）文件的规定，自1997年开始，农民负担监督管理执法检查改为每年进行两次，其中春季和秋季各进行一次。每次检查之前，市农村负担监督管理办公室都要进行认真谋划，提出检查计划提交农村负担监督管理联席会议进行研究通过。检查计划通过以后，以市农村负担监督管理领导小组办公室的名义组织有关单位有针对性地对部分区县进行抽查。抽查采取明察与暗访相结合；查账与召开干部群众座谈会、深入到农民群众家庭访问相结合；发现问题与解决问题相结合的办法，收到了很好的效果。各区县接到市农民负担管理办公室发出检查通知以后，及时召开区县农民负担监督管理领导小组会议，进行部署并要求各乡镇和村进行自查自纠。在乡镇和村自查自纠的基础上，各区县农村负担监督管理领导小组组成检查组对各乡镇进行抽查，并向市农村负担监督管理领导小组写出检查报告。在执法检查中，各区县根据本地实际情况，创造了许多好的经验。如：密云县在2002年执法检查中，采取了“查处一个点、净化一条线”的做法，查出个别学校、个别电力施工队乱收费的问题以后，在全县教育系统和电力系统进行全面通报、教育，收效显著。

中央、市、区干部仔细查看农民负担明细表

第二节 1996—2006年执法检查情况

一、1996年度执法检查情况

1996年，农民负担管理执法检查得到各级党委、政府的高度重视，市委书记尉健行同志亲自过问，市政府农林办公室和各区县领导亲自参与。在乡镇自查和区县复查的基础上，10月9日至11月8日，北京市经管站与市纪委、市农办、市监察局一起，用一个月的时间，对全市农民负担监督管理工作进行了联合执法检查。方法是采用听取区县、乡镇、村干部汇报；下村走访农户；调查问卷；查阅有关资料等形式。共检查了12个区县、22个乡镇、31个行政村，走访了134名村民；对90名区县、乡镇、村领导干部进行了有关法规、政策和制度的问卷测评，其中区县级领导干部9人。通过检查，发现1996年计划全市直接向农民收取村提留、乡统筹16 446.9万元，人均46.2元，占上年人均纯收入的1.59%；计划需农民出义务工和劳动积累工7.8个，均低于中央允许的标准。全市农民负担监督卡入户率达到91%。各区县采取多种形式宣传减轻农民负担法规政策，仅通州区就向农民印发各种宣传材料6万多份。中央减轻农民负担的6号文件和15号文件已经基本传达到基层。参加学习中央文件的区县干部843人，乡镇干部8 314人，村干部44 437人。在检查中也发现了一些问题。如，村干部过多、财政拨款较少，人员开支没有正常渠道，需要农民负担的管理费用过高；义务献血和义务兵市级已由无偿变成有偿等。饮食行业管理费和福利企业管理费在农村收取部分已经由市政府明令取消或修订，但在一些区县仍在违规继续收取。1996 年 11 月 21 日，北京市纪律检查委员会、北京市人民政府农林办公室和北京市监察局向市委书记尉健行和市长贾庆林提交了《关于我市农民负担管理工作执法检查的报告》。

二、1997 年度执法检查情况

1997 年，农民负担管理执法检查由过去的每年检查一次改变为每年进行两次。执法检查共查出非法涉农收费项目 20 项，到年底已经清退或者已经罚没 1 000 多万元。

三、1998 年度执法检查情况

1998 年，农民春季负担管理执法检查主要是对照京监文〔1998〕5 号文件对乡镇企业负担进行了全面清理检查。秋季围绕贯彻落实中办发〔1998〕18 号文件和北京市委、市政府办公厅〔1998〕25 号文件，开展了减轻农民负担政策再教育活动，在各区县、各局委办自查自纠的基础上进行了执法检查。全年减轻农民负担和乡镇企业负担近亿元。

四、1999 年度执法检查情况

1999 年，在春季农民负担管理执法检查的基础上，从 10 月 15 日到 12 月中旬开展了全市减轻农民负担工作大检查，对贯彻执行《北京市农民负担管理条例》情况进行了全面检查。在此基础上向北京市人大常委会提交了《北京市人民政府关于北京市农民负担管理条例执行情况的报告》。

五、2000 年度执法检查情况

根据《市委办公厅、市政府办公厅关于〈2000 年全市党风廉政建设和反腐败斗争主要任务分工〉的通知》，自 4 月 1 日至 6 月 30 日，北京市农村负担监督管理办公室组织各区（县）开展了 2000 年度春季农民负担管理执法检查。这次检查的主要内容是对在土地征占中加重农民负担的问题进行全面清查。由于在 1996 年曾组织部分区县对农村土地征占问题进行过一次清查，所以这次清查的范围，从时间来看分为两个层次：朝阳、门头沟、房山、大兴、怀柔、密云、石景山七个区（县）清查的范围是从 1991 年开始到 1999 年；丰台、海淀、通州、顺义、昌平、平谷、延庆七个区县清查范围是从 1997 年开始到 1999 年。从土地征占的主体来看，这次清查的范围包括国家基本建设征地、国有企业搬迁征地、商业性房地产开发征地、乡镇政府和乡镇企事业单位征地和其他乡级以上单位征占的集体土地。从清查的内容来看，包括各类征占集体土地的面积、审批单位、应支付和实际支付的补偿性资金数额、在土地征占中损害农民利益的情况等。

为了搞好这次清查，市农村负担监督管理领导小组专门发出了通知，并明确在岳福洪副市长的领导下，由市农委负责，市监察局和市计委协办，市经管站承担具体工作。各区（县）党委、政府对此项工作十分重视，专门成立了由主管区（县）长任组长，农委、监察、土地、经管等有关部门领导参加的清查小组。清查工作结束以后，房山、昌平等一些区（县）委还召开了常委会，对清查中发现的问题进行认真研究，制定解决措施。

通过汇总，在相关的清查范围内，全市共有1.67万公顷农村集体土地被征占。其中：国家基本建设征地0.77万公顷，占45.78%；企业搬迁征地0.08万公顷，占5.50%；商业性房地产开发征地0.35万公顷，占21.1%；乡镇企事业单位占地0.19万公顷，占11.62%；其他乡级以上单位占地0.258万公顷，占16%。

通过这次清查，发现全市在农村集体土地征占过程中，存在以下7个严重损害农民利益的问题：

一是无偿征占农村集体土地。这个问题在门头沟区反应比较强烈。主要是市政府90年代初治理永定河道，占用白庄子等5个村的45.97公顷土地，至今未办理征占手续，也没有给农民补偿。按每亩10万元计算，损害农民利益近7 000万元。

二是拖欠农民土地补偿性资金。在14个区（县）中，只有密云和石景山两个区（县）没有发现这个问题。其他12个区（县）共应支付补偿性资金75.65亿元，实际已支付64.29亿元，拖欠11.35亿元，占应支付总额的15.02%。如，市教委在海淀区海淀乡征地1.77公顷，拖欠200万元。市广播电视局拖欠朝阳区734.9万元。又如，“京润水上别墅”应支付朝阳区将台乡安家楼村土地款3.07亿元，已支付0.67亿元，拖欠2.4亿元，占应支付款的78.2%。

三是截留应支付给村集体经济组织的土地补偿性资金。在14个区（县）中，平谷、密云、延庆和石景山4个区（县）没有发现此类问题。其他10个区（县）发现区（县）和乡镇两级共从集体土地收入中分成9.2亿元（其中，区县分成0.22亿元，乡镇分成8.98亿元），占这10个区（县）实际已收到土地补偿性资金63.92亿的14.4%。乡镇参与村级土地收入分成的理由，除个别乡级核算的以外，有的援引“人民公社三级所有”核算体制，有的认为乡镇出了力就应有收入。乡、村分成的比例，有的是三七开，有的是四六开，个别的甚至倒三七开，乡里拿大头，村里得小头。

四是集体土地被征占以后，仍然要农民交纳农业税。这个问题在14个区

（县）都存在，共有 0.41 万公顷（其中：征地 0.19 万公顷，占地 0.22 万公顷）集体土地被征占后，农民仍在交纳农业税，占这次清查征占土地 1.67 万公顷的 24.7%。按每亩每年 20 元农业税负担计算，每年加重农民负担 122 万元。按被征占 5 年计算，共加重农民负担 610 万元。

五是违章占地。这次有 7 个区（县）检查了集体土地征占审批情况。其中，大兴、平谷、密云 3 个县土地征占全部经市或县土地管理部门履行了审批手续。另外 4 个区（县）都不同程度地存在违章占地的问题。有的是越权审批，如，某区由乡（镇）自行审批的占地有 517.87 公顷，占该镇全部已征占土地面积的 67.8%；有的是“先斩后奏”，占地已经多年，造成既成事实，近期才补办手续；有的是隐瞒真相，将耕地报为非耕地。

六是农村集体土地被征占以后，部分农民失业。如，朝阳区十八里店乡吕家营村，由于建设京津塘高速公路、南四环、国际货流中心等国家征地，全村 2 050 个劳动力中，集体安排工作的只有 850 人，自谋职业的 543 人，尚有 657 人待业无工作。房山区区府东移以后，征占了良乡镇大片集体土地，许多农民失去土地，无事可做。

七是长期征而未用。如，1996 年 1 月 16 日，市政府下发文件，同意市农工商公司因建设“北京市环球度假俱乐部”，征地 122 公顷，其中费家坟村 54 多公顷，并同意将该村 434 名农民转为非农业户口，其中 210 名劳动力由农工商公司安排工作，同时将该村撤销。但是，4 年多过去了，该村农民不仅没有农转非，劳动力没有得到安排，农民也没有得到一分钱。征地方认为该项目没有开工，土地仍由农民耕作，不存在什么问题。但是，乡、村干部和农民认为，由于市政府已经下发征地、撤村、转居、转工的正式文件，农民的生产和生活一直处于一种临时状态，已经给该村造成 1 119.4 万元的经济损失。

2000 年，秋季农民负担管理执法检查在下半年进行。重点对乡镇企业负担情况进行了调查、清理。通过检查查处了七个加重乡镇企业负担的问题。

六、2001 年度执法检查情况

按照国务院纠风办和农业部《关于进一步全面清理要求农民出钱出物出工达标升级活动的通知》，以及中办、国办联合的召开减轻农民负担工作电视电话会议精神，在春秋两季农民负担执法检查中，先后对以下情况进行了执法检查：一是涉及农民的价格公示和收费公示制度执行情况；二是对农民建房收费情况；三是农村中小学校收费情况；四是农村电网改造和农村用电收费情况；五是村级公费订阅报刊情况；六是达标升级活动开展情况。对检查中发现的违法规定加重农民负担是行为进行了纠正，对相关责任人进行了纪律处分。

七、2002 年度执法检查情况

2002 年，春季农民负担管理执法检查从 5 月 18 日开始，到 6 月 14 日结束。重点检查了以下六个方面的内容：一是农民承担的村提留、乡统筹和“两工”2001 年度决算和 2002 年度预算编制情况以及 2002 年度农民负担监督卡发放情况。二是涉农价格和收费公示制度执行情况。三是农民建房收费情况。四是农村报刊订阅情况。五是农村集体土地征占收入收取情况。六是农民负担监督管理机构、队伍建设情况。

2002 年，秋季农民负担管理执法检查从 9 月 16 日开始到 11 月初结束。重点检查了以下六个方面问题：①各级党委政府领导班子是否认真学习了中办发〔2002〕19 号《关于对涉及农民负担案（事）件实行责任追究的暂行办法的通知》；是否将精神传达到本镇行政事业单位和村委会；是否针对本地区在农民减负工作中存在的问题制定了整改方案。②拖欠和挪用农村集体经济组织土地征占补偿款专项治理工作进展情况。③村提留、乡统筹和“两工”的提取、使用及管理情况。④村级财务公开情况。⑤落实村级报刊订阅费用限额制度情况。⑥农村电网改造和农村电价调整政策的执行情况。通过检查，发现了在农村中小学校收费、农民建房和农村电网改造中存在的问题，采取了解决措施。从 2002 年 5 月 25 日开始，全市电费实行了城乡同网同价，农民生活用电从每千瓦时 0.46 元下降到 0.44 元。

八、2003 年度执法检查情况

2003 年度，春季农民负担管理执法检查从 4 月 1 日开始到 4 月 30 日结束。重点检查以下 6 个方面的内容：一是对 2002 年秋季执法检查中发现的各种乱收费行为是否进行了纠正；违反法规政策向农民和集体经济组织收取的款项是否进行了清退；对乱收费行为负有直接责任和领导责任的人员是否按照《北京市实施〈关于对涉及农民负担案（事）件责任追究制度的暂行办法〉的办法》的规定进行了处理。二是村级报刊费用限额制度落实情况。2003 年，各村公款订阅报刊的费用开支是否符合监督卡规定的上限标准，和社员代表大会决定的标准。凡是超过的是否由有关人员自

市农委李进山主任征求农民群众对减负工作意见

费。三是 2002 年度收取提留统筹和农民出“两工”情况。是否依照《北京市农民负担监督卡》规定的收取额度和收取办法进行收取。有没有未向农户发放农民负担监督卡而向农户收取属于村提留乡统筹项目的费用的情况。有无违反规定提前收取 2003 年提留统筹费的问题。四是清理回收拖欠农村集体土地补偿款情况。五是村级收取“入户费”问题查处情况。六是农村中小学收费、农民建房收费、电网改造和农机作业、水费等农业生产环节的收费情况。

九、2004 年度执法检查情况

2004 年春季，农民负担管理执法检查从 10 月 18 日开始到 11 月 30 日结束。检查的主要内容：一是税费改革后，财政转移支付资金（村级固定干部补贴经费、经济薄弱村补贴和远郊区县农业税附加补贴等）是否足额拨付给了村集体经济组织；村集体经济组织对财政转移支付资金的管理使用情况是否符合规定。二是列入国家农村电网改造的工程项目是否存在要求农民和村集体经济组织承担施工费用和出工、出物等加重农民和集体经济组织负担的问题；在完成电网改造的村，电力部门是否做到逐户查表收费，是否存在要求村集体经济组织承担总表与分表差额电费的问题；对春季执法检查中已经发现的问题是否已经进行了解决，违规收取的费用是否进行了清退。三是 2003 年秋季支付的 2004 年度村级报刊订阅费用，是否存在未经村集体经济组织成员代表大会或者村民代表会议民主讨论，超过规定限额的问题；2005 年报刊征订工作中是否存在强行向集体经济组织摊派的行为；按照市里要求 2005 年享受财政补贴的贫困村，村集体报刊订阅最高限额不得超过 2 500 元。四是检查农村教育资金是否按照农村税费改革政策做到两个为主。是否继续存在要村集体经济组织承担农村中小学校运转经费的问题。五是否存在强行要求农民献血或交纳献血费的行为。六是否将农民负担管理的各项制度落实到实处，农民负担监督卡是否已发放到户，各种涉农收费是否进行了公示。七是否存在其他增加农民和集体经济组织负担的问题。

十、2005 年度执法检查情况

2005 年，春季农民负担管理执法检查从 2005 年 4 月 1 日开始到 5 月 31 日结束。检查的主要内容：一是列入国家农村电网改造的工程项目是否存在要求农民和村集体经济组织承担施工费用和出工、出物等加重农民和集体经济组织负担的问题。二是在完成电网改造的村，电力部门是否做到逐户查表收费，是否存在要求村集体经济组织承担总表与分表差额电费的问题；对在以往的执法检查中发现的问题是否已经进行了解决，违规收取的费用是否进行了清退。三是检查农村教育资金是否按照农村税费改革政策做到两个为主。是否继续存在要求村集体经济组织承担农村中小学校运转经费、教职工（包括临时工）工资、奖金的问题；是否继续存在向村级组织摊派冬季取暖费用、校舍改造和维修费用。

通过检查取得了三个方面的成效：一是纠正了部分区县在农村电网改造中加重农民负担的行为，督促区县供电部门清退了在农村电网改造中村级出工出物费用 266.67 万元。二是纠正了部分区县在农村供电中由村级组织承担电力损耗的行为，督促区县供电部门改革了农村电费收取方式。平均每个村可以节约电费开支 2 万元左右，全市可以节约村级电费开支 8 000 万元。同时，改革村级电工管理体制。由供电部门负责村级电工工资。仅密云一个县就减少村级电工工资开支 487.67 万元。三是纠正了部分农村中小学校向村级组织摊派正常运转经费的问题。督促农村中小学校向村级组织清退违规收取的过节费 231 万元。

2005 年，秋季农民负担执法检查重点检查了三个问题：一是检查农村及集体经济组织公款订阅报刊限额控制制度的执行情况。二是检查《关于严禁向村集体经济组织摊派农村教育经费的通知》贯彻执行情况。三是检查春季执法检查发现问题的整改情况。经过检查取得了三个方面的成效：一是进一步严肃了村级办刊订阅的纪律。通过对 13 各区县 62 个村的抽查，发现实际报刊订阅费用开支低于限额标准的有 51 个村，超出限额的 10 个村也经过了民主决策程序，总体合法合规。只有一个村超出限额 211.40 元，已经由责任人个人支付。二是村级集体及组织承担农村中小学校经费问题得到遏制。春季执法检查中发现的已经清退。秋季执法检查中新发现的向村级摊派的 56 万元也已经进行清退。通州区统计执行这一规定以后，预计每年减轻村级组织负担 339 万元。丰台区针对教育体制不顺加重农村集体经济组织负担问题，决定从 2005 年开始将农村中小学校全部划归区教委统一直接管理。三是农村用电中存在的问题正在逐步解决。房山区经过检查清退了村级集体经济组织垫付的 10.69 万元电网改造费用。通州、大兴两个区村级组织承担线损的问题正在与有关部门协调解决。

十一、2006 年度执法检查情况

2006 年秋季农民负担监督管理执法检查。自 2006 年 10 月 17 日至 27 日进行。检查的主要内容：一是 2006 年度市区财政对村级集体经济组织专项补贴资金的到位、管理和使用情况。二是 2006 年度村级集体经济组织公款订阅报刊限额制度执行情况。三是村级电费收取体制改革情况。重点检查农村电力运营“四到户”接收工程的完成情况，是否已经按照有关规定将村级收取电费的职能移交给了供电部门，是否还有村级集体经济组织承担电力总表与分表的差额，村级集体经济组织对村民的用电均补乱贴问题是否得到解决。四是农村教育收费情况。五是检查农村新债情况。在社会主义新农村建设中，是否存在举债进行农村基础设施建设和新村建设的问题。六是农业灌溉水费电费收取情况，是否存在违规向农户收取农业灌溉水电费的问题。

检查结果表明：2006 年度，财政对村级补贴资金共计 66 425.88 万元。其中，村级固定干部工资和办公费 12 084.85 万元已经全部拨付到村；农业税附加返还 1 740.03 万元中，有大兴区的 8 个乡镇违规滞留 101.35 万元；实际对村级公益事业专项补贴 48 219 万元，截至 10 月 31 日已经拨付到村 47 983 万元，占 99.35%，海淀区有三个乡镇违规滞留 195.5 万元。

关于村级公款订阅报刊限额制度执行情况。经检查有 212 个村超过限额标准订阅报刊，其中经社员代表大会讨论同意的 199 个村，属于合法；有怀柔区 13 个享受财政补贴资金的经济薄弱村超标准订阅报刊 5 000 元，经乡镇村级财务服务中心审查把关，没有予以公款报销，由责任人自己承担。

关于村级电费收取体制改革情况。经检查，截至 2006 年 9 月底，全市已经有 3 855 个村完成了农户电费收取体制的改革，每年可以减轻村级组织负担 1 亿元左右。但是，还有 96 个村由于多种原因没有完成体制改革。

关于农村教育收费情况。检查发现顺义区有 190 个村违规向中小学校捐款 100.5 万元；丰台区部分村干部动用公款在教师节向学校送去红包 1 000～2 000元；海淀区苏家坨部分村在教师节期间向中小学校捐款 36 500 元；房山区有 31 个村通过财政所向学校捐款 20.3 万元；密云县有 5 个村出资 2.5 万元庆贺学校新校舍落成典礼。

关于新农村建设试点村举债情况。经市区农民负担监督管理部门调查，门头沟区清水镇燕家台村在户厕改造中，造成村集体负债 261 970 元。全村 170 个户厕，平均每个户厕造价 1 841 元，平均每个户厕由村里负债 1 541 元。这一情况引起市政府领导高度重视，责成有关部门提高了财政补贴标准。

第三节　2007—2008 年执法检查情况

一、2007 年度执法检查情况

2007 年度，春季农民负担执法检查情况。为贯彻落实《国务院办公厅关于做好当前减轻农民负担工作的意见》（国办发〔2006〕48 号）和全国减轻农民负担工作座谈会精神，3 月下旬至 5 月中旬，各区县开展了 2007 年度春季农民负担执法检查。这次检查的主要内容包括三个方面。一是村级财政补贴资金管理使用情况；二是农村用电管理与电费收取情况；三是村内集体生产公益事业“一事一议”筹资筹劳情况。这次检查的方法是采取查账与座谈相结合、乡镇、村自查与市、区县抽查相结合。在开展检查之前，市、区县和乡镇分别召开了会议，组织各级干部认真学习了国家和北京市有关减轻农民负担的相关法规政策文件。现将检查结果汇总如下：

（一）财政对村级组织补助资金管理使用情况

1. 2006 年资金拨付、使用情况。资金拨付情况。经检查，全市 2006 年度的财政对村级的补贴资金包括：村级干部固定报酬及办公经费补贴 1.21 亿元，农业税附加返还 0.17 亿元、村级集体公益事业专项补贴资金 5.26 亿元，共计 6.64 亿元。其中，市级财政补贴 5.93 亿元，区县财政补贴 0.71 亿元。经检查，这些资金已经全部拨付到位，没有发现截留挪用问题。

资金使用情况。重点对市财政拨付的村级公益事业补助资金使用情况进行了检查。市级财政负担的村级公益事业补助资金 4..96 亿元，到 2006 年 12 月 31 日，实际支出 4.35 亿元。其中：用于公益设施建设 2.67 亿元，占 61.4%；用于公益事业设施维护费 0.72 亿元，占 16.4%；用于社会管理费用 0.59 亿元，占 13.4%；用于社会事业费用 0.25 亿元，占 5.8%；用于村级主要干部以外的村务服务人员工资费用 0.13 亿元，占 3%。使用用途和使用比例符合市里规定，没有发现挪用浪费问题。

2. 2007 年度资金拨付情况。通过检查，发现绝大多数区县已经将资金拨付到位，但也存在三个问题：一是按照规定村级补贴资金应当在每年的第一个季度内拨付到村级账户。但是，有的乡镇有意拖延到村党支部选举结束以后才拨付到村。其出发点是为了防止村干部在换届选举之前突击花钱。经过本次执法检查中进行督察，这个问题已经得到解决。二是个别区县财政局没有主动按时向乡镇财政部门拨付资金。直到本次检查中，接到区农民负担监督管理办公室的督察通知以后，才于 4 月中旬将资金拨付到镇级财政所。三是海淀区财政局违反市里统一制定的年初一次性拨付村级补贴资金的规定，自行制定了按季度拨付村级补贴资金的办法，致使村级补贴资金没有落实到位。

房山区经管站审查村级补贴资金账目

（二）农村用电管理与电费收取情况

1. 农村电费收取管理体制改革遗留问题督察情况。按照国家政策规定，农村用电低压电网改造完成以后，向农户收取电费的职责要逐步移交给供电部门。从2004年开始，到2006年9月底，全市已有3 885个村完成了农户电费收取体制的改革，实现了由乡镇电管站进行查表、收费、服务、管理到户的管理制度。全市13个区县每年可减轻村级组织负担1亿元左右。2006年，秋季执法检查发现，全市仍有102个村由于各种原因没有实行上述管理制度，占全市行政村总数的2.4%。其中，大兴区50个村，通州区32个村，丰台区11个村，海淀区6个村，朝阳区2个村，门头沟区1个村。在本次春季检查中，对上述区县的问题进行了重点督察。大兴区50个村的问题已经得到解决。通州区32个村，经过排查分为三种情况：一是有17个村农民已经全部上楼，由于居民小区内非农户占多数，电费由物业管理公司管理。二是有8个村在亦庄开发区内，经与供电公司协商，电费收取暂时进行自管，并签订了“自管协议书”。三是有7个村正在进行旧村改造，准备搬迁上楼。丰台区11个村的问题，区农民负担管理办公室已经起草有关文件，准备上报区政府与有关部门进行协调解决。海淀区6个村，将由区供电公司从6月开始进行电网改造。朝阳区2个村和门头沟区1个村的问题，由于正在进行旧村改造，暂时没有得到解决。

2. 电网改造以后农村电力设施管理责任问题。农村电网改造以后，电表以上部分电力设施的所有权已经归国家供电公司所有。国有电力设施丢失、损坏以后，应由国家供电部门负责重装、维修。但是，供电部门却依据20世纪50年代国家制定的文件，要求村级集体经济组织负责电力设施损失费用。如，2005年，密云县33个村集体经济组织被迫承担电力设施被盗（变压器27台、电缆3.2万米）损失费53.36万元。2006年，密云县41个村集体经济组织被迫承担电力设施被盗（变压器17台、电缆2.25万米）损失费70.66万元。2007年一季度，又有4个村集体经济组织被迫承担电力设施被盗（电缆310米）损失1.4万元。对这个农民群众反映强烈的问题，国家供电部门已经出台了新的管理办法。北京市供电公司2005年发布的京电财〔2005〕52号文件规定：以电力设施输出端（电表）为界，输出端（电表）以上（包括变压器）归供电公司。输出端（电表）以下归集体经济组织。出现盗损情况以及产生的经济损失各负其责。同时，在通讯设施允许使用的地方安装防盗装置直接连接公安部门110报警台，加大对偷盗、毁损电力设施的打击力度。在上级供电公司已经有明文规定的情况下，一些区县的供电公司却仍然要求村集体经济组织承担变压器、电缆等电力设施被盗、损毁造成的损失，这是对农民利益的直接侵害，应当对此问题进一步进行专项治理。

3. 农业灌溉用电问题。检查中，一些区县反映，农业灌溉用电还存在由村级集体经济组织承担总表与分表差额的问题。有的区县反映不存在集体负担农户农业灌溉用电费用的问题。他们的经验就是成立农民用水协会，由受益农户自愿联合起来，对机井、水泵、电机和用电情况进行管理，减少了用电损失。对这个问题要总结经验加以推广。

（三）村内集体生产公益事业“一事一议”筹资筹劳情况

2006年，全市只有密云县的清水潭、巴各庄两个村在年初制定了村内集体生产公益事业“一事一议”筹资筹劳方案，程序合法严密。但是，由于后来积极争取到上级资金支持，并没有实际实行筹资筹劳方案。2007年年初，全市没有一个村制定筹资筹劳方案。

2007年秋季，农民负担执法检查自2007年10月10日至25日进行，检查的内容包括检查农村捐资助学情况，检查农村公款订阅报刊情况，检查农村财政专项补助资金的管理使用情况。重点检查财政对村级专项补助资金的拨付到位、会计核算、使用成效等情况，发现问题按有关规定及时纠正解决。检查农村落实村内“一事一议、筹资筹劳”制度情况。

二、2008年度执法检查情况

依据《北京市人民政府关于做好农村综合改革的意见》（京政发〔2007〕32号）和关于“创新农民负担监督管理机制”的要求，开展了2008年度农民负担监督管理春季执法检查。本次检查包括以下四项内容：一是财政对村级组织各项补贴资金的划拨、管理使用情况；二是市级新农村建设试点村负债情况；三是在市、区（县）政府事权范围之内的道路修建中，无偿占用村集体经济组织土地情况；四是村级集体经济组织承担城镇居民管理费用情况。

（一）村级组织正常运转专项补贴资金管理使用情况

1. 2008年度，财政补贴资金拨付情况。2008年，市政府增加了对村级公益事业资金的补贴。享有15万元补贴的村，由上年的2 146个，增加到2 791个，增加补贴资金4 515万元。全市2008年度财政对村级补贴资金包括：村级干部固定报酬及办公经费补贴12 084.85万元，农业税附加返还1 740.03万元，村级集体公益事业专项补贴资金52 601万元，共计66 425.88万元。其中，市级财政补贴59 336.08万元，区县财政补贴7 089.8万元。这些资金，除干部工资和办公经费，市财政按月拨付以外，其他已经全部拨付到村，没有发现拨付不及时或者截留挪用情况。

2. 2007年度，村级公益事业补贴资金使用情况。全市村级组织共收到公益事业补助资金49 592.2万元，实际支出43 544.6万元，使用率86%。其中用于公益设施建设费用资金26 729.41万元，占61.4%；用于公益事业维护费用资金7 189.47万元，占16.5%；用于社会管理费用资金5 850.19万元，占13.4%；用于社会事业费用资金2 509.78万元，占5.8%；用于村务人员工资费用资金 1 265.84 万元，占 3%。

（二）市级新农村建设试点村负债情况

全市 79 个市级新农村建设试点村分布在 13 个区县。通过检查，除朝阳、海淀、丰台和房山 4 个区县的 16 个市级试点村没有因新农村建设导致集体债务负担增加。其他 9 个区县 63 个试点村中，有 38 个村因新农村建设集体负债有所增加。这 38 个村共增加集体负债 8 664.3 万元。其中，在集体账内核算反映的 3 275 万元，占 37.8%；在集体账外记载的 5 389.3 万元，占 62.2%。

（三）在市、区（县）政府事权范围之内的道路修建中，无偿占用村集体土地情况

海淀、丰台、通州、大兴、房山共查出属于市、区（县）政府事权范围内的道路修建中，共无偿占用村集体经济组织土地 518.29 公顷。村集体经济组织负担拆迁费（丰台区数据不全）26 376.51 万元，负担修建费 2 615.93 万元。

（四）村级组织负担城市居民管理费用问题

村级集体组织承担城镇居民管理费用的问题，在城乡结合部地区比较普遍。本次检查中，海淀、朝阳、门头沟、昌平、平谷 5 个区对这个问题进行了认真调查。发现 2007 年，这 5 个区有 100 个村在不同程度上负担了城市居民的管理费用，共计 8 343.04 万元。

（五）检查结论与建议

通过推进农村税费改革，本市农民个人承担的税费负担已经趋于零。通过进行专项治理，在农村用电、农村教育和公款报刊订阅等方面的集体负担也趋于规范。但是，农民集体负担重的问题并没有完全解决，不但历史遗留问题没有得到有效解决，在新农村建设的新形势下又出现了一些新的问题。这些问题应当引起各级党委和政府高度重视，采取有力措施加以解决。

1. 改进村级公益事业补贴资金分配办法。2007 年，全市村级组织共收到公益事业补助资金 49 592.2 万元，实际支出 43 544.6 万元，使用率为 86%，有 14%的结余。光从数字比例上分析，似乎村级公益事业资金已经富富有余，实际上这是一种表面现象，估算有 40%以上的村实际上远远不够。造成这种表面现象的直接原因是资金分配上的平均主义做法。有的村只有几十口人，甚至二三十口人得到 15 万元公益事业补助金，肯定花不完。而有的村几千口人，也是 15 万元，肯定不够花。应该推广密云县按照村庄规模大小，对村级公益事业资金进行合理配置的经验。或者，对规模较大的村进一步追加补贴。

2. 坚决制止举债进行新农村非生产性建设。按照国务院有关指示精神，《北京市人民政府关于做好本市农村综合改革工作的意见》和《北京市人民政府办公厅关于做好清理化解乡村债务工作的实施意见》，都要求“特别是在推

进社会主义新农村建设过程中，决不能举债搞建设，不得搞形象工程”。但是，从检查结果来看，举债搞新农村建设的问题已经不是个别村的问题了。有的村举债数量已经大大超过了农民的承受能力。在这个问题上，房山、昌平、平谷等区县都采取了有力措施控制新农村建设举债，取得了很好的效果。特别是平谷区发现本区新农村建设试点村 2006 年集体账外举债现象严重，区委、区政府专门发出文件，严肃了纪律。其他区县党委和政府也应该对举债进行新农村非生产性建设的问题高度关注，采取必要措施加以解决。

3. 切实解决在政府事权范围内修建道路无偿占用集体土地问题。在这个问题上，朝阳区已经取得了很好的经验。朝阳区政府从 1995 年开始，陆续对 15 个乡的 14 条主干道进行了修建、改建和扩建，共占用集体土地 175.67 公顷。这些主干道的修建，对改善投资环境、发展农村经济起到了重要作用，但是无偿占用农民集体土地，损害了农民利益。针对这个问题，朝阳区委、区政府在 2006 年召开专题会议，组织专门班子摸清情况，研究政策，在区财政资金紧张的情况下，拨出专款 2.82 亿元给予村集体经济组织一次性土地补偿，解决了历史遗留问题。市相关部门和各区县应当认真研究朝阳区的经验，把这个历史问题解决好。

4. 认真研究解决村集体经济组织承担城镇居民管理费用的问题。对城乡结合部农民与城镇居民混居的乡镇，成立城镇居民管理科，在城镇居民较多的村单独成立居民委员会。不具备单独成立居民委员会的村，政府应当按照村内城镇居民人口数量，给村民委员会拨付城镇居民管理费用。

2008 年，秋季农民负担执法检查自 2008 年 10 月 25 日至 11 月 15 日进行。检查的主要内容包括对春季农民负担执法检查中发现的政府事权范围内道路修建无偿占用乡村集体经济组织土地和资金情况的乡镇，要进一步核实，检查是否存在确实没有支付征占补偿费的情况，有无征占补偿费已拨付到乡镇而乡镇未拨付到村情况。进一步核实市级新农村建设试点村负债情况，生产性负债有多少？非生产性负债有多少？在非生产性负债中区分确实是农民生活中所急需修建的工程。对截至 2007 年年底，由村委会管理的非农户数和人口数进行全面调查摸底。其他涉及农民负担的事项，如，教育收费、农村用电、农村公款订阅报刊等事项进行抽查。对新一轮《农民负担监督卡》的发放情况进行检查。

第四节　2009—2014 年执法检查情况

一、2009 年度执法检查情况

2009 年，春季农民负担执法检查自 2009 年 3 月 15 日至 4 月 15 日开展。检查的依据《北京市人民政府关于做好农村综合改革的意见》（京政发〔2007〕

32号）。检查的主要内容：一是2008年度村级公益事业补助资金的使用情况和2009年度的拨付情况。二是2007年度市级新农村建设五项基础设施全面推进试点村因新农村建设而增加的集体非生产性负债（含账内、账外）情况。三是2008年度公安部门收取农户养犬管理费情况。是按各村农户实际养犬数量向农户收取，还是不按农户养犬数量摊派任务到村，由村集体经济组织或者村委会负担。村委会全年负担农户养犬管理费金额与开支来源。检查结果表明，2008年度全市村级公益事业补贴资金拨付、核算、管理和使用情况基本符合有关规章制度要求。普遍反映的问题是村级干部工资补贴标准远远低于农民收入增长水平，各区县普遍要求增加财政对村级干部固定补贴标准，以稳定村级干部队伍。关于新农村建设举债问题，各区县普遍反映村级基础设施建设由区县和乡镇采取招投标方式进行，工程结算村里无法取得数据，究竟是有没有负债，还要等工程结束乡镇有关部门结算以后村里才能够知道有无负债。关于养犬费收取，多数区县检查结果表明，公安部门普遍采取收取指标任务分派到村，由村集体经济组织承担养犬费的做法，加重了村集体经济组织负担。

2010年度农民负担执法检查工作因故暂停。

二、2011年度执法检查情况

2011年4月12日，北京市农村负担监督管理协调会议办公室发出《关于开展2011年春季农民负担管理专项执法检查的通知》（京政负办〔2011〕1号）。根据2011年全市减轻农民负担工作计划，从2011年4月12日至5月15日，开展全市农民负担监督管理工作春季执法检查。检查的主要内容：一是2010年度村级公益事业补助资金的使用情况和2011年度的拨付情况。二是开展向村级组织摊派的专项治理。在全市范围内组织开展向村级组织摊派的治理，研究提出建立向村级组织收费和村级组织向农户收费审核制度的意见。切实解决应由政府承担的农村公共基础设施建设、基本公共服务所需费用转由村级组织承担，加重村级组织负担的问题。同时开展向村级组织摊派发行报刊的治理工作。三是深入做好减负惠农政策情况的督查工作。进一步加强涉农收费的规范管理，因地制宜开展对农民反映突出领域的专项治理。深入开展减负惠农政策落实情况的监督检查，建立健全检查监督、信访办理、案件查处、目标考核等相关制度。四是规范一事一议筹资筹劳。本次执法检查自4月12日开始到5月15日结束。2011年度执法检查没有发现问题。

三、2012年度执法检查情况

（一）春季执法检查情况

2012年3月，北京市农村工作委员会发出《关于2012年度开展农民负担监督检查工作的通知》，并对全年春、秋两季的检查工作进行了部署。春季检查采取区县自查、市级抽查的方式进行，检查的重点内容包括：村级公益事业建设一事一议筹资筹劳规范化管理情况、村级公益事业建设一事一议财政奖补政策执行情况、2012 年村级公益事业补助资金的拨付及使用情况、向农民及村级组织摊派收费情况。

1. 2012 年度村级公益事业补助资金的拨付及使用情况。截至 2012 年 4 月底，全市村级公益事业补助资金 57 999 万元，已拨付到村 54 016.5 万元，资金到位率为 93%。其中有 9 个区县已经全部拨付到位。村级公益事业专项补助资金实际支出 12 523.17 万元，使用率为 23.2%。其中用于公益设施建设费用支出 2 192.3 万元，占村级公益事业专项补助资金实际支出总额的 17.5%；用于公益事业维护费用支出 3 358.66 万元，占 26.8%；用于社会管理费用支出 4 663.57 万元，占 37.2%；用于社会事业费用支出 1 698.29 万元，占 13.6%；用于村务人员工资费用支出 610.36 万元，占 4.9%。

2. 一事一议筹资筹劳规范化管理情况。2008 年，市农委制定下发了《北京市村民一事一议筹资筹劳管理办法》，明确要求各区县根据实际明确本区县一事一议筹资筹劳上限标准，制定配套管理办法，并上报市农村综合改革协调会议办公室备案。全市已有 10 个区县制定了一事一议筹资筹劳配套办法，并明确了筹资筹劳上限标准，尚有 3 个区县还没有完成这项工作。在开展一事一议筹资筹劳工作中，各区县都能严格执行筹资筹劳上限标准，未发现强行筹资筹劳和以资代劳、平摊以资代劳款、以自愿名义以资代劳从而变相加重农民负担等违规问题。

3. 一事一议财政奖补政策执行情况。2011 年，按照国务院综改办的统一部署和要求，全市选取了密云、顺义、通州、平谷 4 个区县开展了村级公益事业建设一事一议财政奖补政策执行情况进行了重点检查。2011 年，全市一事一议财政奖补共确定项目 133 个，现已经全部完工。在项目建设中，各区县履行了民主程序，并按照市级审批项目方案开展项目建设，未发现私自更改项目建设内容、地点、规模等问题。在资金拨付及使用方面，各区县都能按照中央和市里文件要求规范使用，未发现套取、挪用、侵吞财政奖补资金的行为，但也存在少数乡镇报账不及时，导致财政奖补资金拨付进度较慢，不能及时拨付到村的问题。

4. 村级组织公费订阅报刊情况。村级组织公费订阅报刊问题一直是农民负担监督管理的重点。检查中发现，绝大多数村级组织能够按照《关于实行村级报刊订阅费用限额控制制度的通知》的要求，严格执行村级组织公费订阅报刊限额制度。但由于近几年来报刊价格上涨和党报党刊以外的其他部门刊物订阅的增多，在检查中也发现部分区县有少数村存在超标准订阅报刊的问题。

5. 向村级组织搭车收费以及乱摊派问题。检查中发现绝大部分村都不存在乱收费和摊派问题，但是少数村仍然存在政府执法部门搭车收费及向村级组织乱摊派问题。如，个别区县的部分乡镇派出所在办理登记年检手续时没有按照规定向养犬人收取农村养犬注册登记费、年检费，而是将费用摊派到村，由村集体经济组织负担。此外，还存在个别区县红十字会以“博爱在京城”为名，向各乡镇摊派募捐救助资金的问题。

（二）秋季农民负担监督情况

检查的主要内容包括：村级公益事业补助资金的拨付及使用情况、村级公益事业建设一事一议筹资筹劳规范化管理情况、村级公益事业建设一事一议财政奖补政策执行情况、向农民及村级组织摊派收费情况等。

1. 2012 年度，村级公益事业补助资金的拨付及使用情况。截至 2012 年 10 月底，全市村级公益事业补助资金 57 999 万元，已拨付到村 57 212.2 万元，资金到位率 98.6%。尚有 3 个区县没有全额拨付到位，主要是由于个别拆迁村的村级公益事业补助资金暂由乡镇托管。村级公益事业专项补助资金实际支出 39 587.99 万元，使用率 69.2%，主要是由于部分村累计滚动使用补助资金，集中用于较大型公益事业建设。已支出的村级公益事业专项补助资金中用于公益设施建设费用支出 9 966.16 万元，占村级公益事业专项补助资金实际支出总额的 25.2%；用于公益事业维护费用支出 11 105.57 万元，占 28.1%；用于社会管理费用支出 12 663.66 万元，占 32%；用于社会事业费用支出4 245.71万元，占 10.6%；用于村务人员工资费用支出 1 606.89 万元，占 4.1%。

2. 一事一议筹资筹劳规范化管理情况。《北京市村民一事一议筹资筹劳管理办法》（京农函〔2008〕12 号）明确要求，各区县要根据实际明确本区县一事一议筹资筹劳上限标准，制定配套管理办法，并上报市农村综合改革协调会议办公室备案。全市 10 个远郊区县均已制定了一事一议筹资筹劳配套办法，并明确了筹资筹劳上限标准。全市筹资筹劳共计 2 084.91 万元，其中筹资金额 256.44 万元，筹劳折资金额 1 828.47 万元。在开展一事一议筹资筹劳工作中，筹劳的部分全部由劳动力投劳完成，没有发生以资代劳和用自愿以资代劳名义变相向农民筹资的问题，没有发生超范围筹资筹劳、强行要求农民出资出劳的情况。

3. 一事一议财政奖补政策执行情况。2012 年，按照国务院综改办的统一部署和要求，本市在 10 个远郊区县全面开展了村级公益事业建设一事一议财政奖补工作。此次秋季农民负担监督检查对各区县的一事一议财政奖补的政策执行情况进行了重点检查。2012 年，本市一事一议财政奖补共确定项目 203 个，截至 11 月底已经完工 163 个，完工率达到 80.3%。在项目申报过程中，各区县均履行了民主程序，开展了规范的一事一议筹资筹劳。在项目建设过程中，各区县均能严格按照区县审批的项目方案开展项目建设，未发现擅自更改项目建设内容、地点、规模等问题。在资金拨付及使用方面，各区县都能按照中央和市里文件要求规范使用，没有发生乡镇统筹使用、区县集中管理一事一议筹资筹劳资金以及套取、挪用政府补助资金等违规问题。截至11月底，大部分区县资金拨付进度超过80%。其中，大兴、通州和昌平等区县资金拨付进度超过90%，但仍存在少数区县项目审批迟缓、区县财政配套资金不足额、资金拨付进度较慢等问题。

4. 向村组织、农民专业合作社的摊派收费问题。绝大多数村级组织都能严格执行《关于实行村级报刊订阅费用限额控制制度的通知》的要求，也存在少数村超标准订阅报刊的现象，但基本上都经过了村民代表大会同意。部分村超标准订阅报刊，主要是由于近年来报刊纸张价格上涨及发行费用的增加。检查中发现绝大部分村不存在乱收费和摊派问题，少数村仍然存在群团组织、金融机构搭车收费及向村级组织乱摊派问题。个别区县反映相关社会团体收取“大众读书会”会费，经与有关部门核实，实际收取的是订阅刊物的费用。经协商，要求相关部门要根据用途据实开票，同时对村级征订刊物采取自愿的原则不得强行摊派。个别金融机构存在收取对公账户维护费的问题，经过协商，相关金融机构已正式发文全部减免村集体账户维护费。

2013年，执法检查没有开展。

四、2014年度执法检查情况

（一）春季执法检查

2014年3月7日，北京市农村合作经济经营管理办公室发出《关于做好2014年农民负担春季执法检查的通知》（京农经〔2014〕18号）。2014年春季执法检查工作自3月下旬开始至5月下旬结束。3月下旬至4月为各区县自查阶段；5月为市级检查和总结阶段。检查内容包括：一是加强农民负担监管力度，把落实农民负担的各项管理制度列为检查重点：是否执行了农民负担专项审计制度；是否建立了涉及农民负担案（事）件责任追究制度（以区县文件为标准）；是否执行了农村报刊订阅费用限额制度；是否执行了涉农收费及价格公示制度；对受理的农民负担电话、信件等举报案件是否及时进行了调查和解决。二是选择本区县农民负担问题比较突出的一个领域开展专项检查，把查出问题作为检查的重点内容。三是在一事一议筹资筹劳项目实施中，是否存在筹资筹劳标准超过已确定的上限问题；是否存在执行民主议事程序不规范的问题；是否存在违反农民意愿，强迫以资代劳或超额收取以资代劳款项的问题；是否存在乡镇统筹使用、区县集中管理一事一议筹资筹劳资金问题。四是2013年度村级公益事业补助资金的使用情况。根据市农委《关于完善本市村级公益事业专项补助制度的意见》（京政农函〔2013〕91号）精神，各区县是否已经制定村级公益事业补助资金分配方案。2014年补助资金是否已经拨付到村。研究建立专项补助资金管理台账，加强对村级公益事业专项补助资金的管理。

（二）秋季执法检查

2014年8月19日，北京市农村合作经济经营管理办公室发出《关于开展2014年秋季农民负担执法检查的通知》（京农经〔2014〕49号）。根据农业部、财政部、发展改革委、国务院法制办、教育部和新闻出版广电总局《关于做好2014年减轻农民负担工作的意见》（农经发〔2014〕5号）、农业部农民负担监督管理办公室《关于开展2014年涉农乱收费专项治理工作的通知》（农负办〔2014〕16号）和本市农民负担监督管理联席会议办公室《关于做好2014年减轻农民负担工作的意见》（京农负发〔2014〕3号）精神，秋季农民负担执法检查内容：一是落实农业部等六部委《关于开展涉农乱收费专项治理工作的通知》（农负办〔2014〕16号）和本市农民负担监督管理联席会议办公室《关于做好2014年减轻农民负担工作的意见》（京农负发〔2014〕3号）精神，深入治理涉农价格和收费中的突出问题，完善和落实涉农收费文件“审核制”，清理整顿加重村级组织负担的行为，完善和规范一事一议筹资筹劳管理，推进拓展农民负担监管范围。二是开展村级报刊订阅费用情况调查。三是每个区县选择两个项目开展专项审计试点。四是2014年村级公益事业补助资金拨付情况。五是开展供电企业收取村级公益性电费标准的调查。秋季执法检查工作自9月初开始，10月底结束。

第四章　减轻农民负担工作制度

第一节　村提留乡统筹决算制度

一、实行村提留乡统筹决算制度的依据

国务院《农民承担费用与劳务管理条例》第十七条规定："村提留，由村集体经济组织每年年底做出当年决算方案并提出下一年度预算方案，经村集体经济组织成员大会或成员代表会议讨论通过，报乡人民政府备案。讨论通过的预、决算方案，应当张榜公布，接受群众监督。村民委员会应当对村提留的收取和使用实施监督。"

第十八条规定"乡统筹费，由乡人民政府商乡集体经济组织每年年底做出当年决算方案并编制下一年度预算方案，经乡人民代表大会审议通过后，连同本乡范围内的村提留预算方案，一并报县级人民政府农民负担监督管理部门备案。讨论通过后的乡统筹费预、决算方案，应当张榜公布，接受群众监督。"

为了认真贯彻实施上述法规规定，1995 年 12 月 27 日，市农村负担监督管理领导小组办公室发出了《关于印发农民合同内负担预决算审批表的通知》。要求各区县农民负担监督管理部门在区县党委和政府的领导下，结合年终收益分配，具体指导各乡镇和村经济合作社做好 1995 年度农民合同内负担决算、1996 年预算编制和向农民群众公布集体财务工作。

二、实行村提留乡统筹费预决算制度的意义

对村提留和乡统筹费实行预决算制度是管好用好集体资金的一种有效方法，有利于控制合理提取村提留、乡统筹费，防止随意增加和超计划向农民收取村提留、乡统筹费。

村提留和乡统筹费是集体资金通过编制预、决算，可以使这笔资金有计划地按规定提取、使用，可以使集体经济组织能够量入为出、以收定支。

编制预、决算方案可以检查村提留、乡统筹费是否按国家有关规定提取，年终使用是否符合国家规定，做到合理提取、科学管理、有效投放，提高资金的经济效益。

预决算方案经集体经济组织成员大会或成员代表会议讨论、审核、批准，能够体现出民主管理、民主理财，充分尊重集体经济组织自主经营、自主管理

的权利，并且能够在集体经济成员监督下，防止这笔资金任意被平调、挪用。

三、村提留乡统筹和“两工”预决算审批程序

村提留预决算方案的审批程序可划分三个基本程序：一是村集体经济组织每年年底做出当年决算方案，提出下年度预算方案时，应根据上年人均纯收入水平和下年度集体经济、公益事业的发展目标，在法定限额以内确定集体提留的总额、分配比例和使用计划。二是村提留预算、决算方案，要经农村集体经济组织成员大会或者成员代表会议认真讨论通过。讨论时，要尊重大多数成员或成员代表的意见；通过时，应有过半数的成员或成员代表赞成，否则要进行修改。讨论通过的预决算方案，要誊写清楚，张榜公布，接受群众监督。三是村提留预决算方案讨论通过后，应及时报乡（镇）人民政府备案。乡人民政府还应将各村村提留的预算方案，连同乡统筹的预算方案，报县人民政府农民负担监督管理部门备案。

乡统筹费预决算方案的审批程序也可划分三个基本程序：一是乡人民政府根据当年乡统筹费使用情况和下年度乡统筹费的使用计划，做出当年乡统筹费决算方案和下一年度的预算方案。二是乡人民政府将乡统筹费预算、决算方案提交乡人民大会审议通过。在审议时，应重点审查乡统筹费提取的比例和使用计划，是否合法合理。审议通过后，应张榜公布，接受群众监督。三是乡人民政府将审议通过的乡统筹费预、决算方案讨论，连同本乡范围内的村提留预、决算方案，一并报县人民政府。

四、村提留和乡统筹费的财务会计核算制度

针对乡统筹费缺乏财务管理制度和会计核算制度中的问题，为规范乡统筹费的财务会计核算，1996 年 3 月 8 日，市财政局和市农研中心联合发出了《关于颁发〈北京市乡统筹费财务制度〉和〈北京市乡统筹费会计核算制度〉的通知》。1995 年 9 月 28 日，市农村负担监督管理领导小组办公室发出了《关于刻制乡镇经管站统筹费财务专用章的通知》。1997 年 7 月 3 日，市农村负担监督管理领导小组办公室发出了《关于统一我市村提留和乡统筹费收取票据的通知》。规定自 1997 年 7 月 1 日起，各乡镇和村在收取村提留、乡统筹和以资代劳款时，必须使用市财政局统一印制的《北京市行政事业性单位统一银钱收据》；票据由各区县财政局负责管理和发放；乡财政所要确定专人负责本乡镇和村的专用票据的发放和管理工作；凡是不按规定向农民和集体经济组织提供专用票据的，缴费单位和个人可以拒绝交纳，也可以向农民负担管理部门举报。通过实施这些制度，有效地加强了村提留和乡统筹费的收取、管理和使用，确保了专款专用。

第二节　农村报刊订阅费用限额制度

一、实行农村报刊订阅费用限额制度的依据

针对在农村报刊发行和征订中存在的报刊种类、数量过多过滥和一些权力部门利用权力强行向农民和集体经济组织摊派，加重集体经济组织负担的问题，依据《国务院办公厅转发农业部等部门关于2002年减轻农民负担工作意见》(国办发〔2002〕10号)和《农业部、新闻出版总署关于全面实行村级订阅报刊费用限额控制制度的通知》(农经发〔2002〕3号)，2002年8月27日，中共北京市委农村工作委员会、北京市农村工作委员会、北京市新闻出版局、北京市监察局发出了《关于实行村级报刊订阅费用限额控制制度的通知》。依据中办发〔2003〕19号文件和新出联〔2003〕18号文件的要求，2004年2月25日，北京市纠风办、北京市新闻出版局、北京市农村工作委员会发出了《北京市关于贯彻落实〈关于全面实行乡镇、村级组织、农村中小学校公费订阅报刊最高限额标准，切实加强监督落实工作，减轻基层和农民负担的通知〉的报告》(京新出联〔2004〕74号)。

二、农村报刊订阅费用限额标准

乡镇机关报刊订阅限额标准。

村级报刊订阅限额标准。人均集体所有者权益在1 000元以下的村和享受市财政转移支付补贴的经济薄弱村，每年报刊订阅费用限额3 000元。人均所有者权益在1 000～5 000元的村，每年报刊订阅费用限额3 500元。人均所有者权益在5 000元以上的村，每年报刊订阅费用限额8 000元。

农村中小学校报刊订阅限额标准。

限额内的报刊订阅费用首先要用于党报党刊的订阅。

凡是超过上述限额标准的村，须经村社员大会或者社员代表大会讨论通过，方可订阅。否则由责任人自己支付，村集体财务不予报销。

三、限额执行情况的监控制度

由市农村负担监督管理领导小组办公室向各村发放《北京市村级报刊订阅费用监督卡》。村级报刊订阅费用开支情况要在每年的年底向全村农民群众公布，接受群众监督。农村集体经济审计机构要对村级报刊订阅费用开支情况进行审计监督。

四、实行报刊订阅限额制度的效果

在中央和市级各部门、各系统都有自己的报纸、刊物的大环境下，实行报刊订阅限额制度，触动了各部门、各系统的切身利益，阻力非常大。这种阻力不仅来自社会各方面，首先来自农民负担监督管理部门内部。中共北京市委农村工作委员会作为全市农民负担监督管理主管部门，本身就有《北京日报郊区版》，有与北京市农村经济研究中心合办的内部刊物《北京农村经济》。北京市农村合作经济经营管理站承担着北京市农村负担监督管理办公室的职能，但是每年承担着为农业部经营管理总站发行《农村财务会计》和《农村合作经济经营管理》两本杂志任务。顺义区农委同志对北京市农村负担监督管理办公室主任黄中廷说："要管，先管好你们自己。摊派给村里的《京郊日报郊区版》在大队部堆成山，农民家里糊顶棚都上大队拿郊区版。"经协调，市委农村工作委员会与市农村经济研究中心决定，停止向区县发文摊派郊区版和《北京农村经济》杂志的做法，《北京农村经济》由订阅改为赠送。北京市经管站也停止了向区县摊派农业部两本杂志的做法。其他农民负担监督管理成员单位也进行了自查自纠。"打铁还须自身硬"。解决了自身存在的问题，克服了内部阻力，使得农民负担监督管理部门敢于严格执法，切实解决农村报刊订阅中存在的问题。通过实行报刊订阅限额制度，有效地制止了在报刊发行和征订过程中加重农民和集体经济组织负担的问题，减轻了农民负担。据不完全统计，2004 年，全市村级报刊订阅数量和支出费用比实行此项制度之前下降了 30%左右，节约村级管理费用 1 000 多万元。

北京市村级报刊订阅
费用监督卡

（2003—2005 年度）

持卡单位：____镇（乡）____村

北京市村级报刊订阅费用监督卡

第三节　审计监督制度

一、农民负担专项审计的依据

《中共中央、国务院关于当前农业和农村经济发展的若干政策措施》（中发〔1993〕11号）要求："县乡两级农村经营管理部门应尽快健全农民承担费用和劳务的专项审计制度。进一步加强农民负担规范化、法制化管理。"1994年10月，农业部发出了《关于开展农民负担专项审计的通知》。1997年1月16日，北京市第十届人民代表大会常务委员会第三十五次会议审议通过的《北京市农村集体经济审计条例》第九条规定："审计机构对合作社按以下内容进行审计：……（七）村提留、乡统筹费、义务工、积累工、以资代劳资金的提取使用和管理情况以及其他农民负担……。"第十三条规定："审计机构对合作社及其所属企业事业单位的下列事项进行年度审计。"

房山区经管站审计科开展农民负担审计

二、审计的对象、任务与程序

农民负担专项审计的对象是农民承担费用和劳务的提取、管理、使用单位。其主要任务是对下列事项进行审计：农民承担费用和劳务项目设置、提取标准是否合法，是否贯彻"定项限额、取之有度"的原则；涉及农民承担的费用和劳务有无错误的分摊和提取方法；农民承担的村提留、乡统筹的劳务的使用情况，有无平调挪用现象；农民承担费用和劳务的财务收支、经费预决算制定与执行，是否合规、合法，财务会计数据是否完全、真实；受当地人民政府的委托，会同有关部门审查涉及农民负担的行政事业收费、集资、基金的提取和使用情况等；办理上级机关和当地人民政府交办的其他有关审计事项。

实施农民负担专项审计的基本程序：一是确定审计重点和年度审计项目；二是编制审计工作方案，成立审计组，通知被审计单位；三是审查有关会计资料、货币资产、实物，进行调查取证；四是提出审计报告；五是审定审计报告，作出审计结论和审计决定；六是提交审计报告、审计结论和决定，报告给当地人民政府。

三、审计项目与结果

1990 年 2 月 22 日，根据农业部经管总站《关于对农民负担情况进行专题审计的通知》，北京市农村合作经济经营管理站《关于对村合作社年终分配和农民负担情况进行联合审计的通知》（农经字〔1990〕7 号）文件，开始对农民负担进行专题审计。

1991 年 4 月 18 日，北京市农村合作经济经营管理站发出《关于对郊区农村负担情况进行联合审计的通知》（农经字〔1991〕13 号）。审计内容为：1985—1990 年，乡级集体经济发展情况，乡镇企业利润分配、管理、使用情况；1989—1990 年，乡级机关机构设置和干部配备变化情况，对乡级合作经济组织和企业的负担有何影响；1985—1990 年，乡级统筹款的提取、管理和使用情况；1989—1990 年，乡级机关各部门对村级合作社和乡、村企业和农户的收费、罚款、集资摊派情况，前一段治理“三乱”自查自报情况与审计结果是否相符，有无漏报、瞒报情况；近年来乡机关及部分企事业人员行业着装情况；上级有关部门或其他单位、各部门对农村合作组织的收费、罚款、集资、摊派情况；1990 年，农业承包提留统筹和劳动积累（义务工）的提取、管理、使用情况；1985—1990 年，乡级财务管理情况。

1992 年年底，根据市农办、市法制办、市监察局、市农村经济研究中心的要求，北京市农村合作经济经营管理站对国务院颁布的《农民承担费用和劳务条例》在本市执行情况进行了审计。从整体上来看，本市农民直接负担未超过国务院规定标准。1991 年，本市农民人均直接负担 42.1 元，占上年农民人均劳动所得的 3.2%。1992 年预算人均 40.1 元，占上年农民人均劳动所得的 2.8%。通过审计发现部分乡镇农民直接负担超过国务院规定标准，有一些乡镇农民应承担的负担不到位，村合作社和企业负担过重。农村教育各种收费名目繁多，报纸杂志下指标搞摊派。利用达标升级活动乱收费，公安系统乱摊派较为严重。

1993 年 4 月至 6 月，北京市农村合作经济经营管理站组织各区县对 39 个乡镇的 629 个村、120 个企业、7 109 个农户，1992 年度负担情况进行了审计调查。结果表明：1992 年，农民人均直接负担的村提留、乡统筹费 44.43 元，占上年农民人均劳动所得的 3%；农民负担的各种收费、集资、摊派1 019.47 万元，其收费、集资、罚款、摊派项目多达 137 项之多，其收费部门有市、区县各委办、局、总公司，也有乡镇、村（队）。农民群众说："都是管我们老百姓的。"其中，农民直接承担的社会性负担 264.63 万元，人均 102.3 元。乡村两级合作经济组织社会负担 492.62 万元，占社会负担的 48.32%。村合作社负担 342.19 万元，平均每个合作社负担 9.40 万元。乡村集体企业社会负担 262.22 万元，占社会负担总额的 25.7%，平均每个企业 2.2 万元。密云县审计的 10 个企业，平均每个企业负担 10 万元，平均每个职工社会负担 753.67 元。全市农民负担人均达到 146.73 元，占上年人均劳动所得的 10.01%。农民群众深受其害的负担项目有：一是用于教育乱收费。教育基金、集资、捐资、教师节赞助、教书补贴、学杂费都是一贯必收的，一般是按人摊派。各地区别出心裁要求统一校服、统一桌椅，直接向农民摊派。有的还收取补课费，教师防暑降温费以及各种达标收费，名目繁多，收费没有标准，而且不管有无承担能力，一律按户分摊。这次所调查的平谷区王辛庄胡家务村 10 户农民，平均每户向学校缴费 350 多元。

二是借合法项目搭车收费，农民反映强烈。平谷区政务乐乡审计的东杏村一共 578 口人，1992 年交计划生育费 8 698 元，人均 15.1 元。其中包括：社会福利费、计划生育事业费、独生子女备用金、计生干部保险费、外出参观考察费。

三是依仗职权强行收费。如，为加强交通车辆管理，每辆小客车喷红腰，每辆收费 160 元，每辆货车喷黄头，收费 250～400 元。农民说："喷一辆车连一瓶漆都用不了，为什么收这么多费？"有的部门强行向企业摊派自行车税牌，有的部门出售凭证除工本费外还要收取 5 元手续费，有的部门强行向农民收取加价电费，锅炉检修费，每次收费 400 元。

四是以服务为名变相收费。1992 年，县邮政局收取邮递延伸费每件一元，共收取 5 305 元，其中一部分用于购置、维修自行车。

五是不办实事干收费。密云县反映乡镇经委每年按照比例收取管理费，但对企业没有做任何服务工作。有的局在收取管理费之外仍然让企业报销各种费用。

六是报刊订阅硬性摊派。一个乡被摊派的报刊有 39 种之多，有的报刊根本没有人看。

七是巧立名目，管什么事就收什么费。有的部门未经审批自行设立收费项目。有的乡镇、村也自立名目乱收费。如，有的村规定调解家庭、邻里纠纷每次双方各收费 15 元；调节财产、赡养纠纷每次双方各收费 20 元；提出离婚要求调解的，每次双方各收费 30 元。

广大农民群众对治安联防、水雷集资、各种乱罚款以及各种奖券搞摊派等收、集、罚、摊项目和做法以及生存资料乱涨价等反映强烈。

1993 年 7 月 23 日，北京市农村合作经济经营管理站向北京市农村负担监督管理小组提交《关于对郊区部分乡镇村提留、乡统筹和社会负担情况实施专项审计的报告》（农经字〔1993〕27 号）。

1994 年 4 月 18 日，北京市农村合作经济经营管理站发出《关于对郊区 1993 年度农民负担情况进行专线联合审计的通知》（农经字〔1994〕6 号）。在当年 5 月至 6 月组织 6 个区县经管站对 12 个乡、60 个乡办企业、36 个村及所属企业负担情况进行审计，同时调查 360 个农户负担情况。审计结果表明：北京市农民负担监督管理工作取得一定成效，也存在不少问题，面临的任务还十分艰巨。主要表现在三个方面：一是少数部门拒不执行中央和北京市有关文件的规定，有令不行，有禁不止，继续向农民和农村合作经济组织乱收费。二是乡统筹费管理混乱。三是区县农民负担监督管理基础工作薄弱。

北京市农村集体经济审计部门从 1995 年开始，在每年的第二季度，对农民负担情况进行全市联合审计。

1998 年，全市统一组织对 10 个区县的 20 个乡镇 1997 年度乡镇统筹费提取使用情况进行了审计。通过审计发现，本市乡镇统筹费计提的依据基本符合规定。农民直接承担乡统筹未超过规定限额，但预算执行情况不够理想。提取使用乡统筹促进了农村“民办公助”事业的发展，但也存在违规挪用的问题。乡统筹管理、核算不够规范。针对上述问题，提出了审计建议。市委农工委和市政府农林办公室对这个审计报告十分重视，以京农发〔1998〕32 号文件的形式，向各区县党委和政府发出了《关于转发市经管站〈关于我市部分乡镇统筹费提取使用情况的审计报告〉的通知》。要求各区县根据报告中提出的问题，对乡镇统筹费的提取使用情况进行一次全面检查，因地制宜，采取切实可行的措施，解决存在的问题，规范管理。1999 年，农民负担监督管理部门审计出个别乡挪用乡统筹费用于给干部维修房屋和买通讯工具，立即进行了纠正处理。

2003 年，全市推进农村税费改革，实行财政对村级转移支付政策以后，每个年度北京市农村负担监督管理办公室都要结合执法检查，组织各区县审计人员对财政转移支付资金的拨付、核算、使用和结余情况进行两次专项审计。通过专项审计发现一些区县存在延迟拨付、一些乡镇存在截留滞留、一些村存在核算不规范、使用不合规等问题。对查出的问题，市农民负担监督管理办公室要求各区县采取有效措施进行整改，确保了财政转移支付资金全额拨付、有效使用，发挥应有之作用。

第四节　农民负担监督卡制度

一、实行农民负担监督卡制度的依据

1995 年 6 月 1 日，农业部、监察部联合发出了《全面推行农民负担监督卡制度的通知》（农经发〔1995〕8 号）。通知明确，为了更好地贯彻落实中央农村工作会议精神和中央纪委五次会议精神，农业部、监察部决定自 1995 年起在全国推行农民负担监督卡制度。

通州区农民领到《北京市农民负担监督卡》

为认真贯彻实施中央有关部门的决定，1995 年 12 月 22 日，市政府农林办公室和市监察局联合发出了《关于实施农民负担监督卡制度的通知》（京政农〔1995〕175 号）。经市政府批准，决定从 1996 年 1 月 1 日起在全市实施农民负担监督卡制度。通知指出：实行农民负担监督卡制度是农民负担监督管理工作的一项重要制度，是依据国家和地方有关农民负担的法律、法规和政策，按照法定的预算审批程序，把当年农民应承担的村提留、乡统筹费和农村义务工、劳动积累工以文书形式分解到户，明确了农民的权利义务，防止加重农民负担的行为发生。要不断规范和完善农民负担监督卡制度，加强对农民负担监督卡的管理，切实维护农民负担监督卡的严肃性，同时加强对推行农民负担监督卡工作的领导。

二、农民负担监督卡的主要内容

北京市农民负担监督卡经历了一个从简到繁、从不完善到逐步完善的过程。最初的农民负担监督卡，列示的主要内容是：持卡户的基本情况（所在乡村、户主姓名、家庭人口、家庭劳动力数额、承包集体土地数量等）；村社员代表大会关于收取村提留和“两工”的决议（人均或者劳均负担额）；乡镇人民代表大会关于收取乡镇统筹费的决议（人均负担额）；持卡户义务；持卡户履行合法义务情况；注意事项；农民负担举报电话。

2002 年，在前两次发卡的基础上，对监督卡的内容进行了全面调整，在保留原有的农户承担村提留、乡统筹以及“两工”等基本内容的基础上，增加了四个方面的内容：一是实行涉农收费与价格公示。将与农户生产、生活密切相关的 16 大项、27 小项收费在卡上予以公示，明确哪些是合法项目及其收费标准；哪些是对农户免收的项目。二是实行减轻农民负担“八不准”公示。三是实行农民负担举报案件查处程序公示。四是实行责任单位与责任人公示。经过调整，进一步发挥了监督卡作为明白卡、保护卡、承诺卡的作用，强化了农民负担监督管理的力度。通州等一些区县经管站深入基层，督促基层干部清退向农民乱收取的款项，受到农民群众欢迎。2002 年 6 月 17 日，《北京日报》以《80 万户农民领到新的农民负担监督卡》为题进行了报道。

三、农民负担监督卡的发放程序

为了推动全市农民负担监督卡制度的贯彻实施，市农民负担监督管理领导小组在顺义县张喜庄乡和大兴县礼贤镇进行了试点，并印发了《北京市农民负担监督卡制度宣传提纲》。在试点的基础上，确定发放农民负担监督卡必须遵循以下六道程序：层层动员、统一思想；摸清底数，算好几笔账，包括农户总数、农业人口总数、劳动力总数、劳动力就业状况、农民上年劳动所得总数和人均所得、个体工商户和私营企业情况等；编制村提留、乡统筹费和“两工”预决算方案；履行上述预决算方案的审批程序；按照预算方案将村提留、乡统筹费和“两工”任务分解落实到每个企业、村经济合作社和农户。

四、实施农民负担监督卡制度的相关政策

1996 年 12 月，市委农工委召开了区县党委副书记会议，对实施农民负担监督卡制度进行了部署。1996 年 3 月 16 日，市农村负担监督管理领导小组召开了全市农民负担监督管理工作会议。市农工委副书记王江渝同志代表市农村负担监督管理领导小组就发卡工作明确了九条政策。一是要正确统计农民上年人均纯收入。二是要把向农民收取的村提留、乡统筹费与农民的生产、生活费用区别开来。三是乡村集体企业职工承担村提留和乡统筹的数额不得超过全乡镇集体企业平均工资水平的 5%。四是经营个体工商户和私营企业的农民，应在税后按当地人民政府规定的提留比例，缴纳村提留和乡统筹费，但不计算在人均劳动所得 5%的限额比例之内。五是经营承包粮田的农民，经乡人民代表大会或者村社员代表大会讨论决定，可以以交纳粮食实物的形式履行上缴村提留和乡统筹任务，但其价格不得低于市场平均价。六是村提留和乡统筹费可以

分夏秋两季结算，也可以年底一次结算，但不得采取“上打支”的办法强迫农民预交。七是农村义务工和劳动积累工可以出劳，也可以以资代劳。以资代劳金额按照上年平均工值折算。但任何单位和个人不得强迫农民以资代劳。八是对于收入水平在本村平均线以下的革命烈军属、伤残病人、失去劳动能力的复员退伍军人和特别困难户，经社员代表大会评定，可以减免村提留，对因病或者伤残不能承担农村义务工和劳动积累工的，经社员大会或者社员代表大会讨论通过，可以减免。九是向农民收取村提留和乡统筹费，要求农民出“两工”一定要讲究工作方法，绝不允许动用专政工具，决不允许非法抓人、铐人、关押人和收取农民家中的财物。对拒绝履行合法义务的农民，与集体有承包关系的，乡村合作社可以向上级农业仲裁委员会申请仲裁；与集体没有承包关系的，乡村合作社可以向当地人民法院申请强制执行。

1996 年 5 月 9 日，北京市农村负担监督管理领导小组在海淀区召开了农民负担监督卡发放工作会议。市政府农办副主任安刚同志代表市农村负担监督管理领导小组再一次强调了实行农民负担监督卡制度的重要意义和工作要求。6 月 19 日市农村负担监督管理领导小组发出了《北京市农民负担监督卡工作会议纪要》，根据区县发卡过程中出现的九个方面的具体问题，做出了答复。

五、农民负担监督卡的发放情况

自 1996 年开始，北京市共进行了五次农民负担监督卡的发放工作。第一次是 1996 年，实行一年一卡。郊区 14 个区县共发放农民负担监督卡 80 万份。第二次是 1997—1998 年，实行一定两年。共发放农民负担监督卡 80 万份。第三次是 1998—2000 年，实行农民负担监督卡一定三年不变。除房山区外共发放农民负担监督卡 90 万份。第四次是 2002 年，实行一年一定。共发放农民负担监督卡 89 万份；昌平区由于在 2001 年度推广和落实了农村税费改革试点工作，其农民负担监督卡一定五年，所列的主要内容为农业税及附加、集体生产公益事业用工和集体生产公益事业筹资等。除个别经济发达和集体统一经营的村没有发放农民负担监督卡外，其余的村全部发放了农民负担监督卡，共发放了 8.8 万份。第五次是在农村税费改革之后，实行一定五年不变（2003—2007 年），共发放农民

国务院检查组对照监督卡核对北京市农民负担情况

负担监督卡 118 万份（包括昌平区重新发放了全市统一的监督卡）。第六次在 2008 年发放的 2008—2010 年，一定三年不变，共发放农民负担监督卡 118 万份。

六、实施农民负担监督卡制度的作用

实践证明，农民负担监督卡制度是将群众监督、社会监督有机结合起来的有效工作制度，是农民负担监督管理制度化、规范化的具体形式，是提高农民群众民主意识、法制意识的有效途径，也是加强农村基层组织建设的重要内容。农村农民负担监督卡确实是一张明白卡，是一张民主卡，是一张公平卡，是一张集体经济的保护卡。每当农民群众遇到加重农民负担行为的时候，农民群众就拿着农民负担监督卡与乡村干部或者收费部门进行理论和抵制。如，一些村规定“姑奶奶”（指结婚后户口未转出本村的妇女）的孩子上户口，要向村里交“入户费”。实行农民负担监督卡制度以后，这些“姑奶奶”们就对“入户费”的合法性提出疑问。1998 年，在全市农民负担管理电视电话会议上，副市长岳福洪代表市委、市政府宣布不许收取“入户费”，得到农民群众的拥护。再如，通州区的有的村在收取村提留时采取“上打支”的办法，在年初预收。农民群众将村委会告到法院，维护了自己的合法权益。又如，房山区的一些村，在没有向农民群众发放农民负担监督卡的情况下，向农民群众收取土地承包费。农民群众依照土地承包合同中关于承包费收取数额依照农民负担监督卡规定进行收取的条文，理直气壮地将村干部告到法院。

第五节　农民负担监测制度

从 1998 年开始，农业部农民负担管理办公室在全国选择 300 个县进行农民负担监测。北京市的密云县成为全国农民负担监测县之一。监测点分布在 2 个镇、6 个村、30 个农户。

其他区县也采取不同方式建立了农民负担监测网络。通州区在 2004 年实施了农民负担“千户监测”工程，向 1 000 户农民发放了农民负担监测户聘书和农民负担监测户联系卡，抓好“千个点（户）”、督查“五条线”、净化“一个面”。“千户监测点”共分为村、镇、区三个层次。其中：村级监测点 300 户，镇级监测点 400 户，区级监测点 300 户。“监测户”按其监测内容分为“教育负担情况监测户”“电力负担情况监测户”“纳税负担情况监测户”“缴费负担情况监测户”“农业生产性负担情况监测户”五大类，并按区、镇、村三个层次具体落实到户。利用“千户监测点工程”，重点从五个方面进行督查，抓住了遏制加重农民负担的主线，从根本上解决了农民最关心的难点、热点问题。如：多年来，治理农村中小学乱收费一直是全区农村负担监督管理工作的

密云县减负办主任赵怀生（右一）向村干部讲解农民减负政策

重点，通过监测点督查这条主线，把治理中小学乱收费工作作为党风廉政建设责任制的一项重要内容，明确各中小学校校长为第一责任人，严格收费程序，凡属违规或不合理的收费，一律清退。2004 年，全区共清退违规收费 12.4 万元，减轻了学生和家长负担。又如：通过监测检查重点查处了几起在电网改造中的乱收费行为。滦县镇一监测户反映，村委会向农户收取“电网改造支援费”1 500 元，接到举报后，区农村负担监督管理办公室立即责令该村村委会进行了清退。

第六节　涉农收费及价格公示制度以及举报制度

一、公示制度

根据国家计委、农业部和监察部的要求，从 2000 年开始，在全市实行了涉农收费与价格公示制。对涉及农民的收费项目及其收费标准，必须向农民群众进行公示。乡镇和村设立了公示牌或公示橱窗，并列入农民负担监督卡，做到公示到所有农户。每当涉农收费项目和服务价格发生变化，必须及时进行更新。涉农收费与价格公示制度由区县物价管理部门负责，农民负担监督管

农民负担公示

理部门负责监督。

2001 年 11 月 21 日，经市政府领导批准，北京市财政局、北京市农村工作委员会、北京市监察局、北京市国土资源和房屋管理局、北京市物价局联合发布《关于进一步做好减轻农民负担工作的通知》（京财字〔2001〕2223 号）。要求扩大推进、完善设计涉农价格和收费公示制度。2001 年以前，乡镇政府和收费单位要设立公示栏、公示牌、价目表。2002 年上半年以前，各行政村也要设立公示栏、公示牌。2002 年年底以前，有条件地区的公示栏、公示牌要涉及自然村和农村群众经常活动的场所以及收费单位的所有收费点。要重点抓好农村中小学校收费、婚姻登记收费、社会抚养收费、农民建房收费、粮食保护价、电价和农用柴油等涉农价格和收费公示工作。做到家喻户晓、人人皆知，提高涉农价格和收费的透明度。加强对涉农价格和收费公示制度的检查监督。

二、农民负担电话举报制度

延庆县经管站接待农民群众来访

1993 年 7 月 4 日，北京市农村负担监督管理办公室通过新闻媒体向全社会公布了市、区（县）两级农民负担监督举报电话。截至 11 月底，全市共接到农民举报电话 117 个，反映问题 123 个。农民举报电话主要集中在宅基地占用费、农民教育集资、公安系统乱收费、行业不正之风、夏粮收购不兑现等几个方面。对举报电话所反映的问题，凡是符合收费、集资政策的予以解释；对不符合政策的，及时配合有关部门进行了调查处理。

从 1996 年开始，市、区（县）两级农民负担监督管理办公室专门设立了农民负担举报电话，并在《北京市农民负担监督卡》上进行了公示，设有专人职守。农民群众和村集体经济组织如对各项行政事业性收费、罚款、集资、摊派以及村提留、乡统筹和“两工”的收取有异议，均可通过农民负担举报电话进行举报或者咨询。自农民负担举报电话开通以来，全市共接到各类举报2 700件，接到咨询5 700起。1996年1月至11月，各级农民负担监督管理部门共收到农民举报55件，经排查确有其事的12件。其中，电费问题3件，教育收费问题2件，村提留问题4件，交通乱收费问题1件，向农民收购种子打白条问题1件，监督卡外收取献血费问题1件，并已得到依法查办。如，昌平区十三陵乡交通安全委员会，在摊派报刊的同时，又向每个司机收取管理费40元，经查处没收了该单位非法收入7 000元，有关责任人做出书面检查。

1998年，市农民负担监督管理办公室接到密云县农民举报电话，反映密云县政府向在城关镇购买楼房的水库移民收取入户费，每户8万元，属于乱收费，要求退还。市农民负担监督管理办公室召集市政府相关部门前去调查。事情真相为：密云县启动水库移民搬迁工程，允许有条件的农户在县城购买楼房，迁移户口（仍为农业户口）必须缴纳城市增容费。密云县专门成立了一个移民户口管理中心，向水库移民收取的城市增容费存放在县政府机关资金账户上，没有上交县财政金库。市公安局认定密云县擅自私设户口管理机关，属于违法应予取缔。市物价局认为密云县该项收费市政府早已宣布取消，属于乱收费，应当按照收取金额等额罚款。市财政局认为，密云县收取资金不上缴财政，属于私设小金库，应当将收取费用没收到市财政。市纪检监察部门认为，密云县违反中央减轻农民负担法规政策，应当追究县委、县政府主要负责人责任，进行纪律处分。在市农民负担监督管理办公室黄中廷同志协调下，各部门形成一致处理意见：一是撤销密云县非法设立的水库移民户口管理中心；二是按照自愿原则，要求退还收费的应当全额退还，不愿退还或者无法退还的收费统一上交县财政；三是责成密云县委、县政府就此事写出检查报告，汲取经验教训，确保不再发生类似事件。

2000年3月6日，房山区坨里镇大苑村的一个农民举报村里按每度电0.5元收取电费。经市、区农民负担管理部门认真查证，属于超标准收费。从4月1日起，该村即将电费降到0.46元，并将多收部分电费如数退还农民。

2003年8月6日，通州区农村负担监督管理领导小组办公室发出《关于西集镇涉及农民负担来信案（事）件的督查通知》。该通知指出：2003年7月28日农业部、北京市农村负担监督管理办公室转来你镇上坡村村民李志永和张各庄村村民季成良反映农民负担问题的两封来信，按照区减负办的要求，镇政府有关部门对来信反映的问题进行了及时调查并提出了处理意见，但从区减负办检查的情况看，针对核实的问题所提出的处理意见并没有落实结果。为此，你镇应依据北京市农民负担案（事）件的查处程序和农民负担责任追究制度及有关法规政策，本着切实维护农民群众和集体经济组织的合法权益，依法督促上坡村、张各庄村委会执行如下决定：一是上坡村村委会在 2002 年向部分村民追收 1997 年至 2000 年献血费一事，严重违反了中央、市、区有关法规政策。对追收的 14 420 元资金要全部清退。二是张各庄村村委会在 2002 年年初，对未缴承包费的农户收取滞纳金 156.05 元，增加了农民负担，侵害了农民的切身利益，违反了有关法规政策，属于“三乱”清理范围，要立即纠正，责令清退。三是上述两项收费金额的清退工作要在 10 日内落实完成，并将清退情况上报通州区农村负担监督管理办公室。对逾期不退，政令不通的当事人要按照农民负担责任追究制度规定进行处理，处理结果上报区农村负担监督管理办公室。四是鉴于你镇现存的问题，建议镇政府要对本镇进行一次农民负担有关法规政策的再教育，提高广大干部守法、执法的水平，确保本地区的社会稳定，人民安康。

2004 年 1 月 2 日，房山区韩村河镇天开村部分村民向北京市农委发出举报信。按照市农委主任李进山的指示，北京市农村负担监督管理办公室主任黄中廷于 1 月 12 日到韩村河镇政府召集区、镇、村干部和上访村民会议，对群众上访信提出的问题进行面对面核实，并形成处理意见，各方签字认可。经查，信访人反映的该村农业税根据常年产量核定问题，基本符合农村税费改革政策，没有加重农民负担。关于村里没有向农民发放土地承包经营管理证书以及农民负担监督卡的问题是事实，责成镇村干部限期整改；其他财务问题，由镇政府进行调查清楚以后，向农民群众公布。

截至 2003 年 8 月 15 日，北京市农村税费改革政策协调会议办公室共收到各类涉及农民负担和税费改革的举报电话 90 多个。其中，举报乱收费 42 个；反映土地承包问题 22 个，咨询改革政策 15 个。在举报乱收费的电话中，集中反映五个方面情况：一是部分村突击收取 2003 年和 2004 年统筹提留款；二是年初市经管站下文要求暂停收取土地承包费以后，部分村仍然继续收取，“上打支”现象严重；三是农村用电不执行限行政策，以各种理由向农户超标收费；四是部分基层单位向农民收动物检疫费、集贸市场管理费等；五是部分村仍然向农民收取献血费、超标准收取学杂费、电话费等。密云县有一个村在向农民发放市农村税费改革统一印制的税费改革宣传手册时，竟然向农民收取每本 7 元的工本费，情节十分恶劣。

2004 年 9 月 1 日，通州区农村负担监督管理领导小组办公室发出《关于督查漷县镇涉及农民负担事件的通知》。该通知指出：“接到你镇李辛庄村李志兴来信反映，该镇规划办收取农民建房手续费问题。现将来信转交你镇，望依据农民负担事件查处程序和京办发〔1993〕20 号《关于本市涉及农民负担项目审核处理意见的通知》、计价格〔2001〕1531 号《关于开展农民建房收费专项治理工作的通知》及京农发〔2002〕56号《关于对涉及农民负担案（事）件责任追究制度的暂行办法的意见》尽快调查处理。一是农民建房中的手续费、管理费、保证金等收费项目，中央、市、区已在1993年明令取消，区镇部门的文件都要以中央、市、区政府政策为准，凡是违反中央法规政策的部门收费文件都要进行纠正，自行废止。二是对因政令不通、顶风办事、解决不当而激化矛盾引起不良后果的，要按规定追究其当事人和有关人员的责任。三是对本镇农民建房环节上收取的涉农收费情况进行一次彻底自查，凡是违规收费的项目一律取消，收取不合理的项目金额，要限期无条件的清退。四是2004年9月15日前要将本事件调查处理情况及本镇自查情况以书面形式上报区农村负担监督管理办公室。

2006年通过电话和信件，市减负办共接到13起涉农收费举报电话，及时向有关区县反馈，要求对农民群众反映的问题进行调查，并将处理意见上报市减负办备案。

第七节　责任追究制度

2002年8月9日，中共中央办公厅、国务院办公厅发出了《关于印发〈关于对涉及农民负担案（事）件实行责任追究的暂行办法〉的通知》（中办发〔2002〕19号）。中共北京市委召开常委会议对该文件进行了集体学习，并就贯彻落实中央通知精神进行了认真研究，明确了负责贯彻落实的责任人和部门。9月4日，在国务院减轻农民负担工作电视电话会议以后，市委、市政府及时召开了乡镇党委书记、乡镇长以上干部参加的全市减轻农民负担工作电视会议，就贯彻落实中央通知精神进行了部署。按照市委、市政府的要求，各区县各级党委、政府领导班子集体学习、讨论了中央通知，同时层层召开会议将中央通知传达到村党支部、村委会和村经济合作社的全体干部。2002年1月29日，中共北京市委、北京市人民政府向党中央、国务院做出《关于贯彻涉及农民负担案（事）件责任追究制度情况的报告》。

一、实行涉及农民负担案（事）件责任追究制度的目的

实行涉及农民负担案（事）件责任追究制度的目的是：为了进一步强化减轻农民负担工作党政一把手负责制，加大对涉及农民负担案（事）件的查处力度，保证党中央、国务院关于减轻农民负担的各项方针政策和措施得到认真贯彻落实。2002年11月22日，中共北京市纪律检查委员会、中共北京市委农村工作委员会、北京市监察局、北京市农村工作委员会联合发出了《北京市实施〈关于对涉及农民负担案（事）件责任追究制度的暂行办法〉的意见》。

二、责任追究工作适用范围及对象

适用范围是本市行政区域内的党政机关、人民团体、企事业单位和村级党组织、村民委员会、村经济合作社。责任追究对象是指：对发生涉及农民负担案（事）件负有责任的本市各级党政机关、人民团体、企事业单位和村级党组织、村民委员会、村经济合作社中的党员，以及国家公务员和国家行政机关任命的其他人员。

三、追究涉及农民负担案（事）件责任的依据

主要依据是：《中国共产党纪律处分条例（试行）》《中华人民共和国行政监察条例》《中华人民共和国农业法》《国家公务员暂行条例》、国务院《农民承担费用和劳务条例》、国务院《违反行政事业性收费和罚没收入“收支两条线”管理行政处分暂行规定》《北京市农民负担管理条例》以及其他有关法律法规和国家有关规定。

四、涉及农民负担案（事）件的责任

区委书记、区县长、乡镇党委书记、乡镇长，负有对保障党中央、国务院和市委、市政府有关减轻农民负担的方针政策和法律法规在本行政区域内全面贯彻实施的领导责任。区县、乡镇党委和政府主管减轻农民负担工作的领导，负有保障本行政区域内农民直接负担不超限额、农村集体负担得到有效控制、不发生面向农民和农村集体经济组织的乱收费、乱罚款、乱集资和各种摊派行为或者发生后能够得到及时有效制止和纠正的直接领导责任。区县、乡镇党委和政府的各部门负有确保本部门不出现因违法违规行为而增加农民和集体经济组织负担的直接责任。区县农委、纪检、监察、财政、物价和经管等部门负有宣传贯彻和组织实施有关减轻农民负担的方针政策、法律法规，定期开展农民负担管理的执法检查，认真受理涉及农民负担的群众来信、来访和电话举报并依法查处的责任。区县司法机关负有以事实为依据、以法律为准绳及时审理涉及农民负担的诉讼案件，保障事实认定准确、适用法律正确、判决或者裁决公平、公正的责任。村党支部、村委会和村经济合作社的主要负责人，负有保证不因村内原因增加农民和集体经济组织负担，保障涉及农民负担案（事）件举报人不受打击报复的责任。

五、追究工作程序

市和区县农村负担监督管理领导小组办公室在受理农民或者集体经济组织的举报以后，要及时调查取证、提出处理意见。凡确属加重农民负担的，责令

被举报单位停止违法行为，限期如数退回非法收取的款物；造成经济损失的，由被举报单位予以赔偿；触犯党纪、政纪的移交纪检、监察部门处理；犯罪的，移交司法机关依法追究刑事责任。

对违法、违纪加重农民负担负有直接责任和领导责任的个人，要追究责任，由纪检、监察、组织、人事等部门根据各自职责具体执行。

六、追究工作实施机关

涉及农民负担案（事）件责任追究工作分别由市委农工委、市农委及各区县农工委、农委牵头，协调纪委、监察、组织、人事部门共同实施。

2002 年，市农民负担监督管理办公室接到通州区马驹桥镇农民群众举报，反映马驹桥镇政府违反北京市有关法规政策，擅自发文撤销村级经济合作社、小杜社村采取“上打支”的方式向农民提前收取土地承包费。针对这一问题，市农民负担监督管理办公室向通州区发出《关于督查马驹桥镇涉及农民负担案（事）件的通知》（京政负办〔2002〕7 号），要求通州区严肃处理。通州区政府接到该文件以后，立即组织力量进行调查处理，退回了提前收取的 16 750 元承包费，撤销了马驹桥镇政府相关文件。2002 年 9 月 9 日，在全区主要领导干部会议上，对马驹桥镇党委书记、镇长进行了通报批评，教育全区干部以此为鉴。

2002 年 9 月 9 日，北京市农村负担监督管理办公室向房山区农民负担监督管理办公室转区委、区政府发出《关于督查窦店镇涉及农民负担案（事）件的通知》（京政负办〔2002〕8 号）。通知说：“最近，你区窦店镇鲁村在没有向农户发放《北京市农民负担监督卡》的情况下，向承包农户收取土地承包费，并以不履行承包合同为由，将该村承包土地的农户起诉到区人民法院，造成一些农户到我处群访。鲁村的这种做法严重违反了《北京市农民负担监督管理条例》和《北京市农业承包合同条例》。窦店镇党委书记、镇长对这起农民负担的案（事）件负有领导责任，鲁村党支部书记负有直接责任。区委、区政府有关部门和区经管站为处理这起案（事）件做了大量工作。依据《中共中央、国务院关于印发对涉及农民负担案（事）件实行责任追究的暂行办法的通知》，现就进一步处理上述案（事）件提出以下处理意见：一、区委、区政府应当立即纠正窦店镇的错误做法，并对全区《北京市农民负担监督卡》发放情况以及落实家庭承包经营、统分结合的农村基本经营制度情况进行一次全面检查。二、建议区委、区政府依照有关规定追究窦店镇党委书记、镇长和鲁村党支部书记的责任，并将对上述人员的处理结果和他们的书面检查在 10 月 15 日前抄报我处。三、建议区委、区政府采取对全区乡镇村干部和司法人员进行一次政策法规培训等有力措施，进一步落实党和国家关于减轻农民负担和农村土地承包的方针、政策和法律、法规，确保类似案（事）件不再发生。

第五章　农民负担项目的清理与专项治理

第一节　涉及农民负担收费项目清理

一、清理的依据

1993 年 3 月 19 日，中共中央办公厅、国务院办公厅发出了《关于切实减轻农民负担的紧急通知》（中办发电〔1993〕7 号）。通知要求：农民除依法纳税和按国务院《农民承担费用和劳务管理条例》关于村提留和乡统筹费必须严格控制在上年人均纯收入 5%以内的规定继续执行外，其他涉及要农民负担费用的各种摊派、集资、达标活动和行政事业性收费，以及在农村建立各种基金等，不论是哪一级政府或哪一个部门制定的或规定，一律先停止执行，然后进行清理。经过清理后，认为确实需要继续执行的，须经省以上人民政府农民负担监督管理部门审核后，按照《农民承担费用和劳务管理条例》规定的审批权限重新批准后执行；重要项目，要报国务院或省、自治区、直辖市人民政府批准。

二、清理的原则

治理“三乱”期间，全国治理“三乱”领导小组未同意出台的项目一律取消。

国务院《农民承担费用和劳务管理条例》（以下简称《条例》）发布后，未按《条例》规定程序审批出台的新项目一律取消。包括：没有法律、法规政策依据由政府职能部门收取的管理费项目一律取消；凡属摊派性的行政事业性收费项目一律取消；属于行使管理职能的部门或单位，以服务费为名收取的行政事业性收费项目一律取消；没有法律、法规依据，面向农村的全国性集资和基金项目一律取消；在农村要求农民出钱出物出工的达标升级竞赛活动一律取消；在农村的试点收费项目一律取消；没有法律、法规、规章依据的罚款项目一律取消；凡有省级人民政府取消的集资和行政事业性收费项目，中央不再制定全国统一的集资和收费项目；各类行政事业性收费层层上解的部分一律取消；省级以下（不包括省、自治区、直辖市）自行出台涉及农民的收费、集资、基金等和项目一律取消。

三、清理结果

1993 年 7 月 22 日，中共中央办公厅、国务院办公厅发出《关于涉及农民负担项目审核处理意见的通知》（中办发〔1993〕10号）。通知提出了涉及农民负担项目审核处理意见；取消了中央和国家机关涉及农民负担的37个收费项目；要求暂缓执行的2项。

根据中央的要求和清理结果，市委、市政府组织力量，对北京市专门面向农民和乡村集体经济组织和乡镇企业的各种收费、集资、基金项目进行了认真清理。

1993年11月12日，中共北京市委办公厅、北京市人民政府办公厅发出《关于本市涉及农民负担项目审核处理意见的通知》（京办发〔1993〕20号）文件，对清理结果进行了公布。该通知取消了以下20项涉及农民、乡村集体经济组织和乡镇企业的收费项目。同时，要求市农林办公室和市财政局、市物价局对其他涉及农民、乡村集体经济组织和乡镇企业的部分收费项目进行修订。

市委、市政府确定取消的涉及农民负担的项目是：农村宅基地有偿使用收费；农村宅基地超占费；土地登记费在农村收取的部分（包括集体经济组织、农户和国有农场，下同）；农民看电影集资；农村教育集资；县、乡两级农村水利建设发展基金；村镇建设规划管理费；农机管理费；林政管理费；乡镇集体和个体矿管补充费；林木更改资金在农村收取的部分；中华女子学院集资；治安联防费在农村收取的部分；农田基本建设集资；房屋所有权登记费在农村收取的部分；农村水利建设劳动积累工；水面闲置费；饮食业、服务业、修理业、旅店业行业管理费在农村收取的部分；电站管理费在农村收取的部分；喷灌管理费。

根据中共北京市委办公厅、北京市人民政府办公厅《关于本市涉及农民负担项目审核处理意见的通知》（京办发〔1993〕20号）的要求，1994年7月25日，北京市人民政府农林办公室、北京市物价局、北京市财政局联合发布了《关于涉及农民负担部分收费项目的修改意见的通知》（京政农〔1994〕88号），对本市需要修改的涉及农民负担的17个收费项目进行了修改。这17项收费项目的修改结果是：

公路养路费。将市交通局制定的《北京市公路养路费征收管理办法实施规定》第三章第三十四条修改为“对乡村集体经济组织和农民个人所拥有的农用拖拉机按拖拉机费额标准的33%计征”。

农机监理费。取消对柴油座机和农副产品加工机械的监理收费，其他类别的监理费用按现行收费标准收取；取消安全教育收费；农机监理部门不收取农机事故处理费；取消农机监理费的层层上解部分。

乡镇企业管理费。乡镇企业按销售收入（包括经营收入、劳务收入）的总额，目前以不超过0.5%的比例提取、缴纳管理费，在销售收入中列支。随着乡镇企业销售收入的增长，要逐步降低提取比例。

征地管理费（原称土地管理费），收取范围限定于国家建设用地项目，收取的对象仅限于国家建设用地单位。乡（镇）村建设用地属于占地，不属征地，不收取征地管理费。

公路运输管理费。对北京市人民政府发布的《北京市公路货物运输管理暂行办法》（京政发〔1985〕163号）作如下补充规定：农村非营运性运输车辆临时（一年内连续不超过4个月）从事营运性运输的农（指大农业）用拖拉机和农用汽车，按营业额的0.7%征收。

集市（含交易市场）贸易管理费。农民进集市经营自产自销农副产品，免交市场管理费；工业品、大牲畜的市场管理费收取标准修订为成交额的0.7%，其他商品按成交额的1.5%收取市场管理费，对在乡镇及乡、镇以下集市上从事农副产品经营的个体工商户缴纳市场管理费，按其成交额的0.7%收取市场管理费，工商部门不征收交易管理费，对在乡镇及乡、镇以下农村地区的市场设施租赁费收取标准，由区县物价局和农民负担管理部门本着“收支相抵”的原则，从严制订。

个体工商户管理费。在市政府认定的60个边远山区乡镇从事商品零售、饮食服务、修理等微利便民个体经营的，免收个体工商户管理费；在本市其他乡（镇）及乡（镇）以下农村地区从事购销、劳务活动的个体工商户，分别按营业额的0.5%和劳务收入的1%收取个体工商户管理费。

畜禽及畜产品防疫费、检疫费。取消市级兽医卫生监督检验机构从防疫收入中提取平衡调剂费用。

计划外生育费。由市计划生育委员会提出收取标准和管理使用办法，经市财政局、市物价局和市政府农办审核，报市人民政府批准后，公布执行。

个体工商户登记费。对在市政府认定的60个边远山区乡镇从事个体经营的农户，只收取个体工商户注册登记证工本费6元（正副本合计），在其他乡（镇）及乡（镇）以下农村地区从事的农民申请个体经营的，开业登记及以后每四年重新登记均收费18元。

婚姻证书工本费。各级民政部门办理婚姻登记，收取婚姻证书工本费，收费标准为精装本每对9元，简装本每对2元；离婚证、夫妻关系证明书、解除夫妻关系证明书统一使用精装本，每对9元。

汽车维修管理费。对北京市人民政府发布的《北京市汽车维修行业管理办法》〔1992〕（19）号令作如下补充规定：凡是乡、村集体经济组织或农民个人（或合伙）在乡（镇）及乡（镇）以下农村地区兴办的经汽车维修管理部门批准的站级（含站级）以下汽车维修企业，由区（县）交通局按其营业额的2.5%征收汽车维修管理费，并取消上解市局部分。

建筑工程许可证执照费（含建筑工程审核、技术服务费）。对北京市规划局制订的《关于城市建筑工程许可证执照费的具体实施办法》作如下补充规定：乡村集体经济组织和乡村集体企业，在市区和特定地区以外进行建设施工，一律按工程预算的1%征收建筑工程审核、技术服务费及许可证执照费；经区、县政府批准的扶贫工程和农村文教卫生、福利建筑以及农民个人建私宅，免收建筑工程审核、技术服务及许可证执照费。

临时用地费和临时建设工程费。农民个人在市区、城镇规划范围及特定地区以外的农村地区临时占地建设免收临时用地费和临时建设工程费，乡村集体经济组织及其企业在市区、城镇规划范围及特定地区以外的农村地区占地建设，按原规定减半征收。

施工管理费。经市政府第34次常务会议批准，决定予以取消。

社会福利企业管理费。除经审计核实的亏损福利企业免收社会福利企业管理费，其他农村社会福利企业暂按0.5%提取交纳社会福利企业管理费。随着社会福利企业营业额的增长，由市物价、财政、民政和农民负担管理部门核定，要逐步降低提取比例。

2003年，结合农村税费改革对涉农收费项目进行了清理，共取消了8个涉农收费项目。包括：农村教育附加费、农村教育集资、乡镇范围内的农民自产自销农副产品的集贸市场管理费、向农民收取的建设工程许可证执照费、向农户收取的动物及动物产品检疫费、向农户收取发展新型墙体材料专项费、向农户收取的土地登记费、向农户收取的土地权属调查地籍测绘费。以上8项，大体上可以减轻农民负担1亿元。

第二节　取消的涉农收费项目与达标升级活动

一、取消的涉农收费项目

从1993—1998年，北京市政府又分批公布取消了本市一大批收费项目。其中涉及农民、乡村集体经济组织和乡镇企业的有200余项。

1. 中、小学生课外补习费；
2. 课桌椅或教学设备押金；
3. 计算机操作上机费；
4. 学生转学提取档案费；
5. 对正常转学的学生收取的赞助费；
6. 农村中、小学生冬季取暖费；
7. 中、小学“校办产业”和其他修建项目向学生家长集资或摊派的费用；
8. 中专毕业书验印费；
9. 办理护照手续费；
10. 个体运输户和私有车主交通安全保证金；

11. 公民因私出境办理证件加急费；
12. 消防机关收取的消防业务咨询服务费；
13. 病人或病人家属乘医院电梯费；
14. 病人家属探视费；
15. 国内企业登记咨询费；
16. 代办代理国内企业登记费；
17. 录音制品经营企业年检费；
18. 内部录像数据翻录证工本费；
19. 内部录像数据验审费；
20. 劳动定额专业技术培训费；
21. 住宅电梯乘梯费；
22. 房屋拆迁表格工本费；
23. 建设用地批准书工本费；
24. 装修电话技协活动费；
25. 用户交换机年检费；
26. 不属于选号范围内的电话号码选号费；
27. 工程承包中的不合理收费；
28. 晚育保证金；
29. 审办营业执照婚育证明费；
30. 抱养婴幼儿入户证明手续费；
31. 贡献二胎生育指标领取奖励证明手续费；
32. 消防体育运动会费用；
33. 街乡计生办收取的一胎生育指标办理费；
34. 街乡计生办收取的二胎生育指标办理费；
35. 街乡向辖区单位收取的计划生育宣传费；
36. 街乡向辖区单位收取的计划生育赞助费；
37. 街乡向辖区单位收取的计划生育管理费；
38. 街乡向新婚夫妇收取的人口学校培训费；
39. 街乡向不到晚育年龄妇女收取的计划生育押金；
40. 计生办向二胎育龄妇女收取的计划生育二胎绝育保证金；
41. 乡政府向超生家庭收取的超生子女盖房费；
42. 规划部门收取的规划许可证镜框费；
43. 乡政府向乱倒垃圾单位收取的渣土消纳费；
44. 市容所向个体工商户收取的市容卫生管理费；
45. 区、县爱委会向辖区内单位收取的灭蝇费；

46. 乡镇劳动科向个人收取的用工管理费；
47. 县城工委向农转非人员收取的管理费；
48. 乡政府代办执照向企业收取的集体办照费；
49. 区、县工商局收取的经济合同咨询服务费；
50. 区、县民政部门收取的婚姻证明加价费；
51. 区、县公安部门出具各种证明收费；
52. 区、县公安部门向商贩收取的市场治安管理费；
53. 县安委会向单位收取的雇用司机手续费；
54. 县安委会向单位收取的铝制宣传牌工本费；
55. 县公安局向辖区内驾校收取的驾校管理费；
56. 区交通大队向辖区内单位收取的新购车辆占地费；
57. 乡政府向报考司机者收取的手续费；
58. 区公安部门向单位或个人收取的因纠纷引起的治安案件调解费；
59. 区安委会向无单位零散司机收取的押金；
60. 区安委会收取的小单位安全工作抵押金；
61. 区公安部门向外地进京人员收取的申报户口费；
62. 学校向学生收取的职业高中预收培训费；
63. 学校向学生收取的清运垃圾卫生费；
64. 县教育部门向被高校录取的考生收取的赞助费；
65. 县教育部门向校办企业收取的办照手续费；
66. 县招生办向降分录取的学生收取中专录取费；
67. 县招生办向降分录取的学生收取大专录取费；
68. 区招生办向被录取的农村定向中专生收取的赞助费；
69. 区房管部门向交易单位和个人收取的房屋交易工本费；
70. 县房管部门向拆迁单位和个人收取的土地划拨手续费；
71. 县房管部门向拆迁单位和个人收取的拆迁许可证费；
72. 县地资办向办证者收取的采矿许可证滞办金；
73. 县交通部门向运输单位收取的运输服务费；
74. 县交通部门向客运经营单位和个人收取的短途客运管理费；
75. 县交通部门向辖区内机动车主动收取的车辆管理费；
76. 乡镇政府向村民收取的卫生保健费；
77. 县防疫部门向入保儿童收取的计划生育免疫补偿费；
78. 县市政管委向开路口单位收取的开路口占地费；
79. 县人事部门收取的干部身份证明手续费；
80. 县人事部门收取的未经市物价、财政部门批准的各种培训费；

81. 县人事部门收取的农转非手续工本费；
82. 乡水产站向船主收取的封船保证金；
83. 县外经委收取的独资企业咨询服务费；
84. 县外经委向档案用户收取的档案管理费；
85. 县林业部门向辖区单位收取的林政管理建设费；
86. 县建委向自营企业收取的自营建筑业管理费；
87. 县法院向刑事轻微犯罪缓刑人员家属收取的帮教费；
88. 村队向入户人收取的入户登记费；
89. 街、乡、村、队收取的入户登记费；
90. 乡镇政府收取的村办企业管理费；
91. 村镇收取的学开车抵押金；
92. 乡、镇收取的盖章费；
93. 区园林部门对申请伐树单位收取的现场勘察费；
94. 区、县向个体工商户收取的占地押金；
95. 区、县消防部门向个体工商户收取的防火费；
96. 县安委会收取的出租车停车费；
97. 安委会收取的特种行业培训费；
98. 公安交通大队收取的驾驶员义务值勤费；
99. 公安交通大队收取的司机学习班收费；
100. 公安交通大队收取的季度检验费；
101. 公安交通大队收取的车辆安全抵押金；
102. 区、县计生办收取的计划生育合同书款费；
103. 区、县计生办收取的怀孕通知单费；
104. 区、县计生办收取的育龄妇女规划费；
105. 乡镇收取的农村文化活动管理费；
106. 县文化部门收取的未经市财政、物价部门批准的业务培训费；
107. 乡镇收取的兼职法律顾问费；
108. 县教育部门收取的属于二胎以上的学生的教育补偿费；
109. 乡镇政府向村民收取的文化事业费；
110. 乡镇向房屋翻建户收取的房屋翻建费；
111. 乡土地办向建房村民收取的建房管理费；
112. 乡土地办向建房村民收取的建房保险金；
113. 县土地局向纠纷当事人收取的土地权属纠纷调处费；
114. 乡镇政府向建房村民收取的建房许可证费；
115. 乡镇政府向村民收取的宅基地管理费；

116. 街乡收取的房产证遗失登记费；
117. 乡镇电管站向用电单位和村民收取的电力管理费；
118. 乡镇电管站向用电单位收取的电器管理费；
119. 乡镇电管站收取的电工年检年审费；
120. 乡镇电管站向村合作社收取的电工管理费；
121. 区、县统计部门收取的统计员培训费；
122. 区、县统计部门收取的统计员年审手续费；
123. 区、县饮食行业管理部门收取的核发经营许可证费；
124. 林业局向肇事单位或个人收取的扑救山林火灾费；
125. 县旅游局向境内已开放的旅游景点收取的行业管理费；
126. 乡镇武装部向村民收取的国防事业费；
127. 县建委收取的建筑工程放线费；
128. 医院向病人收取的麻醉保险等医疗保险费；
129. 医院医疗科室向病人出售（代销）各种生活用品；
130. 医院医疗科室向病人强行推销保健宣传材料费；
131. 医院向病人收取的诊断证明费；
132. 批发企业资格审查费；
133. 交通安全风险抵押金；
134. 文化市场年检费；
135. 举办生活用品展销会登记管理费；
136. 婚前教育保证金；
137. 计划生育长效措施保证金；
138. 公证文书特急费；
139. 驾驶员办班教育费；
140. 机动车季度检验费；
141. 办理机动车驾驶员报考盖章费；
142. 人防工程使用证书工本费；
143. 中专毕业生验证手续费；
144. 市人事局向单位收取的岗位培训证书工本费；
145. 临时工招工手续费；
146. 发票抵押金；
147. 发票类别鉴定卡；
148. 区县劳动部门收取的使用证明信收费；
149. 区县民政部门收取的抚恤证明书费；
150. 企事业单位法人登记证镜框费；

151. 区防疫站收取的卫生许可证押金；
152. 区卫生局收取的红医站管理费；
153. 区防疫站收取的死亡证明书费；
154. 区卫生局收取的个体行医起照费；
155. 区卫生局收取的个体行医换照费；
156. 区保健所收取的药物流产收费；
157. 区卫生局收取的审批医疗单位制剂外加工收费；
158. 县个体医协收取的社会办医执照费；
159. 县卫生局收取的劳工许可证费；
160. 乡镇政府向单位收取的献血费；
161. 县建委收取的外地施工队进京注册费；
162. 县建委向施工单位收取的工程开工许可证费；
163. 县建设总公司收取的乡村施工企业技术装备费；
164. 建筑总公司向乡村施工企业收取的管理费；
165. 区税务分局向协税员收取的协税员管理费；
166. 县税务局向出京机动车主收取的车船使用纳税卡费；
167. 学校向学生收取的高考补习费；
168. 学校向学生收取的片外生借读费；
169. 区教育局向学生收取的跨片生赞助费；
170. 学校向学生收取的教材辅导费；
171. 学校向学生收取的统考以外的考卷费；
172. 聋哑学校向学生收取的助听设备折旧费；
173. 学校向学生收取的餐具折旧费；
174. 区教育局向学生收取的补考费；
175. 学校向学生收取的晚自习费；
176. 学校向学生收取的中学生管理费；
177. 工美附中收取的美术学校附加费；
178. 区房管局收取的房屋所有权登记表格费；
179. 区房管局收取的单位自管房产权登记费；
180. 区房管局收取的房产登记加征登记费；
181. 区房管局向单位或个人收取的房屋登记发证测绘费；
182. 区房管局收取的装修设备保管费；
183. 县房管局收取的租赁合同书工本费；
184. 县房管局收取的房屋出让费；
185. 乡政府收取的建房占地证明费；

186. 建房手续费；
187. 乡政府收取的建房保证金；
188. 地界石费；
189. 区工商所收取的对外查询企业登记手续费；
190. 企业公告费；
191. 租赁柜台管理费；
192. 区县环卫所向个体坐商收取的垃圾清运费；
193. 摊群市场垃圾清运费；
194. 法院收取的申诉案件受理费；
195. 喷灌咨询管理费；
196. 凿井队资格审查费；
197. 凿井队许可证审批费；
198. 打井管理费；
199. 向本乡劳动力收取的现役军人补助费（即优待金，应从乡统筹中解决）；
200. 乡财政办收取的村镇规划费；
201. 向育龄妇女收取的宣传服务会务费；
202. 计生办收取的办理独生子女证费；
203. 计生委收取的领取怀孕通知单费；
204. 计生委收取的再婚夫妇审批二孩工本费；
205. 计生委收取的除病残、再婚者外符合政策审批二孩工本费；
206. 乡财政办收取的独生子女奖励费；
207. 安委会向驻地单位收取的交通值勤费；
208. 特种行业制表费；
209. 特种行业治安管理费；
210. 向出租汽车公司收取的出租车治安管理费；
211. 市场治安管理费；
212. 举办各种活动批示审批表费；
213. 停车场管理费；
214. 治安费；
215. 处理事故车停车费；
216. 规划局收取的规划咨询服务费；
217. 规划局收取的建筑工程围墙费；
218. 地名标志牌管理费；
219. 经贸委收取的报关业务手续费；
220. 广播局收取的录像带销售管理费；

221. 违章司机培训费；
222. 办理出国服务费；
223. 赴台人员政审表工本费；
224. 向个体户收取的行业培训费；
225. 公证咨询费；
226. 汽车维修检验员年审费；
227. 汽车维修审验费；
228. 行车路单补签费；
229. 客货运输审验费；
230. 租赁柜台管理费；
231. 集资办电用电权款；
232. 电力超指标加价费；
233. 电力建设基金；
234. 岗位证书费；
235. 特种作业人员考核委托书费；
236. 出租汽车出租、借包公务车治安备案证费；
237. 收费停车场占地执照费；
238. 渣土消纳登记表费；
239. 渣土消纳申请记表工本费；
240. 饮料准产证费；
241. 饮食服务修理行业管理费；
242. 本市临时工管理费；
243. 外地来京人员做工年检费；
244. 办理液化气用户转迁过户手续费；
245. 市地方煤炭发展扶持费；
246. 分散建设住宅配套商店补建费；
247. 招工手续费；
248. 求职登记费；
249. 城市容纳费；
250. 人力三轮车客运营业标志牌费。

二、取消的要求农民出钱出物出工的达标升级活动

1993 年，国家公布了取消要求农民出钱出物出工的达标升级活动 43 项。

1. 民兵训练基地建设达标；
2. 农村中小学校舍及环境建设达标；

3. 教育先进县达标；
4. 农村科教中心建设达标；
5. 教育先进乡镇达标；
6. 户政管理规范化建设达标；
7. 农村社会治安达标；
8. 派出所建设达标；
9. 敬老院建设达标；
10. 骨灰堂建设达标；
11. 双拥模范县达标；
12. 民政劳动保险达标；
13. 文明村（五好家庭）建设达标；
14. 法庭建设达标；
15. 司法所建设达标；
16. 财政所建设达标；
17. 村镇建设达标；
18. 农电站建设达标；
19. 农村办电达标；
20. 标准配备电台区建设达标；
21. 中型水库检核、泵电管理、堤防建设达标；
22. 节能节柴灶达标；
23. 沼气池达标；
24. 基层农业服务体系检核达标；
25. 铁牛杯、兴牧杯竞赛达标；
26. 平原绿化县建设达标；
27. 乡村文化站（馆、室）建设达标；
28. 乡村广播站建设达标；
29. 初级卫生保健达标；
30. 卫生先进县达标；
31. 农村灭鼠达标；
32. 农村改水、改厕达标；
33. 合作医疗卫生建设达标；
34. 计划生育服务站建设达标；
35. 乡镇统计工作规范化建设达标；
36. 乡镇土地管理所建设达标；
37. 保险先进县达标；

38. 体育先进县达标；
39. 乡镇党校建设达标；
40. 村级党支部建设达标；
41. 村级共青团建设达标；
42. 妇女工作达标；
43. 报刊征订达标。

第三节　农民负担专项治理

1993年，开始对涉及农民负担项目进行清理以后，中央和市委、市政府取消了一大批涉及农民和乡村集体经济组织和乡镇企业的收费项目；暂缓了一批涉农收费项目的收取；缩小了一批涉农收费项目的收取范围；降低了一批涉农收费项目的收取标准；规范了一批涉农收费项目的收取方法。但是，在实际工作中，由于种种原因，一些单位和部门没有认真执行中央和市委、市政府的减轻农民负担的各项政策和规定，继续向农民和集体经济组织和乡镇企业乱收费。有的继续收取已经明文取消的收费项目。有的继续收取已经明文规定暂缓收取的收费项目，继续保留的项目。有的擅自扩大收取范围。有的擅自提高收取标准。有的擅自改变收取办法。针对这些存在的问题，自1996年开始，北京市农民负担监督管理部门根据农民群众和乡村集体经济组织和乡镇企业反映强烈的热点、难点问题，有计划、有针对性地开展了专项治理，十多年来主要进行了以下十几个方面的治理工作。

一、治理农村教育乱收费

农村教育中的乱收费问题一直是农民群众反映强烈的问题。治理在农村教育中的乱收费也一直是北京市农民负担监督管理部门的工作重点之一。市委、市政府在1997年3月6日，发出京发〔1997〕1号文件，明确规定："从今年开始，各区县不得在农民负担监督卡之外，再向农民（包括乡镇企业职工）收取教育基金"。通过取消教

治理教育乱收费，增加教育投入

育基金，每年减轻农民负担 1 000 多万元。同时取消了学校向学生收取取暖费、存车费、补课费、课外活动费等费用。2001 年，减轻农民教育负担 503 万元。制止了少数学校向农民摊派学校教学设备购置费的问题。如，1998 年顺义区奉伯中心小学按不同年级，向每个学生摊派计算机购置费 200～400 元不等。接到农民举报，市农民负担监督管理领导小组办公室会同市监察局、教育局和顺义区区委、区政府立即对该校进行了严肃处理，向农民退了款，校长也做了检查。

对于 1997 年市委 1 号文件中关于“各区县不得在农民负担监督卡之外，再向农民（包括乡镇企业职工）收取教育基金”的规定，北京市人民代表大会常务委员会党组给市委发出《关于协调市委、市政府一号文件和本市地方性法规有关教育基金体罚的请示》（京常党字〔1997〕7 号）。该文件认为市委 1997 年 1 号文件违反了《国家教育法》和北京市实施教育法办法，要求予以纠正。市委领导收到人大常委会党组的上述文件后，批示给市委农村工作委员会书记杜德印。杜德印书记找到北京市农村负担监督管理办公室副主任黄中廷，要求对上述问题予以解答。1997 年 5 月 27 日，北京市农村负担监督管理办公室向杜德印书记提交了《关于对我市农村教育基金问题处理方案的建议》（京政负〔1997〕6 号）。指出：“一是市委一号文件有关‘不得在监督卡之外向农民收取教育基金’的规定，是依据中央有关法律、法规政策制定的，既符合中央关于减轻农民负担的规定，又贯彻了《教育法》，解决了农民合理负担教育经费的问题。1993 年 7 月 22 日，（中办发〔1993〕10 号）文件规定：‘取消农村教育集资，出校舍确属危房，经省级农民负担监督管理部门会同计划、财政部门审核以后，定项限额，方可执行，其他一律暂停或取消’。根据中央的规定，《市委办公厅、市政府办公厅关于本市涉及农民负担项目审核处理意见的通知》（京办发〔1993〕20 号）规定：‘取消农村教育集资（人民教育基金）’。1996 年 12 月 30 日《中共中央、国务院关于切实做好减轻农民负担工作的决定》规定：‘教育集资必须依照《教育法》的有关规定，坚持按照自愿、量力的原则，控制数量，严格审批，不得超规定范围使用教育集资款，不得将教育集资办成经常性的集资活动’。因此，市委一号文件中关于：‘不得在监督卡之外向农民收取教育基金’的规定，正是严肃认真地执行了中央法规、政策，从政治上与中央保持高度一致，做出的正确决策，是完全必要地。二是市委一号文件中关于：‘不得在监督卡之外向农民收取教育基金’的规定，并没有完全否定区（县）设立的人民教育基金和《北京市实施中华人民共和国义务教育法办法》是不矛盾的。《中华人民共和国教育法》第 57 条规定：‘农村乡统筹费中的教育附加费……用于本乡范围内乡、村两级教育事业’。第 59 条规定：‘经县级人民政府批准，乡、民族乡、镇的人民政府根据资源、量力的原则，可以在本行政区域内集资办学，用于实施义务教育学校的危房改造和修缮、新建校舍，不得挪作他用’。国家1991年颁布的《农民承担费用和劳务管理条例》规定：‘在农村建立各种基金、须经国务院财政主管部门会同农民负担监督管理部门和有关主管部门批准，重要事项须经国务院批准’。可见，国家法律并没有向农民征收教育基金的规定，不应把农民包括在人民教育基金征收对象之内。但是，市委一号文件并没有从根本上否定各区（县）设立的‘人民教育基金’，各区（县）仍然可以向城镇非农业人口收取教育基金。三是市委一号文件的规定必须不折不扣地贯彻执行。一些区（县）的同志对市委一号文件关于农村教育基金问题的规定有疑问，主要是对中央和我市有关减轻农民负担的法规、政策以及义务教育法没有认真学习领会。因此，对这些同志要加强宣传、教育，提高认识，统一思想。”杜德印同志认为市农民负担监督管理办公室的上述答复意见已经把问题说清楚了。作为北京市立法机关的党组，竟然不认真学习中央和国家有关法律、法规、政策，贸然向市委、市政府发难，让人们感到十分困惑。这件事也充分说明了减轻农民负担工作的艰巨性以及政策性。农民负担监督管理干部不全面把握中央和国务院有关法律、法规、政策，还真会被这些大人物、大机关吓到。

2001年11月21日，按照国务院六部委办的部署，经市政府领导批准，北京市财政局、北京市农村工作委员会、北京市监察局、北京市国土资源和房屋管理局、北京市物价局联合发布《关于进一步做好减轻农民负担工作的通知》（京财字〔2001〕2223号）要求清理和纠正农村中小学校乱收费行为。北京市义务教育阶段的农村中小学校收费要按照市教委、市物价局、市财政局《关于治理农村中小学校乱收费问题的通知》（京教财字〔2001〕34号）规定，除收取杂费及按规定收取的借读费、有寄宿制的学校收取住宿费和必须有学校统一订购代收的课本费即教科书外，不准收取或代收其他任何费用。严禁举办面向在校学生的各种收费补习班；严禁将捐资助学与招生、入学挂钩，或收取助学费；严禁在中小学生入学时搭车收费、代办保险和报刊、图书征订。已经收取的要立即纠正。农村中小学校按规定收取的资金，必须严格执行“收支两条线”管理的规定，做到专款专用，不允许任何单位、部门私设账户、截留、挪用。

针对农村税费改革以后，农村教育乱收费问题屡禁不止的问题，2005年，北京市减轻农民负担办公室印发《关于严禁向村集体经济组织摊派农村教育经费的通知》（京政负办〔2005〕3号）5 000多份，发送到每个乡村和农村学校。该文件规定：严格禁止政府职能部门、学校和与学校有关的个人以会议、请柬、口头或其他形式要求村级集体经济组织进行捐资助学活动。享受市级财政正常运转经费补贴的村级集体经济组织，不得以任何形式进行捐资助学活动，否则，依据相关政策在纠正整改之前，暂停拨付下一年度的市级财政正常运转经费补贴。捐资助学资金的筹集不得向村民个人集资或摊派。税费改革以后农村教育经费执行中央规定的“两个为主”的政策。学校的取暖费、教职工（包括临时工）工资奖金、正常运转经费、校舍改造、维修费等均由区、镇两级财政统一解决，村集体不承担任何费用，也不得再对这些项目进行捐资助学。捐资助学资金只能用于学校环境整治、优秀教师和优秀学生奖励资金的补充。村级集体经济组织有捐资助学意愿的须在年初编制资金预算方案，征求各乡镇人民政府意见，经同意后，启动民主讨论程序，必须有三分之二以上村民代表签字，并将捐助方案报镇农村负担监督管理办公室审核备案。捐资助学方案按民主程序审核通过后，村级集体经济组织将捐助资金上交镇财务管理部门，统一管理，统一调配使用。农村中小学校不得直接收取村级集体组织的捐资助学资金。捐资助学资金在使用时，要由用款学校提出申请，上报镇教委进行审批，镇教委会同镇减负办根据财力统筹安排。可转入下一年度使用。凡不按民主程序进行自愿捐资助学的村级集体经济组织，将按照中办发〔2002〕19号及京农发〔2002〕56号《关于对涉及农民负担案（事）件责任追究制度的暂行办法》，追究该村主要领导及当事人的责任，捐助资金由当事人个人承担。

2005年，北京市减轻农民负担办公室对丰台区农村教育乱收费问题进行了专门督查，促使丰台区将农村中小学校收归区教委统一管理，杜绝了学校向村集体经济组织乱收费的问题。通州区通过对农村教育收费进行专项治理，严格执行了《村级组织捐资助学管理办法》，减轻了村集体教育负担291万元。通过对2005年8月至2006年10月农村教育收费情况的专项检查，未发现违规行为。村级捐资助学活动都能按《办法》规定的程序进行，2006年全区村集体共捐资助学110万元，主要用于环境治理和期末奖励，比同期减少了291万元。

2006年4月，市教委会同市纠风办等部门发出了《关于印发2006北京市治理教育乱收费工作意见的通知》（京教监〔2006〕2号）中要求：严格执行捐资助学规定，进一步规范“共建”行为。明确要求社会组织、团体和个人向中小学的自愿捐赠，学校一律不得自行收取，要由市、区两级人民教育基金会或由区县政府指定部门代为收取、并向捐赠人开具北京市财政局监制的《北京市接受捐赠专用收款收据》，用于支持教育事业发展。

通过农民负担执法检查，基本上制止了农村集体经济组织各种捐资助学的行为，避免了向村集体经济组织摊派教育经费的现象继续发生。

二、治理征占农村土地过程中损害农民利益问题

市委把解决这个问题作为反腐倡廉的重点工作之一。1997年4月30日，

在市委农工委、市政府农办召开的农口调研工作会议上，部署了对郊区1991年1月1日至1996年12月31日，农村集体土地向非农产业转移和土地变价收入进行全面清查工作。1997年11月6日，北京市农村合作经济经营管理站向市委农工委、市政府农办提交了《关于郊区集体土地向非农产业转移和土地变价收入清查情况的报告》（农经字〔1997〕47号）。该报告指出："清查和调查结果表明，郊区农村集体土地管理工作，问题很多，矛盾突出，亟待治理。主要表现在以下四个方面：

一是滥占、乱批，耕地锐减。80年代初期全市土地清查有耕地726万亩[①]，到1995年年底实有524.6万亩，减少201.4万亩。经查，在向非农业转移的32.15万亩耕地中，违反土地管理法规审批权限非法占用的11.15万亩，占34.7%。1992年6月至1996年，11个区县土管理部门签订的土地出让合同1 102份，出让土地28 121亩，其中越权审批、化整为零出让的496份、11 654亩。此外占而不用闲置浪费现象严重。

二是拖欠截留，变价款不到位。有的城市建设项目无偿征用集体土地；有的单位无偿划转抵偿占用村集体土地；有的征占单位拖欠村合作社土地变价收入，12个区县共拖欠4亿多元；有的县级部门截留应属于农民的土地变价收入，有的乡镇政府截留应属于农民的土地变价收入，12个区县共截留1.64亿元。

三是挥霍浪费，集体资产流失。12个区县6年来共收到土地变价收入26亿元，已经支出20.53亿元。在已经支出的20.53亿元中，合法支出9.84亿元，占47.9%；不合法但有一定合理性支出3.47亿元，占16.9%；既不合法也不合理的支出7.23亿元，占35.2%。

四是不民主、不公开，引发干群矛盾。农民群众因土地征占问题上访不断，得不到有关部门重视。有的乡镇党委书记宣称土地都是国家的，哪个村农民群众因土地问题上访，就免掉村党支部书记职务。"

该报告对强化集体土地管理提出了建议。一是要统一认识，加强领导；二是要依法界定农村集体土地所有权和使用权；三是要严格控制集体土地用于非农建设；四是要严肃查处非法征、占集体所有土地的案件；五是要全面清退非法拖欠、截留的农村集体土地变价收入；六是要制定农村集体土地变价收入管理使用办法；七是要对农民和集体经济组织实行司法援助；八是要健全监督约束机制，规范政府行为。

1999年8月2日，中共北京市农村工作委员会、北京市人民政府农林办公室发出《关于北京市农村集体土地征用占用收入管理使用办法》（京农发

① 15亩=1公顷。

〔1999〕29 号），明确规定了农村集体土地适用范围和管理办法。

2002 年 1 月 9 日，发布了《北京市人民政府办公厅转发市国土房管局关于解决本市各项工程建设拖欠占地款问题意见的通知》（京政办发〔2002〕2 号）。2002 年 6 月 22 日，市委副书记强卫、杜德印同志主持召开了市人民内部矛盾纠纷排查调处工作领导小组第二十一次会议。会议决定在解决工程建设拖欠占地补偿款问题时，要坚持优先解决拖欠农民和企业的补偿问题的原则。市国土资源和房屋管理局应严格履行职责，对拖欠占地款的工程进行清理，并逐个解决。有拖欠占地补偿款，特别是涉及农民转居转工现象的要先停工，补交了拖欠款后再复工。会议建议，由市政府确定一位副秘书长，组成清理建设用地拖欠占地补偿款协调小组。由市国土资源和房屋管理局牵头，市计委、审计、监察等部门组成，尽快将全市拖欠占地款工程清理出来。

经过清理，1991 年以来农村集体土地征占中共拖欠农民款项约 38.88 亿元。截至 2003 年 12 月底，有关方面已向村集体经济组织偿还欠款 29.25 亿元，占 75.23%；尚未归还 9.63 亿元，占 24.77%。如，2000 年北七家镇政府对镇里截留村级土地补偿费的问题进行了全面清理，与各村签订了还款协议，当年归还村集体经济组织土地补偿费 1 000 万元。

针对在绿化隔离带建设和五河十路绿化中无偿占用农村集体土地的问题，市委市政府决定从 2004 年开始，按照每亩占地费 200 元、养护费 500 元的标准，每年拿出 1.5 亿元财政资金对集体经济组织予以补贴，并且每三年递增 10%。通州区张家湾镇在基本完成农户土地承包经营权确权与流转工作以后，对镇政府拖欠村级土地征占费的问题进行了清理，向 57 个村清退了土地征占费用 3 500 多万元。

2004 年 5 月 21 日，北京市人民政府发布《北京市建设征地补偿安置办法》（市政府令第 148 号）。提出了逢征必转的失地农民安置补偿政策。

2004 年 6 月，北京市农村工作委员会会同市国土局对农民集体土地征占补偿费的管理使用情况进行了调查。根据调查，1999—2004 年，经国务院及市政府批准的征用农民集体所有土地共计 23.74 万公顷。其中，经国务院批准的面积 0.254 万公顷，经市政府批准的面积 23.487 万公顷。在征地补偿过程中，由于严格执行征地补偿的有关法律、法规，制定了各项规章、政策，加强监督管理，北京市征占农民集体所有土地补偿费管理使用总体情况良好。1999 年以来，市政府出台的土地补偿费管理的若干制度，基本上得到落实。郊区所有征地项目按照征地补偿协议或其他形式确定的征地补偿费共计 188.32 亿元，已经到位 163.86 亿元，占 87%，未到期款项 22.48 亿元，占 11.9%，两项合计为 186.34 亿元。调查中发现的问题主要有：一是签订协议的方式不统一、不规范，补偿协议中征地补偿费概念含混，有的补偿协议主体不合法，本应用地单位与土地所有者（集体经济组织）签订的协议，实际上是用地单位与乡镇政府签订了协议，这是造成补偿费被截留、挪用的重要原因。二是存在征占补偿费的拖欠问题，征地补偿费中按照补偿协议仍有单位拖欠 1.98 亿元，占征地补偿费的 1.05%。在对 623 个村的调查中发现，乡镇截留分成金额 1 048 万元、挪用 15 万元，占应收征地补偿费的 0.8%。三是土地征占中公示制度未得到严格执行，农民群众缺乏表达意愿、反映意见的渠道。四是征占补偿费管理使用方面少数单位存在不公开、不民主的现象。有的村未将土地补偿费纳入村级财务公开内容，有的公开内容不够明晰，收款票据不统一。通过调查，对发现问题制定了整改措施。市农村工作委员会配合市纪律检查委员会对市国土局查出的四个土地违法案件进行了查处，对涉案的 12 名责任人给予了党纪、政绩处分。

三、治理在农村报刊订阅中的乱摊派

治理报刊订阅摊派，提倡自愿订阅，传播精神文明

2002 年之前，治理农村订阅中的乱摊派问题，由于无章可循，尽管要求很严格，但几乎没有什么效果。农村集体经济组织报刊订阅有增无减。2002 年 8 月 27 日，中共北京市委农村工作委员会、北京市农村工作委员会、北京市新闻出版局、北京市监察局发布《关于实行村级报刊订阅限额控制制度的通知》（京农发〔2002〕43 号）。该通知规定："人均集体所有者权益在 1 000 元以下的村，每年报刊订阅费用限额 3 000 元，人均所有者权益在 1 000～5 000 元的村，每年报刊订阅费用限额3 500元；人均所有者权益在 5 000 元以上的村，每年报刊订阅费用限额 8 000 元。凡超过上述限额报刊订阅费用，须经村社员代表大会讨论通过，方可订阅。否则由责任人自己支付，村集体财务不予报销。对市级低收入村（年人均劳动所得在 2 500 元以下），每年报刊订阅费用不得超过1 000元。"市农村负担监督管理领导小组办公室向各村发放《北京

市村级报刊订阅费用监督卡》。2002 年，实行了村级报刊订阅费用限额制，才真正有了治理的标准。通过对限额执行情况的监督，北京郊区农民报刊订阅负担得到明显减轻。

为合理制定本市乡镇机关公费订阅报刊费用限额提供科学依据，2004 年 1 月 5 日，北京市农村负担监督管理办公室发出《关于对本市乡镇公费订阅报刊费用情况进行全面调查的通知》（京农负〔2004〕1 号），要求各区县对乡镇机关公费订阅 2003 年度和 2004 年度各类报刊情况进行抽样调查。

2004 年 1 月 30 日，办公室纠风办、北京市新闻出版局、北京市农村工作委员会、北京市教育委员会联合发出《关于全面实行乡镇、村级组织、农村中小学校公费订阅报刊最高限额标准，切实加强检查监督工作，减轻基层负担的通知》。该通知规定，根据经济实力，乡镇机关每年报刊订阅费用按照 4 万元、3.5 万元和 3 万元三个档次确定；村级组织按照 8 000 元、3 500 元和 3 000 元三个档次确定；全市农村中小学校统一规定按中学 5 000 元、小学 1 000 元、中心校 3 000 元的标准确定。通知要求各区县政府和有关部门要建立和完善监督机制，加大监管力度，狠刹党政部门报刊发行中的不正之风。具体监管内容为："党政部门是否通过发文件、下指标等手段发行报刊；是否将企业、事业、乡镇、村级组织等基层单位订阅报刊与工作考核、评优达标挂钩，搞所谓'一票否决'；是否存在利用登记、年检、办证、办照、征税等工作之便向服务对象摊派报刊；是否采取电话通知、下发报刊订阅'建议表'等手段变相摊派报刊；党政部门是否为报刊承揽广告业务提供方便，是否以其他名义向报刊社收取管理费、发行费、劳务费，是否把报刊的经营收入变成机关的'小金库'；党政部门公务员是否与报刊社工作人员混岗，是否以党政部门名义参与协办报刊；报刊出版单位是否实行了编辑业务与经营活动分离；是否搞有偿新闻扩大发行；限额发行的报刊是否超范围发行；农村基层单位公费订阅报刊是否超限额标准；内部资料性出版物是否在基层摊派发行。"通知要求区县农业、教育行政部门及时了解和掌握乡镇、村级组织和农村中小学校执行报刊限额情况，对超出限额情况进行分析，并向同级党委和政府报告，配合纪检、监察（纠风）等部门对存在问题加以纠正；新闻出版局负责对违纪违规、继续在基层摊派发行报刊的部门和单位进行查处，并及时会同纪检、监察（纠风）部门和财政、审计、工商、税务等职能部门查处违纪违规行为。农民负担监督管理部门每年春秋两次农民负担执法检查，要把各区县报刊订阅限额控制制度执行情况作为检查重点。凡发现向农村强行摊派征订报刊的，各有关部门要视情节轻重，追究当事人和有关领导的责任；新闻出版部门将按照有关规定给予停办报刊的处罚。

2007 年度，全市 4 000 个行政村中的大部分能够认真执行村级组织公款订阅报刊费用限额制度，有部分超过规定限额标准的村均经过了民主程序。全市公款报刊订阅大户顺义区实际订阅总额比上年减少了 19.8 万元，下降了 8.4%，其他区县也有不同程度的降低。

四、治理在农民建房中的乱收费

农民建房收费是指农民依法利用集体土地、新建、翻建自用住房时的行政事业性收费和经营服务收费。中央和市委、市政府明文取消了农民建房中的各种收费。但是，一些乡镇和村却继续向农民收取建房管理费、建房抵押金、建房许可证工本费等费用。

2001 年 11 月 21 日，按照国务院六部委办的部署，经市政府领导批准，北京市财政局、北京市农村工作委员会、北京市监察局、北京市国土资源和房屋管理局、北京市物价局联合发布《关于进一步做好减轻农民负担工作的通知》（京财字〔2001〕2223 号）要求：在 2001 年年底之前，完成农民建房收费专项治理工作。农民建房收费专项治理的主要内容是：全面清理各级政府及有关部门批准的涉及农民建房收费的文件，取消未经国务院和市人民政府及其财政、物价部门批准的行政事业性收费；对符合规定权限和程序设立的行政事业性收费要重新审核，不合理的予以取消，标准过高的予以降低。全面清理涉及农民建房审批的各个环节，简化审批手续，取消不符合法律、法规规定的审批行为。工作的重点是清理整顿涉及农民住房建设的各种乱收费行为。要严格掌握农民建房收费专项治理的基本政策。严格执行已经明令禁止在农村地区收取的宅基地有偿使用费、宅基地超占费、土地登记费、村镇建房管理费、建设用地规划许可证费、房屋所有权登记费、建设项目选址意见书费、建筑工程审核技术服务费及许可证执照费等行政事业性收费。

按照《中华人民共和国土地管理法》有关规定，村民建设住宅经依法批准使用农民集体所有土地的，不得向其收取征地管理费、土地补偿费、新菜地开发基金。对借农民建房擅自收取不符合中央和市有关规定的农民建房收费，要依法坚决取消，立即停止收费。

此项检查工作分三个阶段进行，第一阶段从 10 月中旬到 10 月底，为各乡镇全面自查自纠阶段；第二阶段从 11 月上旬到 11 月中旬，为区县抽查阶段（至少抽查 3 个乡镇）；第三阶段从 11 月下旬到 12 月上旬，为市级抽查阶段。检查工作采取全面清查审核项目、审查乡镇农民建房收费账目、召开农民群众代表座谈会议以及深入到建房农户调查等方式进行。对检查中发现的乱收费问题要严肃处理，违法收费要如数退还给农民。专项检查结束以后，各区县要在 11 月 30 日以前，向市农民负担监督管理领导小组办公室上报检查报告。经过检查，发现本市农民建房收费的主要问题：一是村级向建房农户收取建房押金的问题比较普遍；二是各项手续收费名目繁多。这些问题通过检查基本上得到处置，乱收的费用退还农户。

五、治理在农村电影放映中的乱收费

1992年6月，中共北京市委宣传部、中共北京市委农村工作委员会、北京市人民政府文教办公室、北京市文化局等单位联合发出《关于加强农村电影工作的决定》规定："电影经费根据乡、镇人口数，按每人每年一元左右的标准，由乡、镇每年一次性上缴区、县电影公司。"中办发〔1993〕年10号文件明文规定取消农民看电影集资。1993年11月12日，中共北京市委办公厅、北京市人民政府办公厅发出《关于本市涉及农民负担项目审核处理意见的通知》（京办发〔1993〕20号）要求取消"农民看电影集资"。

1994年5月4日，中共中央宣传部、广播电影电视部、文化部、财政部、农业部发出（广发影字〔1994〕233号文件），规定："在向农村观众实行免费放映有困难的地方，要本着'农民自愿、群众受益、谁看电影谁交钱'的原则，不采取集资摊派的形式，妥善解决好农村电影放映中收费问题。具体收费办法和标准按照国务院《农民承担费用和劳务管理条例》第22条、第30条规定，由省、自治区、直辖市有关职能部门批准"。1994年8月16日，中共北京市委宣传部、中共北京市委农村工作委员会、北京市人民政府文教办公室、北京市文化局等单位联合发出《关于做好农村电影工作的通知》（京宣发〔1994〕62号）规定："在目前只有露天放映场地，不具备售票放映条件的地方要本着农民自愿，群众受益，谁看电影谁交钱的原则，以乡镇、村为单位、按每个农民每年不超过1元的标准，由乡镇发展筹集或执行自定的收费办法。"对这项通知，市农民负担监督管理部门感到十分困惑。经农民负担监督管理部门研究并经市纪律检查委员会领导同意，由北京市纪委执法监察室找到上述发文单位，指出他们的上述规定属于"农民看电影集资"，要求自行纠正。对农民负担监督管理部门的意见，上述部门不以为然。1995年8月4日，中共北京市委宣传部、中共北京市委农村工作委员会、北京市人民政府文教办公室、北京市文化局等单位联合向北京市纪律检查委员会发出《关于恢复市纪检委建议修改京选发〔1995〕62号文件意见的函》，认为按每个农民收取1元电影费不属于农民电影集资，不可能给农村群众带来经济负担，不属于纠正范畴。针对这个问题，市农民负担监督管理领导小组专门向市委、市政府进行了汇报。取得领导支持，由时任北京市纪律检查委员会书记李永安同志出面找到时任市委常委、宣传部长的强卫同志谈话，进行了严肃批评。经过沟通，有关部门自行发文进行了纠正。由此一项，每年减轻农民负担300多万元。这场市委、市政府部门自己革自己命的"官司"终于落下帷幕。

六、治理在农村电网改造和农村用电方面的乱收费

农村电网改造和农村用电加重农民负担问题反映强烈。针对这个问题，市政府办公厅发出文件规定：凡是列入国家农村电网的工程项目，全部工程费用应由电力企业投资建设，除经物价管理部门核准的入户电线和电表费可以按照标准向农户收取以外，不得要求农民和集体经济组织承担任何费用，不得要求农民和村集体经济组织出工出物。农村电网改造以后，电力部门应当逐户查表，按照分表显示的用电数额收取电费，不得要求村集体经济组织承担总表与分表差额电费。对在农村电网改造中，农民和集体经济组织承担施工费用和出工、出物的情况要进行全面清理，凡是应由电力企业或者施工单位承担的，要全部进行清退；凡是要求村级组织承担电力损耗费用的，要立即进行纠正。区县大多数村经过电网改造，电价实现城乡同网同价，每度电 0.48 元。但也发现还有少数村电价超标。对检查中发现或者农民群众举报的在农村电网改造中超标准向农户乱收费加重农民负担的问题进行了处理，农民用电负担得到切实减轻。如，在 2000 年秋季执法检查中，密云县清退了农村电力增容费 180 万元。2002 年秋季执法检查，这个县责成电力部门又向集体经济组织和农民清退了农村电网改造招待费 30 万元。按照国家政策规定，农村用电低压电网改造完成以后，向农户收取电费的职责要逐步移交给供电部门。但是，在 2003 年秋季农民负担执法检查中，发现部分区县供电部门没有认真执行这一规定，不但农户电费收取职责继续由村级组织承担，而且村级组织还要负担村级总表与农户分表之间由于电力损耗造成的费用。针对这个问题，从 2004 年开始，北京市减轻农民负担办公室把解决这个问题作为全市农民负担监督管理工作的重点。经过两年多的治理，到 2006 年 12 月底，全市除个别村由于旧村改造、国家征占土地拆迁等原因没有将电费收取的权限交给供电部门，基本上完成了农户电费收取体制的改革，实现了由乡镇电管站进行查表、收费、服务、管理到户的管理制度。据通州、密云、顺义和平谷 4 个区县的不完全统计，每年可减轻村级组织负担 3 638.7 万元。以此推算，全市 13 个区县每年可减轻村级组织负担 1 亿元左右。平谷区总结实行村级供电管理体制改革的好处是“三省、两好、一欢迎”。“三省”是：村集体省钱了，村干部省心了、村级组织省了管理人员；“两好”是：农村供电秩序好了，干群关系好了；“一欢迎”是：受到了乡村干部和农民群众的欢迎。

七、治理对乡村集体企业的乱收费

改革开放以来，乡镇企业异军突起对农村经济发展、促进农民增收起到重要作用。与此同时，面向乡镇企业的各种乱收费、乱集资、乱罚款和摊派也层

出不穷，企业苦不堪言。众多乡镇企业就是在这种恶劣的经营条件下倒闭的。治理对乡镇企业的乱收费等加重负担行为，一直是北京市农民负担监督管理部门的一项重要职责。

1993 年，市委、市政府决定取消了 20 项面向农民的收费项目，农民负担监督管理部门对 17 项面向农民的收费项目进行修订。1994 年，经反复协商决定将乡镇企业管理费和福利企业管理费同时由按销售收入的 1%收取，调整为按销售收入的 0.5%收取。当年，国家民政部领导到北京市视察残疾人福利企业发展情况，对民政局收取福利企业管理费促进企业发展予以肯定，认为福利企业管理费应保持原有收取标准。接到民政部指示，北京市民政局向主管副市长何鲁丽打报告，要求维持福利企业管理费原有收取标准。何鲁丽副市长将此报告转给主管农民负担的副市长段强，段强副市长又转给北京市农林办公室主任刘福海，要求执行何鲁丽副市长批示，维持福利企业管理费原有收费标准。刘福海主任指派法制处长徐再城找到北京市农村负担监督管理办公室正副主任李明瑞和黄中廷，要求立即执行两位副市长的批示。北京市农村负担监督管理办公室负责人认为事关重大，不敢做主，召集了北京市纪律检查委员会、北京市监察局、北京市财政局、北京市物价局、北京市政府法制办等北京市农村负担监督管理领导小组成员单位有关负责人开会研究。北京市纪律监察委员会执法室主任吴天宝同志说："下调民政福利企业管理费收取标准是市委、市政府集体决议，任何个人不得擅自改变集体决策。两个副市长无权改变市委、市政府集体意见"。会议否决了市政府农办的不合法提议，维持了原有下调福利企业管理费的决定。此后，北京市农民负担监督管理部门在每年的农民负担执法检查中，都把乡镇企业管理费、福利企业管理费收取情况作为重点，查处了一批超标准收取企业管理费的案件，直到这两个管理费被市政府全部取消。

1997 年 7 月 4 日，北京市监察局、北京市人民政府农林办公室、北京市财政局、北京市物价局、北京市乡镇企业局、北京市农村经济研究中心联合发出《北京市关于检查清理向乡镇企业收取费用的通知》（京监文〔1997〕12 号），要求市属各部门、各区县对 1996 年 1 月 1 日至 1997 年 6 月 30 日，向乡镇企业收取费用的项目和收取金额进行已全面调查清理。同时市农村负担监督管理领导小组组成市级联合检查组对市属各部门、各区县进行抽查。对涉及乡镇企业的 69 项收费项目进行了全面清理。1997 年 10 月 9 日，北京市监察局、北京市人民政府农林办公室、北京市财政局、北京市物价局、北京市乡镇企业局、北京市农村经济研究中心联合发出《关于我市检查清理向乡镇企业收费项目情况的报告》（京监文〔1997〕23 号）。通过检查，发现三个方面问题：一是少数部门有令不行、有禁不止，向乡镇企业乱收费。如，饮食行业管理费已经在 1993 年明令取消，但是有的区县却继续收取。民政部门收取的福利企业管理费已经在1994年下调至0.5%，民政部门却仍然继续按照销售收入1%收取，情节十分恶劣。二是邮电、工商、税务、供电等一些行政管理部门利用职权，巧立名目，向乡镇企业企业搞集资摊派。三是乡村向企业收费超过企业负担能力。1996年全市乡级企业利润比上年减少14%，但企业上交乡机关的各种费用却比上年增长25%。

1998年2月15日，经市政府批准，有关单位联合发出了《关于印发〈我市向乡镇企业收费的取消项目和审核意见〉的通知》。属于合法收费继续执行的29项；属于合法收费，但是收取标准不合法、应予以纠正后继续执行的一项（福利企业管理费）；属于自愿合法的经营服务性收费项目或社会公益性捐助，应遵循自愿原则，不得强制摊派的12项；属于不合法收费取消的26项。属于合法收费，但国家已经宣布暂缓收取应立即停止收取的一项（水资源费）。通过专项治理，查处了市有关部门超标准收取农村福利企业管理费的问题，每年减轻农民和企业负担450万元。查处了市有关部门违规收取饮食服务行业管理费的问题，每年减轻农民和企业负担350万元。查处了乱收乡镇企业管理费的问题。海淀区在2000年度春季执法检查中，纠正了个别乡政府向村级和企业收取的职工教育基金、计划生育达标罚款、道路整治费、乡镇企业管理费等七项不合理收费，每年减轻负担60多万元。在2000年秋季执法检查中，对乡镇企业负担情况进行了调查、清理，解决了7个方面的问题、一是取消了某乡向企业收取的职工教育基金，每年可减轻企业负担30多万元；二是取消了某乡向企业收取的计划生育达标罚款，向两个未达标企业清退罚款7 235元；三是清退了某乡超范围和超标准向企业收取的垃圾站台费和占路费；四是取消了某乡向企业收取的治安集资；五是取消了某乡向企业收取的看电影集资；六是清退了某区向企业收取的教育基金3.1万元；七是某区通过停止收取乡镇企业管理费，每年可减轻企业负担30万元。

八、治理在水资源费征收过程中的乱收费

中办发〔1993〕10号明确规定，水资源费和河道工程修建维护管理费在农村收取的部分缓收五年。缓收期满后，由主管部门向农业部、国家计委、财政部提出申请，经审核批准后，方能执行。但市有关部门却借口北京严重缺水，继续向农村地区特别是近郊区征收水资源费。该单位认为，丰台、朝阳、海淀、石景山等区属于城区，不属于农村地区不应执行中央关于暂缓收取水资源费的规定。针对这一情况，北京市农村负担监督管理办公室明确指出，凡是农民没有整建制转居转工的乡村都属于农村范围，都应享受国家关于暂缓收取水资源费的政策优惠。1998年9月16日，在全市减轻农民负担工作大会上，副市长岳福宏代表市委、市政府对北京市节约用水办公室提出严厉批评，责成

该单位立即进行整改。通过治理，每年减轻农民和企业负担 270 万元。丰台区卢沟桥乡小瓦窑村办企业北京市玉泉路构件厂自 1994 年 1 月 1 日至 2001 年 1 月 31 日，共上交水资源费 20 多万元。该厂由于信息不灵，在全市水资源费专项治理中没有及时上报有关数据。北京市农村负担监督管理办公室得知这一情况以后，及时与北京市节约用水办公室联系沟通。经过努力，该厂收到了市节约用水办公室清退回来的水资源费。

九、治理在农村排污费收取过程中的乱收费

排污费和超标排污费本来都是经党中央、国务院批准予以保留的合法收费项目。但在执行过程中，市主管部门却擅自改变收取办法，加重农民负担。1997 年，北京市环境保护局发出文件，以增强对乡镇企业排污费征收工作可操作性为由，擅自改变征收方式，规定每头牛每月征收 3.7 元、每头猪每月征收 1.5 元，每只羊（狗）每月征收 0.7 元，每只鸡（鸭、兔）每月征收 0.1 元。

市环保局上述文件出台以后，各区县大多没有立即执行，唯有大兴区环保局积极执行。大兴区环保局一个科长来到采育镇收取规模经营猪场排污费。上午向两个村和一个驻军部队的猪场收了排污费，进展顺利。下午来到张各庄猪场，出示收费文件，要求企业缴纳排污费。猪场农民告诉他说："我们村的书记由镇农工商联合公司副经理兼任。书记有交代，任何单位来收费都必须经他批准才能够付款。等我们书记回来再说吧。"这个科长闻听此言大怒，说："今天不交，明天翻倍！"事过没几天，大兴区经管站举办农村审计干部培训班。区经管站审计科长向来讲课的北京市农村负担监督管理办公室主任黄中廷提及此事。黄中廷希望大兴区书写举报信。黄中廷拿到举报信以后立即向北京市农村负担监督管理领导小组成员单位进行了通报。经研究，决定由北京市纪律检查委员会出面邀集有关部门协调。当天出席协调会议的有北京市农民负担监督管理领导小组成员单位 7 个处长，市环保局来的 6 个处长。经过双方唇枪舌剑，市环保局处长们拒绝承认错误，但是表示说："我们忍了。"农民负担监督管理部门处长们说："不管是认了也好，还是忍了也好，回去把农民的文件改了就行。"1998 年 7 月 16 日，北京市环境保护局发出《关于停止征畜禽养殖业排污费的通知》（京环保监理字〔1998〕287 号）。大兴区责成区环保局将违规收取的款项退回企业，并对当事人进行了严肃处理。北京市人民政府副市长岳福洪在当年召开的全市减轻农民负担工作会上，对市环保局违规收费提出严厉批评。仅此一项，每年可以减轻农民和企业负担 0.9 亿元。

十、治理在农用运输车牌照管理发放中加重农民负担的问题

随着农村机械化程度的不断提高，农户家庭购买农用车辆的越来越多。农

用车主要用来田间作业和运输农副产品。由于公安交通管理部门和农机管理部门之间不协调，两家都要求农民到本部门领取牌照，造成农用车重复办牌照，重复收费，加重农民负担。有的农用车只办理了农机管理部门京N字头的牌照，没有办理交管部门的牌照。农民开着农用车从田间作业回家，不可避免地要上马路行驶。交管部门警察从地头追到农民家中进行罚款。1999年，密云、房山等区县拥有农用车的农民到区县政府群访，对政府部门重复收费表示强烈不满。针对这个问题，市农村负担监督管理领导小组办公室进行了协调。公安交通管理部门和农机管理部门双方各自拿出中央有关部委文件，互不相让。北京市农民负担监督办公室主任黄中廷说："农民各自都有中央部委文件作为执法依据，都没有错误。但是，你们想过没有？你们都是北京市人民政府的部门，对你们来说，你们就是政府，你们就是共产党。共产党跟共产党打架，不能让农民群众掏钱吧？"经过会议协调，决定从今以后农业运输车辆一律由公安交管部门发放牌照。已经领取农机管理部门牌照的继续使用，不再办理公安交管部门牌照。鉴于这是一个全国性的问题，农业部认为北京市的做法值得推广，由《农民日报》在头版头条对北京市的做法进行了报道。

十一、治理在农村无偿献血中加重农民和村集体经济组织负担问题

义务献血改为无偿献血以后，应当遵循自愿、无偿的原则，不应当再向农民摊派任务。但是，在实际工作中有关部门仍然继续向区县，区县向乡镇、乡镇向村层层下达献血指令性任务，并对完不成任务的单位实行经济处罚。集体经济实力比较强的村献血费用由集体经济组织负担了，没有向农户摊派，农民群众也没有什么意见。集体经济实力差的村，没有补助献血费的资金来源，只能向农户摊派，农民群众反映强烈。为认真解决向农民收取不合理的献血费问题，通过与有关部门的沟通、协调，2001年减少郊区农民不合理献血任务30%，约计减轻农民负担1 225万元。

十二、治理在农业生产资料供应中加重农民负担的问题

主要治理农业供水、供电、农机管理和服务中的不合理收费。一是农业供水、供电要严格执行"受益缴费""计量收费"的原则，因大面积抗旱、排涝难以做到计量收费的，应按直接受益原则据实分摊。二是认真执行农村低压电网改造中有关农民出资的政策和规定，除规定范围内的收费外，严禁再向农民收取任何形式的材料费、施工费、管理费、手续费等。农户对电表及以下部分的线材负担，上限额不得超过每户200元。三是要减少农机行政事业性收费项目，降低收费标准，规范收费行为。农机经营服务性收费要尊重农民意愿，合理确定标准，明码标价，增加透明度。市和区县物价管理部门均建立了物价检

查所，专门对价格违规行为进行查处。在每年的农民负担执法检查中，对违反价格管理规定的问题同时进行查处。如，1998 年，房山区物价部门查处了房山区石油公司擅自提高柴油零售价格的问题，减轻农用车耗油费用 200 多万元。密云县在清理农业生产经营性乱收费中，发现有四个乡级水务站在没有收费许可证的情况下，收费 8 万多元。此项收费上缴县财政，并对责任人进行了通报批评，要求补办收费许可证。

1997 年，怀柔区庙城镇农民向市农民负担监督管理办公室举报，反映村里在收取农田灌溉用水时乱收费。经调查，事件真相是：村里向农户收取农田灌溉用水标准，是这个举报农民在担任电工组长时候制定并经村民代表会议讨论通过的。由于这个电工组长在任职期间存在“村里电机坏了弄到他自己开的修理店去修”谋取私利的行为，村干部撤销了他的职务。经怀柔区经管站审计科审计，村里向农户收取的麦田灌溉用水费严重超标，且按照麦田灌溉收费标准向农户收取白地灌溉水费。经协商决定：一是麦田灌溉水费标准严重超标但已经村民代表会议审议公布，以前收取的不再退回。今后按照区经管站审核的标准经村民代表会审议后收取。二是按照麦田灌溉水费标准向农户收取白地灌溉水费是错误的，责成村里将超标准收取的水费退还农户。村干部表示服从市区农民负担监督管理部门裁决，并保证今后不再重犯。举报农户不服，坚决要求村里全部退回农户灌溉水费。北京市农民负担办公室黄中廷对这个农民说：“你举报这件事做的是对的，应当表扬。但是，麦田灌溉水费标准是你误导村民会议通过的，你也负有责任。我们这样裁决照顾了你和村委会双方的面子，是合法合理合情的。”这个举报农户觉得黄中廷同志的这番话中肯，表示服从。

按照中央要求，北京市开展了拖欠农民工工资问题专项治理。此项治理由各级劳动和社会保障部门负责。据对顺义、房山和通州三个区统计，2003 年，共解决拖欠农民工工资案件 270 件，涉及农民工 5 726 人，追回拖欠工资 566.56 万元。据市建委统计，2003 年前 10 个月，清理解决拖欠农民工工资 70 亿元。到 2003 年 10 月底，全市竣工的工程中，有 3 407 个工程仍然拖欠农民工工资 230 多亿元。2003 年 11 月 21 日，市委市政府专门召开了解决拖欠农民工工资支付工作会议，提出了解决办法。

第六章　农村税费改革

公共产品是特定区域内社会全体成员都能享受和消费的物品和劳务，其使用价值归该区域内全体消费者共同占有和享用。北京农村公共产品是指为郊区农村居民生产和生活服务的公共物品和劳务。农村税费改革的最终目的，就是要建立起城乡统一的公共产品供给体制，缩小城乡发展差距，促进城乡社会经济一体化。

第一节　农村税费改革的背景

北京郊区农村保持经济的持续发展，农民收入不断增加，社会保持长期稳定，不仅对北京履行其首都职能具有重大意义，而且对全国也具有重大影响。要实现上述目标，就必须在生产发展的基础上，不断提高农村社会公共产品的供给水平，建立城乡统一的公共产品供给体制，以满足居住在郊区农村的群众日益增长的物质文化需要。

在计划经济体制下形成的我国城市、农村二元经济运行模式，经过改革已经发生了很大变化，但其影响还存在。尤其在社会公共产品的供给渠道、供给方式和供给数量上，城市与农村的差别还很大。在城市，社会公共产品的供给主体主要是国家，城市居民的义务主要是依法纳税。在农村，社会公共产品的供给主体不仅包括国家，而且包括乡、村集体经济组织和农民群众。农民的生产经营收入要在国家、集体和农户之间进行分配。农民不仅要依法纳税，还要交纳村提留、乡统筹以及各种收费、集资和摊派，从而引发了农民负担问题。国家对农村公共产品供给不足，引起农村分配关系不合理，造成农民负担重的问题，从全国来看已经成为影响农村经济发展和干群关系的焦点，成为影响农村稳定的重要根源。解决这个问题，从根本上来说要靠大力发展经济，同时也要采取综合措施，推进农村税费改革，理顺国家、集体和农民之间的利益分配关系，增加农村公共产品供给。农村税费改革的实质就是农村公共产品供给制度的改革。

长期以来，北京农村公共产品的供给除了在乡镇行政管理、主要交通干道和高压输电线路等方面的公共产品是“公办”或者“公办民助”以外，在乡村道路、农田水利、低压电网、文化教育、医疗卫生、村级管理、社会保障、社会治安、环境治理等方面均实行的是“民办”或者“民办公助”的供给体制。近年来，国家采取了一些改革措施，增加农村公共产品供给。一些长期“民办公助”的公共产品正在向“公办”或者“公办民助”方向转变。2000年，全市农村公共产品供给投入资金共计92.3亿元，其中国家投入60亿元，占65%；乡村集体经济组织投入30.6亿元，占33%；农民直接投入1.7亿元，占2%。

一、农村生产生活基础设施公共产品的供给

1. 道路交通设施情况。长期以来，从县城到乡镇政府所在地的公路实行“公办民助”，即以国家投资为主，农民采取出工的方式参与建设。改革开放以后，逐步改为完全由国家投资建设，不再需要农民出工。2000年，政府财政用于郊区公路建设的投资达到22亿元。在本乡镇范围内的乡镇与村之间、村与村之间以及村内道路仍然实行“民办公助”的供给体制。截至2000年年底，郊区总公路里程达到13 597公里。公路密度按国土面积计算为0.809公里/平方公里。总的来说，北京农村道路建设在全国处于领先地位，农民出行和运输比较方便。但是，在一部分区县，主干道与村之间、村与村之间的路况差强人意，乡村道路建设还任重道远。

2. 农田水利设施情况。北京农村的大型水利建设一直实行“公办民助”的建设体制。密云水库、官厅水库、怀柔水库、十三陵水库等大型水库以及京密引水渠等大中型灌渠都是在大跃进和学大寨运动中由国家出资、农民群众出工的办法修建起来的。而中小型水利设施则实行“民办公助”的建设体制。每年市区县财政要安排大量财政支农资金支援中小型农田水利和水土保持。“九五”期间，全市农田水利建设农民投工1.25亿个，完成土石方2.31亿立方米，全市有效灌溉面积32.3万公顷，占耕地总面积的98.1%。

3. 供电设施情况。北京农村供电长期以来严重落后于城市，电力供应严重不足。高压线路由华北电力公司建设和管理。村内低压线路一直由农村集体经济组织负责建设和管理。随着乡镇企业的发展和农民生活水平的不断提高，农村用电量大幅度增加。2000年，农村用电总量达到31.02亿千瓦时，比1995年的20.17亿千瓦时增长了53.8%。由于线路老化，电力损耗严重，制约了生产发展，影响了农民生活，加重了农民和集体经济组织的负担。全市村集体经济组织每年用于农民照明用电方面的补贴开支大体上在5亿元左右。从1998年开始，由国家投资实施北京农网改造工程。2001年，实际投入4.425亿元，改造1 022个村网线，收益农户36.44万户。从2002年6月开始，农村生活用电从每千瓦时0.46元降到0.44元，减轻农民直接用电负担1 800万元，减轻村集体经济组织负担3.6亿元。

4. 自来水、污水和垃圾处理以及天然气管网建设情况。北京市自来水管

网仍然局限在城区和卫星城。绝大多数乡镇和村的居民生活用水摆脱了用井水和河水的局面，但用的还是村集体经济组织投资建设的自备电井水，水平较低，质量较差。农村污水处理和垃圾处理设施的建设在部分小城镇已开始起步，在广大农村地区污水和垃圾没有得到有效处理。乡、村集体经济组织承担了环境保洁工作，大体上每年开支在12亿元以上。本市天然气管网仅限于城区和少数卫星城镇。农村居民还在用煤或者液化气，少数地方仍在用柴取暖做饭。

据有关方面估算，全市道路总长度、公交应运车辆和线路、环卫机械、公共厕所、封闭式集装箱垃圾站等公共设施只有10%到20%在郊区县。按人口计算，这些设施的占有量，远郊区只相当于城近郊区的八分之一到三分之一。

二、农村公益事业方面的公共产品供给情况

1. 教育公共产品供给情况。长期以来农村教育一直实行“民办公助”的体制，国家对农村教育投资很少。农村中小学校占用的土地是由集体经济组织无偿提供的，校舍也主要是由集体经济组织和农民出钱、出工、出物建设的，国家给予少量补助。教师基本工资由财政支付，其他福利待遇由农民和集体经济组织负担。1993年，北京市普及九年制义务教育在全国率先达标后，又实施了农村千所完小建设、边远山区中小学建设和远郊区县普通中学规范化建设三项工程。到2000年年底，各级财政用于三项建设的总投入13.1亿元，共撤并规模小、条件差、质量低的学校550所。全市农村地区完小以上学校的办学条件全部达到北京市中小学办学条件的基本标准。其中90所主要项目达到较高标准；566所主要项目达到一般标准。努力改善山区教师待遇，基本做到了山区教师平均收入不低于本区县教师平均收入水平，保证了教师队伍的相对稳定。近年来，国家财政农村中小学教育经费支出每年都在10亿元以上，有力地促进了农村基础教育的发展。

2. 农村医疗卫生公共产品供给情况。1988年，成立了北京市初级卫生保健委员会，并制定本市达到“2000年人人享有卫生保健”规划目标。1994年，京郊提前一年完成农村初级卫生保健“八五”规划目标，提前六年实现了“农村2000年人人享有卫生保健”规划目标。“八五”期间，乡镇卫生院、防疫、妇幼保健基本建设全面展开，进一步促进了农村卫生事业的发展。改、扩建乡镇卫生院135个，竣工面积18万平方米，投资1 600余万元为200余所乡镇卫生院增添医疗仪器，同时郊区县医院也进行了改扩建。远郊农村有县级医院21所、中医医院10所、乡镇卫生院269余所，村卫生室4 049个，有乡镇医生7 000余人。县乡两级医疗卫生机构卫技人员2.02万人，医院病床13 917张。农村每千人拥有医生2.64人，拥有病床3.73张。北京市农村医疗卫生事业有了很大的发展，但是农村医疗卫生方面的公共产品供给与城区和卫星城镇

相比，仍然有很大的差距。村级医生少、水平低，农村合作医疗发展缓慢，医药费用居高不下，农民看病难、看不起病的问题还比较突出。

3. 文化、体育方面公共产品供给情况。北京农村农民群众除了在家看电视比较方便以外，多数乡、村文化、体育活动场所和设施严重不足。农民暂时还没有享受到与城市居民相同的文化体育方面公共产品供给。

三、行政管理方面的公共产品供给情况

1. 行政管理。2001 年，全市有乡镇 208 个，有乡镇干部 21 597 人，平均每个乡镇 104 人。乡镇干部报酬总额 3.08 亿元，其中财政负担 1.59 亿元，占 51.6%；乡镇集体经济组织负担 1.49 亿元，占 48.4%。乡镇党委和政府管理费用除了财政支付以外，很多乡镇要依靠集体经济组织收入进行补助。全市村民委员会 4 045 个，村级主要干部 3 万多人，平均每个村 7 个人左右。村级组织除了管理村内事务以外，还要承担大量乡镇党委和政府交办的行政管理任务。村干部工资报酬主要靠村集体经济组织支付。没有集体统一经营收入的地方，主要由村提留支付。一些村提留收取不足的村，干部长期领不到报酬。延庆等少数县、乡，实行了村党支部书记的基本工资由县乡财政支出的政策。2001 年，全市村级管理费用开支 11.17 亿元，平均每个村 27.86 万元。

2. 社会治安。除公安派出所、乡镇法律事务所和区县法院在中心镇设置的法庭以外，村级在村民委员会内普遍建立了治保委员会，负责村内治安管理。在城乡结合部地区和较大的村，一般都建立了治安联防队，其费用由村集体经济组织负担。

四、农村社会保障方面的公共产品供给情况

1. 农村社会养老保险。根据 1992 年和 1995 年 3 月民政部先后发布的《县级农村社会养老保险基本方案（试行）》和《关于进一步做好农村社会养老保险工作的意见》，北京初步建立了农村社会养老保险制度。参加农村社会养老保险的对象是非城镇户口的农村人口，包括村办企业职工、私营企业、个体户、外出人员和乡镇企业职工、民办教师、乡镇招聘干部、职工等。交纳保险年龄一般为 20～60 周岁。领取养老金的年龄一般为 60 周岁。农村社会养老保险制度模式的主要特点：一是基金筹集以个人缴费为主，集体补助为辅，国家政策扶持；二是实行储备积累，建立个人账户，农民个人缴费和集体补助记在个人名下，属于个人所有；三是农村务工、经商等各类从业人员，实行统一的社会养老保险制度；四是采取政府组织引导和农民自愿相结合的工作方法。截至 2000 年年底，本市 14 个郊区县，已有 38.5 万人投保，占应投保人数的 25%，年末基金滚存结余 40 977.21 万元，约有 1 万人领取养老金，养老金累

计发放 309 万元。这种与城市居民分割的社会保险制度虽然有一定作用，但是起点很低，保障作用有限，覆盖面还很小。

2. 农村社会救济。社会救济的主要救助对象是农村中无依无靠的孤、寡、老、弱、病和烈属。本市各区县均成立了各有关部门参加的救灾机构，根据实际制定了抗灾、救灾预案。各级财政逐年增加救灾经费投入。具体承担救灾工作的 10 个远郊区县全部建立了“地方自然灾害救济事业费”预算科目，预算达到按农村人口人均 1 元的标准。2000 年，各级财政共支出救灾款 1 606.2 万元，为 6.6 万灾民解决了口粮，为 1.8 万灾民解决了衣被问题，修缮房屋 614 间，救治伤病人口 9 033 人，保障了灾民的基本生活。农民社救对象危房修缮共完成 561 户、2 160 间。全市有 192 个乡镇建立以敬老院为依托的“五保”服务中心，负责为分散供养的“五保”户老人提供吃、穿、住、医、葬等项服务。服务中心定期深入到村，了解“五保”政策落实情况，为分散供养的“五保”户老人送款送物，并经常组织发动社会力量为“五保”户送温暖，做到“五保”工作层层有人抓，户户有人管。社会救济体制也是实行“民办公助”的体制，集体经济正在发挥着重要作用。

3. 农村最低生活保障。农村最低生活保障是在新形势下对社会救济制度的改革与创新，是国家和社会为保障收入难以维持最基本生活的农村贫困人口而建立的社会救济制度。1998 年，北京市首先在朝阳区率先实施农村最低生活保障制度。最低生活保障标准由各区县根据自己的实际情况制定。实施的对象主要是那些达不到农村最低生活标准的农村贫困户，根据实际情况由政府出钱补足其达到农村生活最低标准的差额部分。到 2001 年 10 月，已有朝阳、顺义、丰台、昌平、通州、怀柔、海淀等区县先后实施了最低农村生活保障制度，共有 11 315 户农村特困户、25 767 人享受救助，全年发放社会保障金额 1 188.3万元。2002 年 4 月，市政府转发了市民政局和市农委《关于在全市普遍建立农民最低生活保障制度的意见》。农村最低生活保障水平，各区县标准不一致。全市平均大体上在人均每月 100 元左右，与城市居民每月 290 元的最低生活费标准相差很多。

4. 优抚安置。优待、抚恤和退伍军人安置是一项特殊的保障。农村籍义务兵退出现役后，回原籍安置。其中伤、病、残、孤儿和生产、生活有困难的退伍军人，在安置中采取国家、集体和个人三结合的方针，由国家拨出专门款项，重点帮助无房、缺房的退伍军人建房，并发动社会力量，从资金、技术信息等方面提供帮助，扶持他们发展生产，勤劳致富。

5. 农村扶贫。北京市农村扶贫的对象是维持基本生活有困难的农户。主要包括：主要劳动力长期患病或死亡；家庭主要成员有痴呆、残疾；遭到意外不幸事故，造成主要劳动力伤亡；供养人口多而劳力少；虽有劳力但因地区贫困收入较低，超支、借支、贷款过多。北京市在扶贫工作中，主要采取五种扶贫形式：一是单项扶持，即对那些有一定劳动能力和技术专长的困难户，主要帮助他们选好项目，发挥其自身优越条件。二是联合扶持，即对有一定劳动能力，但缺少独立经营能力和缺少技术的严重困难户采取联合扶持的办法，建立经济实体和经济联合体；发动乡村企业安排严重困难户进厂务工；依靠福利厂和敬老院办的经济实体安排严重困难户；三是科技扶贫，依靠科技力量，扶持严重困难户走科技致富之路。四是发挥首都优势，大力发展商业，安排严重困难户参加加工服务，开拓脱贫致富之路。五是建立扶贫周转金，市县银行对扶贫扶残经济实体的贷款降低自有资金比例，在贷款数额上给予支持。

第二节　农村税费改革试点

2000 年 7 月 5 日，北京市委、市政府发出了《关于郊区农村税费改革试点工作的意见》(京发〔2000〕19 号)。意见确定了郊区税费改革试点工作的指导思想、基本原则和主要内容，决定成立由刘淇市长任组长，张福森副书记、岳福洪副市长、翟鸿祥副市长为副组长，市委组织部等 12 个单位的负责同志为小组成员。领导小组下设办公室，先后设在市财政局和市农委。

昌平区农村税费改革动员会

市委、市政府决定以昌平区为北京市的农村税费改革试点。2000 年 9 月 5 日，北京市农村税费改革领导小组在市委 225 会议室召开领导小组会议。领导小组副组长张福森、岳福洪、翟鸿祥；领导小组 12 个成员单位主管领导；昌平区区长、常务副区长；昌平区财政局长出席会议。张福森主持会议。会议由领导小组办公室主任郭文杰汇报了《关于昌平区开展农村税费改革试点具体实施方案的意见》。围绕意见中涉及的改革试点的原则要求、改革内容、政策制定以及工作步骤等进行了讨论。与会人员提出了修改意见，张福森和岳福洪、翟鸿祥分别作了指示。

2000年9月19日，农村税费改革试点工作动员大会在昌平区召开。大会提出，要认真落实市委、市政府《关于郊区农村税费改革试点工作的意见》精神，采取有力措施把乡村集体经济组织和乡镇企业负担减下来。在不增加农民整体负担的前提下，妥善处理改革力度和各方面承受能力的关系；采取以农业税收为主的方式，实行规范的分配制度和简便易行的征收方法。农村税费改革要与精简乡镇机构、完善县乡财政体制和健全农民负担监督体制相结合，坚持思想工作先行，让农民自觉履行合法义务。会议强调，注意做好对广大基层干部和农民的宣传解释工作，做好各部门之间的协调配合工作，切实加强对试点工作的领导，结合实际搞好试点工作。

2001年3月8日，北京市人民政府第100次市长办公会，在刘淇市长主持下，讨论通过了《北京市农村税费改革方案》。同年3月28日，中共北京市委在贾庆林书记主持下召开常委会，讨论通过了《中共北京市委、北京市人民政府关于进行农村税费改革工作的意见》。2001年8月14日，市农村税费改革领导小组召开会议，原则通过了《昌平区农村税费改革试点工作实施方案》，方案规定了取消乡统筹费、取消屠宰税、取消农业特产税等8项农村税费改革试点工作主要内容，并确定进行精简镇级机构、压缩人员，转变镇级政府职能、改革农村教育管理体制，调整中小学校布局，精简优化教职工队伍等7项配套改革措施。

2001年3月9日，市农委赵凤山主持召开了北京市农场税费改革领导小组办公室第一次会议，会议讨论了办公室职责、办公室主任、副主任分工以及下一步工作。2001年，北京市农场税费改革领导小组办公室发布《关于印发北京市农村税费改革领导小组职责的通知》（京农税改字〔2001〕1号）。

2001年，中共北京市委召开常委会议，讨论通过了《中共北京市委员会、北京市人民政府关于进行农村税费改革工作的意见》。根据会议讨论结果，北京市农场税费改革领导小组办公室对该文件进行了修改，经岳福洪副市长审定后报市委办公厅正式发文。

2001年12月27日，北京市农村税费改革领导小组在昌平区召开了农村税费改革试点工作总结大会。翟鸿祥副市长出席大会，对昌平区的农村税费改革试点工作给予高度评价。通过在昌平区进行试点，摸索出了在郊区推进农村税费改革的经验，为制定全市农村税费改革的各项政策打下了基础。

2002年，北京市农村税费改革领导小组发出了《关于做好2002年年农村税费改革工作的通知》（农税改〔2002〕2号）。2002年3月27日，国务院办公厅发出《关于2002年扩大农村税费改革试点工作的通知》（国办发〔2002〕25号）。

根据中央的要求，2002年5月25日，北京市农村税费改革领导小组发出

《关于做好2002年农村税费改革工作的通知》（农税改〔2002〕2号）。

2002年，北京市在进一步完善昌平区试点的同时，在全市范围内先行开展调整乡镇区划、精简乡镇机构和干部、调整农村中小学布局、改革农村教育管理体制，建立农村最低生活保障制度等与农村税费改革相关的配套改革。经过对乡镇区划的调整，本市乡镇数量由改革前的257个调整为193个，减少25%；乡镇机关干部由2.1万人精简到1.6万人，减少了20%。村级干部人数由改革前的2.3万人精简到1.8万人，减少22%。对农村中小学校布局进行了合理调整。据8个区县统计，农村中小学校由1 168所，合并为958所，减少18%；教职工人数由5.79万人精简到5.37万人，减少了7%。在此基础上，将教职工工资和学校的正常运转经费上划到区县。农村教育投入稳中有增，确保了农村教育事业的正常发展。从2002年9月1日起，市政府免除了10个远郊区县的全体中小学生和近郊区的困难户学生的学杂费。从2002年开始，全市建立了农民最低生活费保障制度。部分村建立了农民养老保障制度，农村新型合作医疗制度的推广工作开始起步。据8个区县统计，有2.48万农户、4.71万人领取了农民最低生活费；有1 970个村的41.12万农民领取了养老金。已有2 139个村的142.09万农民参加了新型合作医疗。

第三节　全面推进农村税费改革

2004年2月2日，北京市郊区工作会议宣布取消农业税及其附加

一、税费改革的组织机构

2002年11月9日，北京市农村税费改革领导小组办公室向翟鸿祥副市长

提交了《关于贯彻全国农场税费改革工作座谈会精神，全面推进我市农场税费改革工作的建议》。同年12月，刘淇市长、强卫副书记、翟鸿祥副市长对这个建议做出批示，要求在全市全面推进农村税费改革。2003年4月初，北京市人民政府常务会议和市委常委会先后召开会议，讨论通过了并及时发布了农村税费改革方案。

根据党的十六大精神及2003年中央农村工作会议的部署，按照《中共中央国务院关于进行农村税费改革试点工作的通知》（中发〔2000〕7号）和《国务院关于全面推进农村税费改革试点工作的意见》（国发〔2003〕12号）要求，2003年，北京市全面推进农村税费改革。在市委、市政府的领导下，建立了由市长王岐山同志、主管农村工作的市委副书记强卫同志、主管财政的副市长翟鸿祥同志和主管农村工作的副市长牛有成同志为召集人，有市委组织部、市委农工委、市教委、市政府研究室、市农委、市政府法制办、市财政局、市地税局、市国土房管局、市物价局、市农研中心、市民政局、市教委、市人事局、市编办、市粮食局等为成员单位。领导小组办公室设在市农委。市农委主任李进山为办公室主任、市农工委委员张新为副主任；成员有市农委法制处处长王小东、副处级调研员李淑娟；市财政局综合处处长杨慕彦、副处长赵燕翊、主任科员沈凌玲、税政处副处长李景祥、主任科员孟和国、任丽娟；市地税局农税处处长吴鲁平、主任科员徐惠清；市经管站书记黄中廷、副处级调研员吴汝明、吴新生。

二、税费改革的主要内容

市农村税费改革的主要内容：一是取消乡统筹费。二是取消农村教育集资等专门面向农民征收的行政事业性收费和政府性基金、集资。除涉及农民的合法收费外，其他一切面向农民征收的行政事业性收费和政府性基金、涉农集资项目一律取消。三是取消屠宰税。四是取消统一规定的劳动积累工和义务工。从2003年起，取消统一规定的劳动积累工和义务工。五是调整农业税政策。农业税按照农作物常年产量和规定的税率依法征收。常年产量以2001年以前连续5年农作物的平均产量据实核定，全市统一实行5%的比例税率，以玉米作为农业税主粮，农业税计税价格定为每千克0.98元。承包集体土地用于农业生产的，计税土地面积以落实京发〔1997〕14号和京农发〔2000〕8号文件后，村集体经济组织与农户、个人和其他农业生产经营组织签订的承包合同为准，不再重新丈量。六是原征收农业特产税的土地改征农业税。七是改革村提留征收使用办法。村干部报酬、“五保户”供养、办公经费三项费用，除原由集体经营收入开支的继续保留外，凡由村提留开支的，采用新的农业税附加方式统一收取。农业税附加征收比例为农业税正税的20%。

三、税费改革的配套措施

农村税费改革的有关配套改革措施包括：一是继续做好乡镇行政区划调整和乡镇机构改革工作。二是核定村级干部数量，实行固定补贴，确保村级组织正常运转。按照不同地区、村庄规模和经济发展水平，由区县党委、政府按每村 3～5 人确定各镇（乡）村级干部补贴人数控制指标，各村具体人数由镇（乡）党委、政府核定。干部报酬每人每年补贴不超过 5 000 元，办公经费每人每年补贴不超过 1 500 元。三是改革农村义务教育管理体制，把农村义务教育由民办公助改为以政府主办，把政府对农村义务教育的职责从以乡镇为主转到以区县为主。原由乡镇财政开支的九年制义务教育经费全部上划区县管理。建立农村义务教育经费保障机制。四是大力发展集体经济。五是逐步建立和完善农村社会保障制度。六是规范农村税费征收和管理。七是进一步健全乡镇财政管理体制。八是修订制定有关地方性法规及政府规章。

四、税费改革的过程

北京市全面推进农村税费改革试点工作，自 2003 年第一季度开始，到 2003 年年底基本结束。大致以下分为六个步骤进行：

（一）准备阶段

这一阶段主要做好建立健全组织机构、进行全市有关数据的测算、制定政策文件等工作。在对全市有关数据进行汇总分析的基础上，制定了《北京市农村税费改革方案》。同时，制定了北京市农村税费改革配套政策文件。配套政策文件包括以下 11 个方面：《关于进一步规范农村收费，加强农民负担监督管理工作的意见》《北京市农业税计税土地及常年产量核定办法（试行）》《北京市农业税实施办法（试行）》《北京市农业税附加实施办法（试行）》《关于农村税费改革以后加强乡镇财政管理的意见》《农村税费改革以后市对区县专项转移支付办法》《北京市村级范围内筹资筹劳管理暂行办法》《北京市村级干部报酬管理办法》《关于调整郊区县乡镇行政区划的意见》《北京市村级干部报酬管理办法》《关于农村中小学布局结构调整的意见》《关于做好远郊区县财政统一发放教师工资工作的意见》。

2003 年 3 月 20 日，市委强卫副书记主持的全市农村税费改革联席会议，对市农村税费改革办公室起草的上述文件进行了审核，决定提交市委、市政府讨论。4 月 8 日，市政府召开常务会议第三次会议，讨论通过了《北京市农村税费改革方案》及配套政策文件，决定提交市委常委会讨论。5 月 28 日下午，市委召开常委会，讨论通过了《北京市农村税费改革方案》，决定将该方案报国务院审批后，下发执行。2003 年 6 月 19 日，国务院办公厅发出《关于北京等9省份农村税费改革试点方案的复函》（国办函〔2003〕41号），批准了北京市农村税费改革方案。2003年7月16日，中共北京市委、北京市人民政府发出了《关于印发〈北京市农村税费改革试点方案〉的通知》（京发〔2003〕14号）。

怀柔区渤海镇农民自编自演节目宣传农村税费改革

（二）宣传和培训阶段

中央批准北京市方案后，市农村税费改革办公室和各区县充分利用电视、广播、报纸等传媒工具，采取印发宣传材料、召开会议等多种形式，宣传党中央、国务院和市委、市政府关于农村税费改革的一系列指示精神，使各级领导干部认识进行农村税费改革的重要性、必要性和紧迫性；使农民对农村税费改革的政策、目的和意义家喻户晓，增强依法履行纳税义务的自觉性；使社会各界支持和理解税费改革工作。

举办农村税费改革培训班

2003 年 6 月 17 日，市有关部门对农村税费改革工作人员进行培训。培训采用电视电话会的形式进行，内容涉及农村税费改革的有关政策、改革的方法和步骤等。按照党中央、国务院的要求，市委、市政府决定在昌平区试点的基础上，在全市全面进行农村税费改革试点。

2003 年 7 月 14 日，市委、市政府召开农村税费改革试点工作动员大会。这次改革的主要内容是“四取消”：取消乡统筹费；农村教育集资等专门面向农民征收的行政事业性收费和政府性基金、集资；屠宰税；统一规定的劳动积累工和义务工。“两调整”：调整农业税政策；原征收农业特产税的土地改征农业税。“一改革”：改革提留征收办法。

2003 年 7 月 25 日，北京市地方税务局发布《关于印发〈北京市地方税务局农村税费改革工作调整农业税政策工作实施方案〉的通知》（京地税农〔2003〕423 号）。

2003 年 8 月 5 日，市地税局、市财政局共同研究的农村税费改革方案出台，北京市农民人均税负担降低一半。

2003 年 6 月 17 日，市农村税费改革办公室召开全市农村税费改革干部培训电视电话会议，各区县设立了分会场，区县、乡镇干部 500 多人参加了培训。

为了充分调动农民群众参与改革的积极性，市农村税费改革办公室统一制定了农村税费改革宣传培训方案，采取了多种灵活多样的形式，使农村税费改革的方针政策宣传到千家万户。一是印制了 110 万份《关于农村税费改革试点工作致全市农民的一封信》，发到北京市（除昌平区以外）的每个农户家庭，切实做到家喻户晓、人人皆知。二是印制了 2.5 万份《关于进行农村税费改革试点工作的通告》，张贴到每个行政村、自然村和集镇等人员集中、便于群众阅读的地方。三是印制了 110 万本《北京市农村税费改革宣传手册》，发到北京市每个农户家庭。四是新闻单位和区县电视台、广播站开辟专栏或者专题节目，采取多种形式对农村税费改革工作进行全方位的宣传，做到电视有影像、电台有声音、报纸有文章。五是各乡镇和各行政村在主要街道和村级组织办公

北京市农村税费改革实务手册

地点悬挂横幅，大力营造改革气氛。六是村级采取召开党员干部会、社员（村民）代表会议、党员干部入户宣传等多种宣传农村税费改革的方针。七是市、区县和乡镇都设立了有专人值守的农村税费改革热线电话，接受农民群众的咨询，解答农民群众提出的各种问题。八是出动巡回宣传车、编排文艺节目、税费改革政策赶集、开展知识竞赛等多种农民群众喜闻乐见的宣传形式。九是编印了2.5万本《北京市农村税费改革实务手册》，做到乡村干部人手一册。

2003年8月8日，经市委、市政府有关领导同意，北京市农村税费改革试点工作协调会议办公室发布《关于印发〈在农村税费改革中需要明确的几个政策性问题的意见〉的通知》（京农税改〔2003〕2号），就贯彻执行《中华人民共和国农村土地承包法》，进一步落实党在农村的基本政策，完善土地承包工作，确保农民合法权益，确保农民负担得到减轻，确保农场税费改革顺利进行。根据农村税费改革中一些区县反映的实际问题，就进一步落实土地承包政策，完善土地承包关系以及部分计税土地的核定等问题，提出了七项意见。

2003年9月28日，市农村税费改革办公室在大兴区西红门镇影视中心举办了全市农村税费改革知识竞赛。13个区县选派代表队参加了竞赛，丰台区代表队荣获竞赛第一名。十一期间，知识竞赛录像在北京电视台三个频道进行了播放。据统计，在农村税费改革试点期间，全市共培训各级干部2.77万人次，其中区县干部0.3万人次、乡镇干部0.57万人次、村级干部1.9万人次。

（三）各区县测算和制定实施方案阶段

北京市税改办公室审核各区县改革方案

各区县认真进行本区县有关数据的测算工作，在2003年8月底拟订出本地区的农村税费改革方案。9月中旬，市农村税费办公室对各区县上报的改革方案进行了审批，并报经市政府批准后实施。一是实事求是地核实计税土地面积。改革前，全市账面计税土地面积为37万公顷。通过核实，核减了因城市基础设施建设和集体生产公益事业占地等造成的有税无地的计税土地面积。全市计税土地面积核定为 24.08 万公顷，比改革前减少 34%。二是重新确定农业税税率和附加征收比率。农业税税率为 5%，比中央规定的上限减少 2 个百分点。农业税附加征收比率确定为正税的 20%。三是合理确定农业税主粮和计税价格。选择玉米为农业税主粮，并以 2000 年每千克 0.98 元的市场价格作为农业税计税价格。四是公平合理地核定计税常年产量。在区县上报方案的基础上，由市农村税费改革办公室进行严格审查，在对生产条件基本相同的区县进行平衡以后，确定全市平均亩产为 377 千克。全市农民和集体经济组织承担的农业税及其附加总额 8 007 万元。其中，正税 6 405.6 万元，附加 1 601.4万元。每亩应纳农业税 22.16 元。各区县将经过市政府审批的改革方案具体落实到每个乡镇和村。村级组织负责将新的农业税及其附加任务，落实到每个农户和具体地块，并张榜公布。新的农业税的征收方案公布以后，得到农民群众的普遍认可，每一户农民都在《北京市农业税纳税人登记表》上签了字。

2003 年，全市农民和集体经济组织承担的农业税及其附加总额 8 007 万元。其中，正税 6 405.6 万元，附加 1 601.4 万元。每亩应纳农业税 22.16 元。2003 年度，全市有 37 个村进行了集体生产公益事业筹资筹劳，共筹资 35.19 万元。全市农民负担总额 8 042.19 万元（农业税及其附加与村内筹资合计），按 329.4 万农业人口计算、农民人均负担 24.41 元，比改革前的农民负担总额 2.72 亿元、农民人均负担 82.6 元，下降了 70.4%。

（四）实施配套改革阶段

按照农村税费改革实施方案，抓紧进行乡镇区划调整、乡镇机构改革、村级干部精简、乡镇财政体制改革、教育管理体制改革和农村中小学布局调整、精简优化教师队伍等配套改革。8 月 28 日，市委、市政府召开了深化乡村集体经济体制改革工作会议，强卫副书记和牛有成副市长分别在大会上作了讲话和报告。9 月下旬，市委组织部和市委农工委举办了乡镇党委书记培训班，重点学习农村税费改革、产权制度改革等内容。10 月 13—19 日，市农村税费改革办公室在北京市农业干部培训中心（通州）举办了三期配套改革政策培训班，区县乡镇干部 500 多人参加了培训。

（五）兑现农民合法负担阶段

按照税费改革方案，将农民应当承担的农业税及其附加以及村内集体生产公益事业一事一议筹资、筹劳最高限额分解到户，向各户发放农民负担监督卡，并由地方税务部门从 2003 年开始按新的农业税政策征收。在农业税征收中，实行了定点、定时、定额征收，方便了群众，出现了农民群众踊跃交纳农业税的动人场面。2003 年，全市应征农业税及其附加总额 8 220.81 万元，其中，农民和集体经济组织负担 8 007 万元。截至 12 月 26 日，全市农业税及其附加的征收任务已经全部完成。实收农业税及其附加 6 904.49 万元，占应收总额的 84%；因灾减免 1 316.32 万元，占 16%。

（六）总结阶段

2003 年 12 月 16 日，北京市农村税费改革试点工作协调会议办公室发出《关于开展全市农场税费改革试点工作专项检查的通知》（京农税改〔2003〕7 号）文件，要求对以下 8 个方面的问题进行检查：一是农村税费改革各项政策执行和落实情况；二是农村税费改革相关政策的宣传和培训情况；三是相关配套措施的实施和进展情况；四是农民负担监督卡发放到户情况；五是农场税费改革试点转移支付资金的落实和拨付情况；六是农村集体生产公益事业一事一议筹资筹劳情况；七是农业税及其附加的征收情况；八是确保农民负担切实得到减轻、不反弹的措施落实情况。

2003 年 12 月 22—25 日，市农村税费改革办公室分成两个检查组到各区县进行农村税费改革专项检查。同年 12 月 30—31 日，郑文凯司长率领国务院农村税费改革检查组到北京检查，检查组分别听取了北京市农村税费改革办公室主任李进山和通州区副区长张少田、房山区副区长任全胜的汇报，深入到通州区宋庄镇和漷县镇等 4 个乡镇的 8 个村，在听取镇村领导汇报的基础上，对 40 个农户进行了入户问卷调查，查看了农户手中的农民负担监督卡、农业税纳税人登记表和农业税完税凭证。宋庄镇大兴村村民宋玉宽对检查组说，“农场税费改革切实减轻了俺们农民负担，感谢党和政府对我们的关怀。”检查组对北京市农村税费改革工作给予了充分肯定。

国务院检查组检查北京市农村税费改革

2004 年，全市全面暂缓征收农业税及其附加，使全市农民进一步减轻负担 8 007 万元。

2004 年 11 月 11 日，北京市财政局与北京市经管站联合发出《关于开展 2004 年农村税费改革市对区县专项补助资金使用情况检查的通知》。财政部门重点检查财政返还 10 个远郊区县免征农业税及农业税附加款是否按照农村税费改革政策规定的资金用途安排了支出项目；村级固定干部报酬及办公经费补助资金是否落实；经济薄弱村补助资金是否已经拨付到村级。经管部门重点对各项专项资金使用情况进行检查和审计。

农村税费改革做到村村减负、户户收益，农民喜笑颜开

第四节　国有农场税费改革

根据《国务院办公厅关于深化国有农场税费改革的意见》（国办发〔2006〕25 号）和市政府领导同志的指示，2006 年 4 月，北京市农村税费改革协调会议办公室会同市财政局、市国资委和三元集团等部门，对北京市国有农场情况进行了深入调查。

市税改办到三元集团调研农场税费改革

经调查，北京市国有农场包括三元集团和市监狱管理局、市园林绿化局所属的农场、林场。市监狱管理局和市园林绿化局所属的农场、林场属于事业单位性质，没有职工承包土地的情况。开始认为深化国有农场税费改革仅限于三元集团所属的国有农场。后来经过进一步调查，发现是劳教局在黑龙江省齐齐哈尔市还有一个名为北京农场的大型国有农场，单位性质为事业单位，土地由职工承包经营。所以，北京市国有农场税费改革包括了三元集团和劳教局两个单位所属农场。三元集团下属的 9 个农场拥有农用地 1 910.06 公顷，其中农工承包经营的 1 813.39 公顷，占 95%。承包土地的

农工732人，人均承包2.48公顷，最多的16公顷，最少的0.33公顷；承包期最长的10年，最短的1年。承包土地全部用于粮食、果树、饲料、蔬菜、苗木等种植业。北京农场则有3.33万公顷土地，全部用于水稻、玉米、饲料等种植业。国有农场需要解决的问题主要有：一是部分农工收入较低。农工承包土地的面积相差较大，种植的作物也不相同。一些承包面积较小、种植粮食等效益较低作物的农工收入偏低。初步测算，承包收入达不到最低工资标准的农工有310人（不包括北京农场，下同），占总数的42.3%。二是包地农工承担着类似“乡镇五项统筹”的费用。国有农场承担着义务教育、计划生育、优抚、民兵训练和乡村道路修建等类似“乡镇五险统筹”的费用。2005年摊到农工承包费中的份额为113.6万元，平均每亩41.8元。三是一些扶持农村发展的优惠政策国有农场没有享受。包括粮食直补政策和一道绿化隔离带养护费补助等。四是部分国有农场承担着办社会的职能。在调查研究的基础上，市农场税费改革办公室起草了《北京市深化国有农场税费改革方案》，先后征求了市教委、市卫生局、市民政局、市绿化隔离带建设指挥部和朝阳区、大兴区、昌平区、延庆等区县的意见，牛有成副市长召集有关部门进行了讨论。经市委常委会和市政府常务会议讨论通过。

2006年，北京市开展了国有农场税费改革工作。根据《国务院办公厅关于深化国有农场税费改革的意见》（国办发〔2006〕25号）和国务院农村综合改革工作小组《关于北京市深化国有农场税费改革方案的复函》（国农改〔2006〕51号）的要求，2006年12月15日，北京市人民政府办公厅发出了《关于印发北京市深化国有农场税费改革方案的通知》（京政办发〔2006〕75号）。北京市国有农场税费改革工作的总体要求是“三个确保”：一是确保承包国有农场农用地的农工负担明显减轻，收入有较大提高；二是确保相关配套改革措施稳步推进，农工负担减轻以后不反弹；三是确保国有农场活力逐步增强，经营情况不断改善，经济效益不断提高，逐步实现经营有序、生产发展、和谐稳定的目标。

北京市国有农场税费改革工作的主要内容：一是视情减免农用地承包费，国有农场因此减少的收入，由市财政予以补贴。二是从事粮食生产的农工，参照承包集体土地种粮农户的办法，享受国家粮食直补政策。三是城市绿化隔离带占用国有农场土地的，纳入财政补贴范围。四是逐步分离国有农场办社会职能。国有农场举办的幼儿园、托儿所、卫生院、卫生所，凡农场有移交要求、地方有接受条件的，在双方协商一致的基础上，人、财、物一并移交给所在区县政府。五是规范和清理各项行政事业性收费。六是严格控制和清理国有农场面向职工的收费项目。七是推进国有农场经营管理体制改革。国有农场税费改革工作由北京市农村税费改革领导小组办公室负责，市国资委、市劳教局和市三院集团配合，各有关部门大力支持。

在推进国有农场税费改革工作过程中，北京市农村税费改革领导小组办公室深入国有农场和职工家庭与干部职工进行座谈，了解实际情况，及时调整改革政策措施，为国有农场的发展创造必要条件。归属于北京市劳教局的北京农场，位于黑龙江省齐齐哈尔市。全场土地面积 3.33 万公顷。北京市政府与黑龙江省政府达成意向，在北京市给予巨额补贴前提下，将该农场归还黑龙江省。这个意向遭到北京农场干部、职工和干警的一致反对，难以执行。北京市农村税费改革领导小组办公室深入到该农场进行调查研究后，建议市政府取消与黑龙江省政府达成的归还意向。通过税费改革，这个农场由事业编制改为企业，现已移交给三元集团管理。

第五节　增加农村公共产品供给

农村税费改革以后，市政府加大了对村级组织和农民的补贴力度，增加农村公共产品供给。

一、建立了财政资金向村级转移的制度

房山区召开村级公益事业专项补贴工作会议

2003 年，为了确保村级组织的正常运转，全市建立了村级干部固定补贴制度。每个行政村核定固定补贴干部 3～5 人，每人每年固定补贴 5 000 元工资、1 500 元办公费。2003 年，市、区（县）和乡镇三级，对村级转移支付总额达到 1.39 亿元。其中，中央及市财政 0.55 亿元，区县财政 0.83 万元，乡镇财政 0.01 亿元。

2004 年 1 月 8 日，北京市农村工作委员会向市政府提交了《关于在农村税费改革中对经济困难村增加市级转移支付资金的请示》。王岐山市长、翟鸿

祥和牛有成副市长就此事专门做出批示，召开专题会议进行讨论后，决定在2004年全面暂缓征收农业税及其附加以后，按照城乡统筹协调发展的总体思路，市政府拿出了三项财政转移支付资金，用于确保基层政权和组织的正常运转：一是继续实行对村级主要干部的固定补贴制度，各级财政对村级转移支付1.39亿元。二是由市财政拿出9 680.44万元、区县财政拿出191万元对2 156个集体经济实力较差的村进行补贴，平均每个村4.49万元。这笔资金主要用于村级主要干部以外的会计、电工、安全保卫等必不可少的村级事务管理人员补贴、环境卫生治理等社会管理费用以及合作医疗等村级公益事业支出。以上两笔财政转移支付资金，加上村级自有资金，使得平均每个集体经济实力较差的村维持村级组织正常运转资金不少于8.8万元。三是按照10个远郊区县2003年实际收取的农业税及其附加数额，市财政拿出7 160万元资金，对乡镇政府和村级进行补贴，用于乡村公益事业支出。以上三块资金共计31 070.44万元。2004年1月29日，北京市农村税费改革办公室组织各区县，对集体经济薄弱村按照10％的比例，进行了抽查核实。2004年4月26日，翟鸿祥和牛有成两位副市长批准了市农村工作委员会与市财政局拟定的部分维持正常运转补贴资金方案、操作办法和补贴村名单。为了确保财政对村级的转移支付资金得到合理使用，专门制订了《关于保证村级组织正常运转专项补助资金的管理使用办法》。

翟鸿祥与牛有成两位副市长审查村级补贴方案

尽管实行了村级补贴制度，但是由于补贴标准过低，各区县普遍反映农村税费改革以后给村级正常运转造成很大影响。以平谷区为例，农村税费改革以后，农民负担由改革前的人均75.7元减少到34.38元，村级收入明显减少。全区20万元以上村由2002年的113个减少到47个；20万元以下村由162个增加到 228 个，其中零收入村增加了 43 个。2004 年，全区行政村资金缺口总额达到 833.8 万元。造成的主要影响：一是解决基本生产生活需求能力减弱。如，路灯照明问题，已有 41 个村关闭了路灯，197 个村限时供应；86 个村人畜饮水和 112 个村生产用水出现困难。二是村级正常运转支出难以保证。三是村集体承担的有关部门的各项任务难以完成。针对这一问题，按照牛有成副市长和市农委李进山主任指示，市经管站进行了调查研究，提出了提高财政对村级补贴资金的建议。按照市委、市政府的指示，2005 年 11 月 16 日，北京市财政局发出《关于印发北京市村级公益事业专项补贴资金暂行办法的通知》，

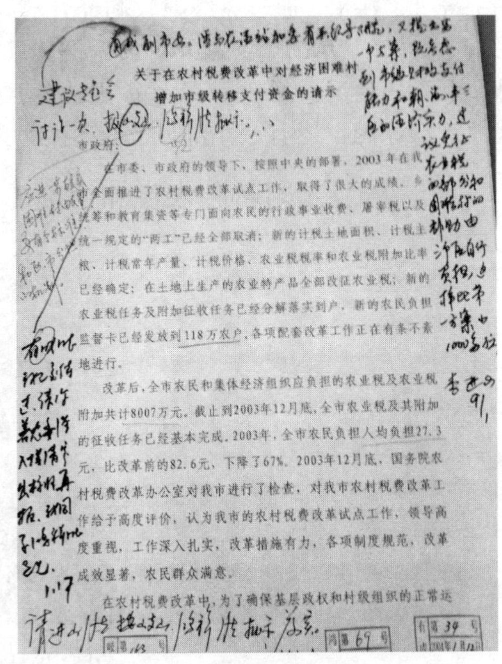
关于在农村税费改革中对经济困难村
增加市级转移支付资金的请示

市政府：
在市委、市政府的领导下，按照中央的部署，2003 年在
市全面推进了农村税费改革试点工作，取得了很大的成绩。乡
统筹和教育集资等专门面向农民的行政事业收费、屠宰税以及
统一规定的“两工”已经全部取消；新的计税土地面积、计税土
粮、计税常年产量、计税价格、农业税税率和农业税附加比率
已经确定；在土地上生产的农业特产品全部改征农业税；新的
农业税任务及附加征收任务已经分解落实到户，新的农民负担
监督卡已经发放到118万农户，各项配套改革工作正在有条不紊
地进行。
改革后，全市农民和集体经济组织应负担的农业税及农业税
附加共计8007万元。截止到2003年12月底，全市农业税及其附加
的征收任务已经基本完成。2003年，全市农民负担人均负担27.3
元，比改革前的82.6元，下降了67%。2003年12月底，国务院农
村税费改革办公室对我市进行了检查，对我市农村税费改革工
作给予高度评价，认为我市的农村税费改革试点工作，领导高
度重视，工作深入扎实，改革措施有力，各项制度规范，改革
成效显著，农民群众满意。
在农村税费改革中，为了确保基层政权和村级组织的正常运

市领导对财政转移支付问题的批示复印件

决定将 2 156 个集体经济薄弱村的财政补贴资金由每个村 4.49 万元提高到每个村 15 万元，对其他集体经济较强的村，每个村补贴 8 万元集体公益事业费用。执行这一政策以后，全市每年增加村级财政补贴资金 4 亿元。

2006 年 2 月 21 日，北京市农村工作委员会、北京市财政局、北京市监察局、北京市审计局等单位联合发出《关于进一步加强村级公益事业专项补助资金监督管理的通知》（京政农〔2006〕2 号），对加强村级公益事业补贴资金的管理使用提出了要求。2006 年 3 月 10 日，北京市农村合作经济经营管理站发出《关于印发北京市村级公益事业专项补助资金使用报告制度的通知》（农经字〔2006〕11 号）文件，进一步明确了财政补贴资金的会计核算办法和使用范围，建立了村级公益事业补贴资金的月报制度。

2006 年 5 月 31 日，北京市农村工作委员会向市财政局发出《关于对政策性关闭煤矿后新出现的经济薄弱村增加公益事业专项补贴的函》，经核实房山、门头沟两个区共增加经济薄弱村 103 个，每年应增加专项补贴资金 721 万元。经市财政局核定后，从市级财政资金中划拨到区财政。

经检查，全市 2007 年度财政对村级的补贴资金包括：村级干部固定报酬及办公经费补贴 12 084.85 万元、村级集体公益事业专项补贴资金 52 601 万元，共计 66 425.88 万元。其中，市级财政补贴 59 336.08 万元，区县财政补

贴 7 089.8 万元。通过各级财政和经管部门的努力，村级集体公益事业专项补贴资金 52 601 万元和农业税附加返还 1 740.03 万元全部拨付到村，没有发现截留和挪用情况。村级干部固定报酬及办公经费补贴 12 084.85 万元，由于年终兑现等原因，还有一小部分没有落实。

二、建立了对种粮农民和山区养护生态林农民进行直补的制度

山区护林员

对种粮农民进行直补的政策是：小麦每亩补助 50 元，玉米每亩补助 35 元，使用优良品种的每亩再补助 10 元。2004 年 5 月，3 623 万元小麦直补款已经发放到农民手中。8 月 31 日前，5 950 万元的玉米直补款也全部落实到农民手中。

在大力实施山区生态涵养工程，着力修复、完善和保护山区生态环境的同时，市委、市政府按照以人为本、科学发展观的要求，在全国率先建立了山区生态补偿机制。按照补偿方式与补偿内容，北京市生态涵养发展区生态补偿包括以下四个方面：

生产性补偿。生产性补偿是指政府对为生态涵养的需要，山区经济组织或者农户放弃原有的经营项目或者改变原有的经营方式，转为经营生态项目而产生的机会成本所进行的补偿。此类补偿包括退耕还林补偿、退稻还旱补偿、秋播裸露农田治理补偿等。如，自 2002 年开始实施的退耕还林补偿，涉及平谷、密云、怀柔、延庆、昌平、门头沟 6 个区县，15.93 万农户。按照每亩 50 千克原粮和 20 元现金的补偿标准执行。2006 年到期以后，生态林补偿再延续 8 年，经济林补偿再延续 6 年。又如，退稻还旱补偿涉及密云水库上游白河与黑河流域，分别由市水务局和市发改委筹资 420 万元和 2 300 万元进行补偿。

建设性补偿。建设性补偿是指政府对生态涵养区内村庄环境治理、村庄基础设施建设、清洁能源利用、险村农民搬迁以及矿山生态环境恢复等工程项目

所进行的补偿。如，山区险村农民搬迁工程，市财政补助资金随着政府财力增强以及建筑材料价格上涨进行了调整。农户建房补助第一期每人 1 万元，第二期调整到每人 1.3 万元，第三期提高到每人 1.8 万元。对集中建新村的基础设施给予补助，第一期工程基础设置补助每户 1.25 万元，第二期调整到每户 3 万元，第三期提高到每户 6 万元。

就业性补偿。2004 年，时任市委书记刘淇等市委、市政府主要领导六进山区，访贫问苦，听取山区农民群众意见，了解山区农民群众疾苦。在深入基层调查研究的基础上，2004 年 8 月 17 日，北京市人民政府发布了《关于建立山区生态林补偿机制的通知》(京政发〔2004〕25 号)。2004 年 9 月 23 日，北京市农村工作委员会、北京市林业局、北京市财政局联合发布《关于印发北京市实施山区生态林补偿机制办法的通知》（京政农发〔2004〕58 号)。按照“养山就业、规范补偿、以工代补、建管结合”的方针，投入 1.92 亿元，安排 42 990 名山区劳动力作为管护员在本村生态林管护岗位就业，涉及 19 个区县、102 个乡镇、1 557 个村。生态林管护面积为经区划界定的山区集体所有的生态林 60.8 万公顷（912 万亩)。生态林管护员人均月补偿 400 元。补偿年限从 2004 年至 2010 年。2009 年，市园林绿化局、市财政局与市农委联合发布《关于完善本市山区生态林补偿机制的通知》（京绿造发〔2009〕14 号)。该通知规定山区生态林补偿机制作为一项长期制度予以坚持，并根据山区生态林建设和森林资源的消长变化，每两年核定一次生态林管护补偿面积和生态林管护员人数。从 2009 年 7 月 1 日起，生态林管护员补偿标准由原来的每人每月 400 元提高到 440 元，今后每三年提高 10%。同时建立生态管护员人身意外伤害保险制度。除此之外，还设置了村庄管水员（1.08 万人，人均月工资 500 元)、公路养护员、村庄环卫保洁员等公益性岗位。

效益性补偿。据有关专家论证，本市山区 67.33 万公顷生态公益林碳汇价值 1 万亿元人民币。为此，2008 年，市园林绿化局、市财政局、市政府研究室联合向市委、市政府提出了《关于建立山区生态公益林效益补偿机制的意见》，经市委、市政府讨论通过实行。该意见规定，对全市山区生态公益林按照每年每亩 40 元的标准进行补偿。以村为单位，40%的补偿资金（每亩 16 元）用于生态林抚育，60%的补偿资金（每亩 24 元）按照村集体经济组织成员持有的林权股份进行平均分配，增加农民收入，让山区农民得到实惠。效益性补偿实质是生活性补偿。

本市通过实施生态涵养区生态补偿取得四个方面成效：一是促进了首都生态文明建设，改善了首都生态环境。通过生态补偿调动了山区经济组织和农民群众参与生态涵养区生态建设的积极性与主动性，有效地改善了首都生态环境状况。2010 年，全市林地面积由 1993 年的 82.9 万公顷增加到 2010 年的

104.61万公顷，增长了26.2%；林木绿化率达由1993年的36.3%增长到2010年的52.66%。其中，2010年生态涵养区林地面积88.08万公顷，占全市林地面积的84.2%，林木绿化率由1993年的48.8%增加到71.4%。经过十年的努力，北京市建成绵延200多公里的山区绿色生态屏障，它们不仅抵御着外来沙尘的入侵，也从源头上杜绝了本市扬尘的产生，并且涵养水源，沙尘暴天气由20世纪50年代的平均每年3.2天降至近年来每年0.4天，沙尘天气明显减少。对2006年至2009年所建成的41条生态清洁小流域水质监测，发现通过小流域治理水质得到极大改善，CODmn消减20.1%，总磷消减48.7%，总氮消减29.2%，主要指标达到国家地表水三类水质标准以上。密云水库水质始终保持在二类水质标准，确保了首都人民安全饮水。二是促进了山区新农村建设，改善了农民生产生活条件。通过实施生态补偿，推进村庄环境整治工程、五项基础设施工程、“三起来”工程、险村农民搬迁工程等，极大地改善了山区村庄面貌，提高了山区抵御自然灾害的能力，完善了基础设施，农民群众生产生活条件得到有效改善。三是促进了山区产业结构调整，拓宽了农民就业渠道。通过实施生态补偿，山区经济组织和农民群众由“靠山吃山”改变为“养山护山”。在放弃破坏、污染环境资源的产业经营的同时，开拓了民俗旅游、休闲农业、观光农业、生态农业，发展了绿色种植、绿色养殖，实现了产业结构的重大转变。如，玻璃台、张家台、双文铺等众多过去一贫如洗的穷山村，通过生态补偿、生态搬迁、生态建设，建设成为游人如织的著名乡村旅游目的地，大批农村劳动力从农业生产经营转移到旅游服务行业、手工业制作行业和生态环境建设公益性岗位，一些农户成为善经营、懂管理的专业户。四是促进了山区农民增收致富，实现了农村社会和谐稳定。2013年，山区农民人均纯收入达到16 379元，比上年增长13.5%，比2003年的5 566元增加10 813元，增长1.9倍。其中，就业性生态补偿与效益型生态补偿给山区农民人均年增收500元左右。促进山区农民增收的主要来源是乡村旅游产业和绿色种植、绿色养殖业。涌现了一大批年经营收入几万元甚至一二十万元的乡村旅游专业户。生态补偿机制的建立，农民群众感受到了党和政府对他们的关心与支持，对于改善山区农民群众与各级党组织和干部的关系也起到重要融合作用。

三、确保农村教育投入

北京市在税费改革中对农村中小学校布局进行了合理调整。据8个区县统计，农村中小学校由改革前的1 168所，合并到958所，减少18%；教职工人数由5.79万人精简到5.37万人，减少了7%。在此基础上，将教职工工资和学校的正常运转经费上划到区县。农村教育投入稳中有增，确保了农村教育事业的正常发展。从 2002 年 9 月 1 日起，市政府免除了 10 个远郊区县的全体中小学生和近郊区的困难户学生的学杂费，农民群众真正得到了实惠。2003 年，全面推进农村税费改革以后，市财政对农村教育投入达到 3.4 亿元，增加了 2.5 亿元。2004 年，市财政对 10 个远郊区县农村普通教育的专项补贴经费预算达到 8.5 亿元，增加了 5 亿元，同时拿出 1 500 万元对农民进行职业培训，帮助农民提高二、三产业就业技能。2005 年，农村教育投入达到 9.5 亿元。从 2003 年到 2005 年，三年时间市级对 10 个远郊区县基础教育投入达到 17.3 亿元。2004 年与 2001 年相比，市区（县）两级财政对农村义务教育的预算内经费投入由 11.62 亿元增长到 20.45 亿元。农村初中生均教育事业费由 2 590 元增长到 4 561 元，生均公用经费由 689 元增长到 1 089 元。农村小学教育事业费生均由 2 276 元增长到 4 485 元，生均公用经费由 317 元增长到 857 元。同时，开展了多种形式的支援活动，促进城乡学校共同发展。2005 年年初，市教委组织了包括示范高中、中小学名校在内的 103 所城市学校与 103 所农村学校开展手拉手活动，签订了对口支援五年协议。市委、市政府采取切实措施改善农村中小学校办学条件。2002 年，为 133 所农村寄宿制中小学校配备了校车。2003 年，为 100 所完小建设网络计算机教室。2004 年，为寄宿制中小学校建设医务室，配备医疗卫生设备。2005 年，为农村中小学校配备价值 2 000万元的体育器材。启动了半山区和农村地区 113 所办学条件困难学校改造工程，市区县两年投入经费 2.5 亿元，共完成基建面积 10 万平方米、修缮 38 万平方米，为学校添置教学设备 7.5 万套（件）、添置寄宿制学校生活设备 1 万套（件），添置图书资料 32 万册。从 2006 年起，全市全面免除了义务教育阶段的收费。2006 年至 2010 年，全市对农村教育投入资金累计增加了 40 亿元。

四、建立农村社会保障制度

农村老人领取社保金

从2002年开始，全市建立了农民最低生活费保障制度。部分村建立了农民养老保障制度，农村新型合作医疗制度的推广工作开始起步。据8个区县统计，已有2.48万农户、4.71万人领取了农民最低生活费；已有1 970个村的41.12万农民领取了养老金；已有2 139个村的142.09万农民参加了新型合作医疗。市政府还在部分区县进行整建制农转居的农民社会保障与城镇居民社会保障接轨的试点，力争通过几年的努力实现农民社保制度与城市居民社保制度的统一。

五、推进村庄“五项基础设施”建设

通过环境治理，山区恢复了山清水秀

从2005年开始，市委、市政府加大对郊区基础设施建设投资，市区与郊区基础设施的投资比例由过去的6∶4，调整为5∶5，每年增加对郊区投资70多亿元。为全面推进社会主义新农村建设，从2006—2010年，北京市用五年时间开展了村庄街坊路硬化和两侧绿化、供水老化管网改造和一户一表、污水处理、垃圾处理、厕所改造等五项基础设施建设工程。五年来，全市累计建设投资170多亿元。完成街坊路硬化7 520万平方米；街坊路绿化3 982.6万平方米；改造老化供水管网32 365.5公里；安装一户一表98.67万个，农村安全饮水问题得到全面解决；实施污水处理工程630处；改造户厕73万座；新建公厕6 464座；为40余万户配置了垃圾分类容器。为4 000个行政村配备了垃圾储运设施和设备，户分类、村收集、镇（乡）运输、区县处理的农村垃圾处理运行模式基本建立。农村基础设施显著改善。

六、实施村庄“三起来”工程建设

从2006—2010年，在社会主义新农村建设中，北京市共投入40亿元，实施让农村亮起来、让农民暖起来、让农业资源循环起来的“三起来”工程。为农村安装太阳能路灯 16.91 万盏，更换节能路灯 12.58 万盏，为农户更换节能灯泡 1 167 万支，铺设卫生节能吊炕 39.1 万铺，建设村级太阳能公共浴室 927 座，完成既有农宅增温节能改造 4.24 万户，新建抗震节能民居 1.39 万户，实施地热采暖 1 460 户，建设大中型沼气集中供气系统工程 108 处，大中型秸秆气化站 142 座，户用沼气池 8 715 座，生物质燃料加工点 22 个，配置生物质炉具 5.14 万台，粪污处理工程 727 处，完成于雨洪利用工程 8 000 处。

七、实施险村农民搬迁工程

实施险村搬迁共建安居家园

北京市生态涵养发展区是首都生态屏障和重要资源保证地，是构建全市城乡一体化发展的重点地区，也是产业结构优化调整的重要区域。进入新世纪以来，市政府按照对山区生态涵养发展区的功能定位，实施了一系列生态涵养工程，加大了山区生态涵养生态涵养补偿的力度，在恢复和涵养生态的同时，坚持以城带乡，扶持山区沟域经济的发展，加快产业结构升级，带动了一大批山区农村经济和社会结构的现代化转变。但是，北京市山区中仍有很多地方难以改变贫困面貌，尤其是有一部分村地处泥石流易发区、矿产采空塌陷区、河道泄洪区以及其他生存条件恶劣的区域，这些行政村或者自然村交通、通讯等基础设施落后，生存条件恶劣，农民增收缓慢。摆脱地质灾害威胁，实现安居乐业成为山区农民长期以来的梦想。经过长期的实践，北京市探索出对这些生存条件恶劣的行政村和自然村进行重新选址搬迁整合的新途径。山区农民搬迁对于改善山区农民生产生活条件，拓展山区新的产业发展空间，增加山区农民收入，巩固山区生态涵养成果，加快推进城乡统筹协调发展，更好地履行中央赋予北京市的首都职能，具有十分重要意义。做好山区农民搬迁工作，不仅可以收到良好的社会、经济、环境效益，而且具有深远的政治意义，是全市各级党组织和政府贯彻党的群众路线的重大举措。自 2004 年以来，中共北京市委、北京市人民政府想山区农民所想，急山区农民所急，把实施山区农民搬迁作为一项重大的民生工程，作为山区社会经济发展的突破口，作为推进城乡统筹协调发展的重要举措，摆上重要工作日程。北京市实施山区农民搬迁工程十多年来，制定了一系列政策措施，把党和政府对山区的各项生态补偿政策与补偿资金集聚起来统一使用，把各部门、各地区以及社会各方面支援山区发展的积极性充分调动起来，把山区蕴藏的资源优势挖掘出来，把分散经营的农户组织起来。2004—2014 年，全市为实施山区农民搬迁工程，市级财政累计投入资金 20.43 亿元，共完成搬迁 3.4 万农户，8.4 万口人，整建制建成新村 180 多个。通过搬迁有力地促进了山区社会经济发展与环境建设，极大地改善了山区村庄面貌，提高了山区抵御自然灾害的能力，完善了基础设施，农民群众生产生活条件得到有效改善。山区农民搬迁，搬出了新生活、新生态、新产业、新农民、新农村。

第七章 农村综合改革

2007 年 12 月 13 日，北京市人民政府关于发出了《做好本市农村综合改革工作的意见》（京政发〔2007〕32 号）。自此，北京市农村税费改革进入综合改革新阶段。

第一节 农村综合改革任务

一、推进乡镇机构改革试点工作

乡镇机构改革要以转变职能为核心，按照推动功能区域发展、职能服从功能的原则，进一步明确乡镇政府职能定位，切实提高行政效率，加快职能转变，形成责权一致、分工合理、决策科学、执行顺畅、监督有力的农村行政管理体制和运行机制。要分别在近郊区、远郊平原区和山区县选择不同区域功能定位和经济发展水平的乡镇先行试点，在取得经验的基础上逐步推开。

（一）加快乡镇政府职能转变

乡镇政府要结合区域功能定位，按照有利于促进功能区域发展的方向转变职能，以统筹区域经济社会发展、落实国家产业政策、优化地区发展环境、推进乡镇域经济发展、深化农村经济体制改革和加强农村公共服务为重点。

加强宏观经济指导。按照进一步推进政企分开、政资分开、政事分开、政府与市场中介组织分开的原则，减少乡镇政府对微观经济的干预，加强宏观经济指导，组织制定本地区产业发展规划，加大地区性优势产业扶持力度，加强农村基础设施建设和管护，优化地区经济发展环境。

深化农村经济体制改革。进一步落实和稳定农村基本经营制度，不断完善以家庭承包经营为基础、统分结合的双层经营体制，积极推进土地承包经营权依法自愿、有偿流转和集体建设用地使用权流转。有条件的地方可以发展多种形式的适度规模经营，大力发展都市型现代农业。加强对乡村集体经济产权制度改革的指导，通过多种形式和途径，不断创新农村集体经济发展思路和运行机制，提高集体资产经营效益，增强农村集体经济实力，化解农村人民内部矛盾。根据《中华人民共和国农民专业合作社法》，加强对农民专业合作组织的指导、扶持和服务，积极引导农民发展专业合作组织，提高农民的组织化程度。

发展农村公共服务。进一步加强和完善农村社会化公共服务体系建设，为农民生产提供科技、金融、信息等产前、产中、产后服务。认真组织好科技兴农和科技富农工作。组织好农村教育、卫生、计划生育、文化、体育、社会福利等公共服务设施建设和管护工作，不断完善农村公共服务设施条件。加强对农村基层干部的培训。加大农村富余劳动力转移就业培训工作力度，提高农民就业能力，促进农民就业向二、三产业转移。健全农村社会保障体系，大力发展农村新型合作医疗，提高公共卫生服务和保障水平。根据经济发展水平，逐步完善农村最低生活保障制度，逐步建立健全农民养老保障制度，大力发展农村养老服务事业。组织开展农村文化体育活动，丰富农村文化生活，推进农村精神文明建设。

加强农村社会管理。依法加强对农村集体经济组织的监督管理，重点加强农村土地承包管理、耕地管理、农民负担监督管理以及农村集体资产财务管理，提高农村集体经济的运行水平。强化乡镇政府组织指导扶贫济困和社会救助、开展法制宣传、排查化解矛盾、农村社区建设以及农村基层组织建设的职能，进一步提高乡镇政府维护地区稳定、建设和谐社会的能力。

（二）合理调整乡镇政府机构

从职能定位出发，根据地域特点、产业结构和城镇化发展水平，按照综合设置的要求，合理调整乡镇机构设置。明确乡镇集体资产管理主体，建立健全乡镇集体资产管理机构；强化担负综合经济管理、社会管理和维护稳定职能的机构；撤销职能萎缩或弱化的机构；合并职能相同或相近的机构；理顺农村经营管理机构。

积极推进乡镇事业站所改革。根据地区经济发展和农民需求，整合服务资源，探索站所设置方式和服务模式。强化公益性站所的服务功能，其经费主要由财政保障；增强经营性站所的自我发展能力，并逐步走向市场。

全面推行乡镇人员编制实名制，减少临时聘用人员。建立编制、人事、财政等部门协调机制，确保五年内乡镇机构编制和财政供养人数只减不增。根据《中共中央办公厅国务院办公厅转发〈中央机构编制委员会办公室关于深化乡镇机构改革的指导意见〉的通知》（中办发〔2009〕4号）以及《中共北京市委办公厅北京市人民政府办公厅转发〈北京市机构编制委员会办公室关于深化本市乡镇机构改革的意见〉的通知》（京办发〔2010〕28号）精神，北京市全面推进新一轮乡镇机构改革，并于2011年8月底基本完成。

（三）合理划分乡镇政府职责权限

按照权责一致的要求，合理划分乡镇政府与上级政府的职责权限，理顺垂直管理部门与乡镇政府之间的职能分配关系。凡法律、法规及规范性文件明确规定由上级部门承担的职责，不再转交乡镇政府承担。确需乡镇政府配合的，应明确相应的权利和义务。

规范乡镇政府与村民自治组织的关系。进一步发挥村民自治组织的作用，扩大基层群众自治范围，完善民主管理制度，属于村民自治范畴并且通过村民自治的形式能够解决好的事务，应该交由村民自治组织承担。乡镇政府重点做好指导和服务工作，实现乡镇政府行政管理与村民自治组织的有效衔接和良性互动。

二、全面深化农村义务教育改革

进一步完善政府投入办学、各级责任明确、财政分级负担、经费稳定增长的农村义务教育经费保障机制，强化市级统筹力度，加强农村教师队伍建设，提高农村教师素质，逐步缩小城乡义务教育的差距，提高农村义务教育质量，促进教育公平，使城乡教育协调发展。落实区县政府发展农村义务教育的责任，将农村义务教育经费全面纳入财政保障范围，建立市和区县分项目、按比例分担的农村义务教育经费保障机制。落实新调整的义务教育公用经费定额标准，确保新增教育经费用于农村的比例不低于70%。继续加大市级财政对财力薄弱地区教育经费的倾斜力度。加快改善农村中小学办学条件。各远郊区县要结合新城规划、区县域规划确定的人口布局及规模，判断学龄人口变化趋势，进一步调整和优化农村中小学布局，整合教育资源，山区农村义务教育资源要适当集中，有条件地区应加快发展寄宿制学校，完善农村中小学各种教育配套设施建设，提高教育资源利用率。2010年年底前，全市农村中小学办学条件主要项目要达到北京市新颁中小学办学条件标准。加快搭建教育信息平台，完善农村中小学现代远程教育体系。深化教育人事制度改革。进一步优化农村教师队伍结构，加强农村教师队伍培训，依法全面实施教师资格准入制度。教师空缺职位要面向社会公开招聘，规范和改进教师评价与考核办法，稳步推行聘用合同制和专业技术职务聘任制。结合发展农村学前教育等社会公益事业，做好离岗分流教师的安置工作。加快城市教育资源向农村流动。继续实行每年千名城镇教师到农村中小学支教制度，建立高校毕业生到农村中小学支教制度。积极开展城乡教育对口支援，鼓励大学生到农村基层开展服务和创业活动。积极探索和创新加快城市教育资源向农村流动的管理模式。规范农村中小学收费管理。要结合“两免一补”政策的实施，采取有效措施，进一步规范农村中小学教育收费行为，切实减轻农民负担。

三、加快推进乡镇财政管理体制改革

按照社会主义市场经济条件下公共财政的原则要求，结合乡镇机构改革和职能转变，加快建立健全财权与事权相匹配的区县和乡镇财政管理体制，完善乡镇财政体制。完善乡镇财政管理体制。明确界定区县和乡镇政府的支出责任。按照财权与事权相统一的原则，根据乡镇政府承担的管理职责与任务，进一步界定区县和乡镇政府的支出责任。合理调整和划分收入。根据经济发展水平、财政收支状况和乡镇政府承担的事权，合理划分区县和乡镇间的财政收入。在优化投资环境、努力培植税源的同时，保证区县政府对区域经济社会发展的调控能力。加大转移支付力度。进一步完善粮食直补、农资综合直补及生态林补偿等政策，促进农民持续增收；整合农村税费改革和农业税减免转移支付力度，切实提高乡镇政府和村级组织经费保障能力，确保乡镇机构和村级组织的正常运转；完善村级组织公益事业转移支付制度，发展农村公益事业，提高农村公共服务水平；完善农村社会事业专项转移支付制度，促进农村教育、文化、卫生、计划生育等社会事业的发展。调整财政支出结构。进一步加大区县财政对农业和农村的投入，财政新增教育、文化、卫生、计划生育等项经费主要用于农村，国家基本建设资金增量主要用于农村，政府土地收益用于农村的比例要有明显增长。统筹各部门力量，进一步加大支农资金整合力度。

四、积极稳妥开展化解乡村债务工作

各级政府要充分认识制止新债、化解旧债的重要性和紧迫性，进一步健全和落实对县乡领导干部控制和化解乡村债务工作的考核制度。

严格锁定旧债。各区县政府要对 2006 年 12 月 31 日前由乡镇政府和村民委员会形成的债权、债务，包括以乡镇政府或村民委员会名义担保形成的债务，尤其是举办农村义务教育和村级公益事业形成的债务进行全面清理核实，严格锁定旧债。

坚决制止新债。各乡镇政府和村民委员会要严格按照《国务院办公厅关于坚决制止发新的乡村债务有关问题的通知》（国办发〔2005〕39 号）和本市有关文件要求，不得以任何名义举债，特别是在推进社会主义新农村建设过程中，决不能盲目举债搞建设，不得搞“形象工程”。要严格按照“谁举债、谁负责”的原则，加大监督检查力度，严肃查处违法违纪行为。

开展化解债务试点工作。各区县政府要结合本地区实际，确定债务化解工作顺序。要优先化解与农民利益直接相关的农村义务教育、基础设施建设和社会公益事业发展等方面债务。把化解因乡村公益事业建设形成的对农民、乡村干部、乡村工程业主等个人的债务作为重点。

设立政府偿债准备金。根据债务规模，按当期政府债务余额的一定比例安排政府偿债准备金，实行专户管理，单独进行会计核算，支持基层优先化解由于发展农村公共事业建设所形成的债务。

加大村务公开民主管理工作力度。加强村级财务管理，规范村级财务支出行为。在坚持资金所有权、使用权不变并认真履行民主程序的前提下，积极推行村级会计委托代理制和村级大额资金专储账户管理方式，建立健全村级财务管理制度。进一步落实和完善村级民主理财制度和村级财务公开制度，加强民主监督。积极推广村级财务预决算制度，加强对村级财务收支的监管。加大村级财务审计工作力度，全面实行村级干部任期经济责任审计制度。

第二节　减轻乡村债务负担

乡村债务按照《市农委关于开展乡镇政府及乡镇集体经济组织债务债权情况调查的通知》（京政农发〔2006〕23号）和《市农委关于开展村级债务债权摸底清查的通知》（京政农发〔2006〕14号）的要求，北京市农村综合改革领导小组办公室于2006年，组织各区县对乡村债务和债权情况进行了清查。

这次清查的范围，包括乡镇政府（含所属事业单位）、乡镇集体经济组织和村级集体经济组织的债务债权情况。共涉及190个乡镇（含乡镇整建制撤销后集体经济组织未撤销的乡镇）和4 005个行政村（含行政村整建制撤销后集体经济组织未撤销的村）。

一、乡村债务债权总体情况

到2005年年底，全市乡村两级债务总额为235.2亿元。其中：乡级债务148.4亿元，占63.1%，乡均7 814万元；村级债务86.8亿元，占36.9%，村均217万元，人均2 656元。

到2005年年底，乡村两级债权总额160.3亿元。其中：乡级79.9亿元，占49.8%，乡均4 205万元；村级80.4亿元，占50.2%，村均201万元。乡村债权中40%左右为坏账。

债权债务相抵，乡村两级净债务74.9亿元。其中：乡级68.5亿元，占91.5%；村级6.4亿元，占8.5%。扣除应核减的坏账损失，乡村应承担的实际净债务在139亿元以上。

二、乡级债务债权情况

乡级的148.4亿元债务中，乡镇政府债务67.6亿元，占45.6%；乡镇集体经济组织债务80.8亿元，占54.4%。按债务来源划分，向金融机构贷款76.9亿元，占51.8%；向社会单位借款28.3亿元，占19.1%；向个人借款0.3亿元，占0.2%；其他应付未付款42.9亿元（包括拖欠的工程款、货款等），占28.9%。按债务形成时期划分，2001—2005年形成的占65.1%；1991—2000年形成的占26%；1990年以前形成的占8.9%。

乡级债务的用途包括六个方面：用于基础设施建设 71.1 亿元，占 47.9%；用于兴办企业 34.4 亿元，占 23.2%。其中，承接倒闭、转制企业债务是乡级债务形成的一个重要原因。如，通州区马驹桥镇承担关、停、并、转企业债务 1.6 亿元；用于生产经营 25.4 亿元，占 17.1%；用于公益事业及社会管理 4.2 亿元，占 2.8%；用于弥补日常开支 1.3 亿元，占 0.9%；用于其他支出 12 亿元，占 8.1%。

全市 190 个乡镇中，没有债务负担的有 18 个乡镇，占 9.5%；负债 1 000 万元以下的有 38 个，占 20%；负债 1 000 万～5 000 万元的有 62 个，占 32.6%；负债 0.5 亿～1 亿元的有 32 个，占 16.8%；负债 1 亿元以上的有 40 个，占 21.1%。

乡级的 105.5 亿元借款中（不包括 42.9 亿元的其他应付未付款），逾期借款 25 亿元，占 23.7%。104 个乡镇有逾期借款，占 54.7%。

乡级的 105.5 亿元借款中，续贷借款 24.5 亿元，占 23.2%。其中，息转本 2.6 亿元，占续贷借款的 10.6%。68 个乡镇有续贷借款，占 35.8%。续贷借款是指债务人借款到期，因无偿还能力而又重新办理还款、贷款手续的借款。续贷借款虽没有统计在逾期借款中，但实际已成为潜在的不良债务。

在乡级 79.9 亿元债权中，内部所属单位欠款 51.1 亿元，占 64%；外部单位欠款 21.3 亿元，占 26.7%；个人欠款 0.6 亿元，占 0.7%；其他应收未收款 6.9 亿元，占 8.6%。

三、村级债务债权情况

村级 86.8 亿元债务中，按债务来源划分，向金融机构贷款 44.3 亿元，占 51%；向社会单位借款 16.6 亿元，占 19.1%；向个人借款 4.4 亿元，占 5.1%；其他应付未付款（主要是拖欠的工程款、货款、工资等）21.5 亿元，占 24.8%。按债务形成时期划分，2001—2005 年形成的占 41.8%；1991—2000 年形成的占 38.4%；1981—1990 年形成的占 15.6%；1980 年以前形成的占 4.2%。

村级债务的用途包括七个方面：用于兴办企业 32 亿元，占 36.8%。其中，承接倒闭、转制企业债务也是村级债务形成的一个重要原因。如，密云县穆家峪镇新农村自 20 世纪 80 年代以来，先后建起了猪场、汽车电机厂、东山潮河水上公园、香厂等 4 家企业，后因经营不善停产或倒闭，村级组织承担 4 家倒闭企业不良债务 74 万元；用于基础设施建设 25.7 亿元，占 29.6%，其中：道路交通建设 5.9 亿元，农田水利基本建设 4.6 亿元，电力设施建设、维修 1.9 亿元，村容村貌整治、绿化 9 亿元。如，昌平区小汤山镇是国家重点建设的小城镇示范单位，村级在房地产开发和旧村改造工程中，累计欠下施工单位工程款和材料款 1.83 亿元。怀柔区怀柔镇甘涧峪村为区级新农村建设试点村，2005 年新增债务 459.5 万元，用于基础设施建设，其中：修路开支 100 万元，农田和水利基本建设 35 万元，电力设施维修 14 万元，村容村貌整治 310.5 万元。又如，门头沟区清水镇燕家台村进行农户厕所改造工程，需改造 170 个农户厕所。总投资 312 970 元，平均每个厕所投资 1 841 元（不包括市里给的一个价值 145 元的蹲坑）。区、镇两级共补助 51 000 元，平均每个厕所补助 300 元，其余 261 970 元（平均每个 1 541 元）由村里筹集资金。由于这个村没有自有资金，只能举债或者拖欠工程款。目前，这个村因农户改厕一项已经形成了 261 970 元的新债；用于经营支出 13.4 亿元，占 15.4%；用于利息支出 9.2 亿元，占 10.6%；管理支出 3.9 亿元，占 4.5%；用于公益事业 1.7 亿元，占 2%，其中：教育 0.6 亿元，卫生 0.3 亿元，计划生育 0.2 亿元，照顾烈军属、五保户、困难户 0.6 亿元；其他支出 0.9 亿元，占 1.1%。

全市 4 005 个村中，没有债务负担的有 756 个，占 18.9%；负债 10 万元以下的有 552 个，占 13.8%；负债 10 万～100 万元的有 1 438 个，占 35.9%；负债 100 万～500 万元的有 938 个，占 23.4%；负债 500 万～1 000 万元的有 158 个，占 3.9%；负债 1 000 万元以上的有 163 个，占 4.1%。

村级的 65.3 亿元借款中（不包括 21.5 亿元的其他应付未付款），逾期借款 32 亿元，占 49%。其中，逾期 2 年以上的借款 29.9 亿元，占逾期借款的 93.4%。1 946 个村有逾期借款，占 48.6%。

村级的 65.3 亿元借款中，续贷借款 16.7 亿元，占 25.6%。其中，息转本 2.5 亿元，占续贷借款的 15%。618 个村有续贷借款，占 15.4%。

与 2003 年年底相比，全市村级债务增加 18.1 亿元，增长 20.9%。债务增加的有 12 个区县，分别为房山 7.8 亿元，朝阳 2.6 亿元，海淀 2 亿元，平谷 1.8 亿元，通州 1.8 亿元，丰台 1.5 亿元，昌平 1.1 亿元，怀柔 0.9 亿元，门头沟 0.6 亿元，大兴 0.5 亿元，延庆 0.3 亿元，石景山 0.2 亿元。债务减少的有 2 个区县，分别为顺义减少 2.4 亿元，密云减少 0.5 亿元。

村级新增加的债务中，向金融机构贷款 10.4 亿元，占 57.5%；向社会单位借款 3.1 亿元，占 17.1%；向个人借款 0.3 亿元，占 1.6%；其他应付未付款（主要是拖欠的工程款、货款、工资等）4.3 亿元，占 23.8%。

村级新增加的债务主要用于六个方面：用于兴办企业 8.8 亿元，占 48.6%。其中新建企业投资 4.9 亿元，占 55.7%。这中间 4.4 亿元用于新建物流、商业、饮食、服务、旅游企业，占新建企业投资额的 89.8%。对老企业投入 1.7 亿元（主要是对房屋进行改造以出租）、承接转制倒闭企业债务 1.3 亿元、承担担保债务 0.9 亿元，分别占兴办企业投资额的 19.3%、14.8% 和 10.2%。为掌握具体情况，调查了丰台、朝阳、大兴 3 个区 6 个乡镇的 14

个村，这些村因兴办企业新增债务数额在全市前 50 名之内。从调查结果看，与全市情况基本一样。如，丰台区花乡榆树庄村从本村水泥构件厂借款 2 442 万元，建西南图书物流中心。白盆窑村贷款 1 150 万元，建北京市白盆窑物流中心，并欠工程款 1 162 万元。朝阳区十八里店乡周家庄村向村民集资 2 530 万元，向乡里借款 1 594 万元，建弘燕农贸市场、东南双龙华庭旧货和中成药厂。横街子村向村民集资 2 064 万元，在弘善粮油市场的基础上建海恒物流。老君堂村贷款 350 万元，将造纸厂改造为仓储。黑庄户乡幺铺村承担北京活力家具有限责任公司担保债务 5 090 万元（幺铺村为该公司股东）。大兴区西红门镇四村贷款 550 万元，建尚唐纸业，用于出租（年租金 180 万元）；借款 250 万元，建厂房 40 多间，用于出租（年租金 60 万元）。房山区史家营乡金鸡台村由于关闭煤矿，新增应退未退煤矿企业承包者承包费 7 950 万元，这部分资金已用于开发莲花山自然风景区。用于基础设施建设 5 亿元，占 27.6%；利息支出 0.9 亿元，占 5%；用于管理支出 0.8 亿元，占 4.4%；用于经营支出 0.8 亿元，占 4.4%；用于其他支出 1.8 亿元，占 10%。

村级 80.4 亿元债权中，外部单位欠款 39.5 亿元，占 49.1%，其中：政府部门欠款 4 亿元（一部分为乡级政府部门向村里的直接借款，一部分是乡级承接转制、倒闭企业债务中有欠村里的钱），外部企业欠款 17.6 亿元，征地补偿费欠款 14.4 亿元（主要由乡镇暂存或代管，尚未下拨到村）；外部个人欠款 1.3 亿元，占 1.6%；内部所属单位欠款 32.2 亿元，占 40.1%，其中所属企业欠款 27.2 亿元；集体内部成员欠款 2.4 亿元，占 3%，其中：村提留尾欠 5 277万元，乡统筹尾欠 463 万元，农业税收尾欠 386 万元，集体成员借款 1.7 亿元；其他应收未收款 5 亿元，占 6.2%。

四、乡村债务化解情况

2005 年，全市化解乡村债务 20 亿元。其中：乡级化解 12.6 亿元，占 63%；村级化解 7.4 亿元，占 37%。化解的方式包括：利用收入偿还 13.3 亿元，清收债权化解 1 亿元，核销无效债务 0.4 亿元，划转所属企业 1.1 亿元，债务、债权冲转 1.1 亿元，争取外部资金化解 1.3 亿元，借款还债 0.8 亿元，其他方式化解 1 亿元。

五、进一步化解乡村债务措施

从这次清查结果看，北京市乡村债务涉及面广，情况复杂，化解工作进展缓慢，已成为农村工作中的一个难点问题。为推进农村综合改革，巩固农村税费改革成果，防止农民负担反弹，促进社会主义新农村建设，要做好化解乡村债务工作。

（一）全面清理核实，锁定债务数额

锁定乡镇政府、村民委员会以及乡村集体经济组织在2005年12月31日之前所发生的债务。一是要全面清理债务。各区县要组织力量对本地2005年12月底之前所发生的债务进行全面清理。按债务的来源和用途，逐笔登记造册，建立债务台账和债务数据库。二是要锁定债务数额。各区县要组织财政、审计、农业、监察、金融、教育等相关部门，对乡村债务进行认真审核，逐项核实认定，锁定债务数额。三是要制定化解措施。要区分乡镇债务和村级债务的不同性质，采取有针对性的化解措施和办法，分类处理，逐步化解。四是要明确偿债责任。根据乡村债务形成的原因，明确债务偿还的责任，落实到单位或个人。五是要实行动态管理。建立区县、乡镇、村三级债务动态监控机制。实行定期报告制度，掌握债务变化情况和原因，及时采取有效的控制措施。

（二）认真执行政策，严查违规新债

违规新债是指2005年7月1日至2006年10月31日期间，乡镇政府、村民委员会和未进行产权制度改革的乡村集体经济组织新发生的乡村债务。各区县要按照《国务院办公厅关于坚决制止发生新的乡村债务有关问题的通知》（国办发〔2005〕39号）的各项规定，按照“谁举债、谁负责”的原则，加大监督检查力度，严肃查处违法违纪行为。各区县要组织财政、审计、农业、监察、金融、教育等部门对各地贯彻落实情况进行专项检查。对2005年7月1日至2006年10月31日所发生的乡村债务进行全面清查。对在此期间顶风违纪举债的，要追究相关负责人的责任，并予以曝光；对涉嫌犯罪的，要移送司法机关处理。

建立乡村新债责任追究和领导干部离任债务审计制度。在新债未化解之前，乡镇主要负责人不得被提拔重用，不得到异地任职。对以举债为名从中牟利的乡镇干部，要责令其将所得款项全部退回，并视情节轻重给予相应的纪律处分；构成犯罪的，移送司法机关处理。

已经进行集体经济产权制度改革的乡村集体组织，经过市场调研和效益评估，并经股东代表大会民主讨论决定所发生的新债不在清查范围之内。

（三）全面清理乡村债权，采取有效措施保全债权

各区县在全面锁定债务、制止新债的同时，要对乡镇政府、村民委员会和乡村集体经济组织的债权进行全面清理。在清理的基础上，对各项债权按债务人或者单位以及形成时期，逐笔登记造册，建立债权台账和债权数据库。

要明确专人负责债权的追讨工作，落实追讨责任制。对逾期未能收回的债权，要与债务关系人重新签订还债协议，核实还债本金与利息数量，明确还债期限和还债方式。对有能力归还故意拖欠的单位和个人，要依法采取民事诉讼等方式，取得司法部门的支持与配合。对没有能力归还债务的单位和个人，要

经过司法程序，采取实物抵顶、破产顶债等方式追讨。对债务关系人消失的债务，要经过集体经济组织成员代表大会民主讨论的程序，实事求是地予以核销。未经民主程序，任何组织和个人都不得私自决定核销。对集体经济组织内部债权与债务，经过双方协商一致，可以采取互相抵顶的方式予以核销。要采取切实可行的债权保全措施，严厉制止和打击逃废债务行为，切实维护债权人的合法权益。

（四）建立健全规章制度，规范各级组织行为

要采取有力措施，建立健全各项规章制度，规范各级党委、政府、村级党组织、村民委员会、乡村集体经济组织的行为，从源头上防止新的乡村债务发生。一是乡镇政府、未进行产权制度改革的乡镇集体经济组织要做到“八不准”：不准以任何名义向金融机构申请贷款弥补收支缺口；不准为企业贷款提供担保或抵押；不准采取由施工企业垫支等手段上项目；不准举债兴建工程；不准滞留、挪用对村级组织的补助资金；不准举债发放职工工资、津贴、补贴及解决办公经费不足；不准铺张浪费或随意增加非经常性支出；不准“买税卖税”、虚增或隐瞒财政收入。

二是村级组织要做到“六严禁”：严禁举债兴办公益事业；严禁举债垫付各种税费；严禁举债用于村级支出；严禁超出规定订阅报刊；严禁超村级定额补贴标准发放报酬、补贴；严禁村委会或未进行产权制度改革的村集体经济组织以任何名义从金融机构贷款或为企业提供担保。

三是市、区县政府及有关部门要做到“六不得”：市、区县政府及其有关部门安排的涉及乡村基础设施建设和农业生产开发项目，必须足额安排资金，不得留有缺口，原则上不得要求乡镇政府和村级组织安排项目配套资金；不得开展要求乡村和农民出钱出物的达标升级和检查评比验收活动；不得对乡镇下达不切实际的财政收入指令性计划；不得对乡镇下达招商引资的指标；不得以调整农业结构等为名强令村级组织完成种养计划和技术推广任务；不得向村级组织摊派报刊、书籍征订任务。

四是在推进社会主义新农村建设中必须坚持从实际出发，因地制宜，量力而行。新农村建设各项工作要求都要符合当地实际，不能强求一律，不能盲目攀比，不得提不切实际的目标，更不得搞“政绩工程”和“形象工程”，严防产生新的乡村债务。2006 年 11 月 1 日以后，严禁乡镇政府、村民委员会和未进行产权制度改革的乡村集体经济组织，以任何名义举债。已经进行产权制度改革的乡村集体经济组织，因发展生产经营需要进行举债，也必须经过市场调研和效益评估，并经股东代表大会民主讨论决定，未履行上述程序不得举债。

（五）加强村级资产管理，积极推进产权制度改革

要建立村级资产台账，加强村级资产管理，严防村级资产流失。要在坚持资金所有权、使用权不变的前提下，进一步规范“村账托管”工作，建立健全村级财务管理制度。要完善财务公开制度，确保村级民主理财制度落到实处。要按照“以收定支、量入为出”的原则，做好村级财务年度预决算，并及时张榜公布，接受群众监督。固定资产、资源性资产的处置、拍卖、发包等重大财务事项必须经集体经济组织成员大会或者成员代表会议讨论通过。要完善村民议事规则，规范村级行为。兴办村内公益事业，要严格执行“一事一议”的有关规定，经集体经济组织成员大会或者成员代表会议讨论通过。切实落实取消村级招待费有关规定，健全村级财务审计制度，防止出现村级债务前清后欠的问题。

各区县要按照市委、市政府2003年13号文件和市委农工委、市农委2004年28号文件的要求，积极推进乡村集体经济产权制度改革。要认真制定本区县2007年至2010年推进乡村集体经济产权制度改革的计划，并列入年度折子工程，定期督察认真考核。通过改革，实现资产变股权、农民当股东，将传统集体经济组织改造成实行按份共有产权制度的新型集体经济组织，充分发挥集体经济组织成员对包括举债经营等事务的决策权和民主监督权。

（六）加大政府投资力度，建立化解债务的奖励机制

必须加大政府投资力度。一是进一步加大财政转移支付力度，确保农村税费改革后乡村组织正常运转。二是进一步调整财政支出结构，整合政府支农资金，确保各级财政支出更多地向农业和农村基础设施、教育、科技、卫生、社会保障等方面倾斜，使公共财政更多地覆盖农村。三是建立农村“一事一议”公益事业财政奖励政策，逐步形成以政府投入为引导、农民积极投资投劳、社会力量广泛参与的多元化投入体系，确保农村基础设施和公益事业健康发展。

为调动乡村化解债务的主动性，市、区县每年应从新增财政收入中划出一定比例，建立奖励资金，对乡村用自有财力偿还债务的，按一定比例给予奖励，其奖励款作为偿债基金，专门用于清还债务，鼓励乡村积极开展化解债务工作。乡镇每年应从新增财政收入中划出一定比例，建立偿债基金，专项用于偿还政府债务。对于教育、卫生、计划生育、照顾烈军属、五保户、困难户形成的村级债务，以及税费改革前拖欠的村干部工资，应由市、区县财政拿出专项资金一次性予以解决。

（七）加强清理化解债务的领导，完善机制明确责任

清理化解乡村债务是全面推进农村综合改革、促进社会主义新农村建设的一项重要任务。各级人民政府要切实加强对清理化解乡村债务工作的领导。各区县要建立健全农村综合改革领导小组，从有关部门抽调得力干部组成农村综合改革办公室，负责推进农村综合改革和清理化解乡村债务工作。建立完善工作机制，有计划、有步骤地开展化解乡村债务工作。要树立科学发展观和正确

政绩观，树立不借新债、减少旧债也是政绩的观念，将化解旧债、制止新债工作情况列入对区县、乡镇政府政绩考核内容，明确要求，落实责任。

要严格依法行政，严肃纪律，规范化解债务行为，防止国家和集体资产流失；对虚报债务等行为，要发现一起，查处一起。要注意掌握政策界限，慎重处理好各方面的矛盾和问题。属于制度不完善的，要抓紧健全制度；属于违反财经纪律的，要及时查处；涉嫌犯罪的，要移交司法机关处理。

要加强新闻舆论的宣传引导作用，对不严格执行国家政策、破坏社会信用环境、恶意逃废债务的行为和人员进行曝光。

各区县、各有关部门要加强指导监督，及时总结清理化解乡村债务的经验和做法，建立乡村债务管理制度；要深入研究化解乡村债务工作中出现的新情况，及时解决新问题，避免引发新矛盾；要进一步探索清理化解乡村债务的有效措施，不断完善有关政策，确保清理化解乡村债务工作顺利进行，确保农村社会稳定。

第三节　化解农村义务教育债务

根据《国务院办公厅转发国务院农村综合改革工作小组关于开展清理化解农村义务教育“普九”债务试点工作意见的通知》（国办发〔2007〕70号）和《北京市人民政府办公厅关于做好清理化解乡村债务工作的实施意见》（京政办发〔2007〕65号）精神，北京市农村综合改革领导小组办公室于2007年，组织各区县开展了农村义务教育债务核实工作。

2008年农民负担管理办公室到延庆县核实村级义务教育债务

一、核实工作开展情况

按照要求，乡镇、村、学校先进行了自查，建立了农村义务教育债务台账。没有债务的，也都签字盖章上报了空白表，避免了漏报和找后账。区县财政、经管、教育部门分别对乡镇、村、学校自查结果进行了逐笔核实，审计部门派人参加或进行二次复核。区县核实结果进行公示后，锁定债务数额，形成汇总上报资料。市里从审计、财政、经管部门抽调人员组成3个审核小组，由审计部门人员任组长，采取分组包片的办法，对区县上报数据进行了逐笔现场审核、认定。对借款协议、借据、立项依据、施工合同、工程预决算、资金结算资料等原始资料完整，账目记载清楚，用途明确的债务予以了确认；对完全中学按高、初中学生比例进行了划分；对债务人拥有债权人债权的进行了抵顶；对2005年12月31日后已归还的债务、产生的利息予以了剔出；对建幼儿园等不属于义务教育债务以及资金去向不明、用途不清的予以了核减。对认定困难的账外债务，既未确认，也未核减，而是单独作为一类进行了统计。在审核过程中，对各审核小组拿不准的，市工作小组集体进行了敲定。对每笔债务的审核结果，区县核实部门都在审核表上签字盖章表示认可。

二、市级审核结果

除朝阳、海淀、石景山三区外，其余11个郊区县共上报农村义务教育债务526笔，40 377.1万元，其中：大兴24 705.5万元，房山4 754万元，顺义3 500.9万元，丰台3 175.9万元，昌平1 430.7万元，平谷819万元，怀柔595.4万元，延庆577.2万元，密云440.7万元，通州357.8万元，门头沟20万元。这些债务涉及25个乡镇（受益学校49所）、128个村（受益学校119所）、23所学校。

经市级审核，确认221笔，27 823.6万元，其中本金26 605.7万元，利息1 217.9万元。确认的债务涉及22个乡镇（受益学校30所）、58个村（受益学校58所）、16所学校。核减132笔，7 198.3万元。在确认、核减的债务中，有43笔为部分核减、部分确认。账外216笔，5 355.2万元。确认债务的具体构成如下：

按负债主体划分。乡镇级债务80笔，18 425.6万元，占66.2%；村级债务119笔，4 790万元，占17.2%；学校债务22笔，4 608万元，占16.6%。

按债务来源划分。向金融机构贷款1 738.7万元，占6.3%；欠施工单位9 129.3万元，占32.8%；欠供货单位37.6万元，占0.1%；向其他单位借款（欠款）15 507.9万元，占55.7%；向个人借款（欠款）1 410.1万元，占5.1%。

按是否“普九”划分。1993年12月31日前发生的“普九”债务815万元，占2.9%；1994年1月1日至2005年12月31日期间发生的其他农村义务教育债务27 008.6万元，占97.1%。

按债务用途划分。教学及辅助用房欠债22 186万元，占79.7%；学生生活用房欠债565万元，占2%；校园维修建设欠债4151.3万元，占14.9%；教学仪器设备购置欠债44.8万元，占0.2%；其他方面欠债876.5万元，占3.2%。

按区县划分。大兴14 832.5万元，房山4 271.8万元，顺义3 467.2万元，丰台2 714.6万元，延庆563.5万元，怀柔541万元，平谷368.7万元，通州355.1万元，昌平351.1万元，密云338.1万元，门头沟20万元。

三、债务形成的基本原因

1993年，郊区就完成了“普九”工作，但大部分中小学还是20世纪七八十年代，有的甚至是五六十年代所建的平房校舍。受当时经济发展水平的限制，这些校舍建设时标准低，破损比较严重。随着农村经济的快速发展，许多乡镇、村为改善办学条件，开始新建、翻建校舍。由于区县财力不足，资金主要靠乡镇、村自筹。由于投入大，乡镇、村自身也难以承受，只好靠借款、赊账搞建设，背上了较重的债务负担。如，大兴区从2001年开始推行校舍楼房化，区财政先后采取给予三分之一建设资金补助和每建筑平方米400元补助的办法，大部分资金由乡镇财政自筹负担。2001—2005年建了11所中小学，彻底改变了办学条件，同时也形成了较大数额的乡镇债务。“穷谁不能穷教育，苦谁不能苦孩子”已在社会形成共识。只要为了教育，为了孩子，乡镇、村一般愿意投入，舍得投入，农民群众对由此形成的债务一般也能够理解。这也是形成农村义务教育债务的一个思想原因。

四、需要研究解决的问题

关于账外债务问题。账外债务大部分为白条，且多数没有注明用途。另外，有的是事后补的证明，还有的只有施工合同没有工程决算等。从审计的角度讲，对这部分债务的认定比较困难。但由于其多数是个人欠款，涉及面广，处置不当容易引发矛盾。建议由区县对账外债务再作进一步核实，确属教育债务的，由债务人、债权人、两个以上证明人共同出具证明材料，并履行民主决策程序通过后予以确认，在确保农村社会稳定的前提下，由区县自行化解。

关于建校占地欠款问题。在个别区县上报的债务中，账内、账外都有建校占地欠款，既有征地补偿费，也有租地租金，虽然笔数很少，但数额较大。经请示国务院综改办，征地补偿费欠款不在此次化解农村义务教育债务范围内。建校占地欠款只是整个占地欠款的一部分。市里要加强对村集体征地补偿费管理使用情况的监督检查，采取切实措施，妥善解决拖欠村集体征地补偿费的问题。

关于欠财政周转金问题。在个别区县上报的债务中，有几笔是欠的财政周转金，市级审核予以了核减。经财政部门认定，确属呆、死账的，根据财政部有关财政周转金呆账处理规定，按照“周转金所有权归谁，谁审批呆账，谁承担处理责任”的原则，予以核销。

经北京市农村综合改革领导小组办公室确认的农村义务教育负债 27 823.6 万元，全部于 2009 年进行了偿还。其中，市级财政负担 8 909 万元，区县财政负担 18 914.6 万元。

第三节　村民一事一议筹资筹劳

筹资是指改革村提留征收使用办法以后，为发展集体生产公益事业，村经济合作社在村级范围内向社员筹集资金的行为；筹劳是指取消统一规定的农村义务工和劳动积累工（以下简称“两工”）后，为发展集体生产公益事业，村经济合作社在村级范围内要求社员出工的行为。

2007 年北京市村级一事一议筹资筹劳现场会

一、村民一事一议筹资筹劳试点

2003 年 7 月 16 日中共北京市委农村工作委员会、北京市农村工作委员会《关于印发〈北京市村级范围内筹资筹劳管理暂行办法〉的通知》（京农发〔2003〕29 号）规定：村内兴办集体生产公益事业向社员筹资筹劳，实行上限控制。所筹资金应当按照户口在本村的社员家庭人口承担，最高不得超过每人每年 20 元；所筹劳务由本村劳动力（男 18～55 周岁、女 18～50 周岁）承担，最高不得超过每个劳动力每年 10 个标准工日。北京市从 2002 年开始，在通州区开展了农村生产公益事业村民一事一议工作试点。

通州区张家湾镇苍头村村民一事一议会议

通州区张家湾镇苍头村东有一座“四支桥”，建于30年前，是全村出行的主要交通干道。由于年久失修于2003年10月2日突然倒塌。村“两委”决定采取村集体、村内企业和农户共同出资的方式进行重建。工程总预算17万元，村集体出资4万元，村内企业出资12万元，村民一事一议筹资1万元。该方案经镇政府初审，在村务公开栏进行公示，并印发到农户征求群众意见后，召开村民代表会议表决通过形成决议。2003年11月19日，苍头村将修桥筹资决议上报镇政府批准以后，进行了张榜公布、填发农民负担监督卡、筹资等项工作。全村838人，平均每人筹资12元，共筹资10 200元，全部用于修桥。当年12月15日修桥工程顺利完成。该村总结这次村民一事一议筹资的经验是：通过民主议事让农民群众有知情权、决策权、参与权、监督权，从而议出了“四力”。一是议出了财力，农民筹资仅占全部修桥预算的5.9%，钱虽不多但是意义深远。二是议出了合力，增强了农民群众的合作意识。三是议出了动力，增强了干部为群众办实事的责任心。四是议出了实力，增强了农民群众发展集体经济的信心。密云县冯家峪镇前火岭村260户、530口人，2004年年初，经村民代表会议决议采取村民一事一议筹资筹劳的办法修建护地坝。预算每个劳动力筹劳5个，每口人筹资15元，经过争取政府财政扶持7万元，实际每个劳力筹劳4个，每口人筹资10元。全村农民群众积极出工出资，没有一个违反村民代表会议决议的，确保了护地坝顺利建成。

从2003年开始到2008年，在22个规范性试点村的带动下，全区共有59个村组织实施村民“一事一议，筹资筹劳”进行了村内生产生活公益事业建设，涉及工程项目78项，累计向农民筹集资金219.93万元，筹劳33.14万个。直接拉动区级投入598.95万元，镇级投入1 226.4万元，村级投入2 453.2万元，社会筹资50万元，建成了一批村民直接受益的生产生活公益事业项目。村民在新农村建设中发挥了积极的促进作用。通州区村级组织采取“一事一议，筹资筹劳”开展村内生产公益事业建设的做法，归纳起来主要有8种形式：人均筹资形式、农户筹劳形式、筹补结合形式、以奖代补形式、以劳代资形式、受益筹资形式、个人投资形式、自愿捐资形式。2002—2004年，房山区有 8 个乡镇的 30 个村进行了村民一事一议筹资筹劳试点，共筹集资金 34.15 万元。在村民一事一议筹资的同时，上级财政扶持 27.38 万元，村集体经济组织出资 87.60 万元，主要用于村级道路和农田水利建设项目。

二、村民一事一议筹资筹劳政策完善

2007 年，国务院办公厅《关于转发了〈农业部村民一事一议筹资筹劳管理办法〉的通知》(国办发〔2007〕4 号)。2007 年 11 月 20 日，北京市农村负担监督管理办公室在通州区张家湾镇苍头村召开了村民一事一议筹资筹劳现场会。通州区农民负担监督管理办公室主任金世明、苍头村党支部于书记介绍了经验。北京市农村负担监督管理办公室主任黄中廷主持会议，要求各区县要结合本地实际，认真推广通州区的经验。同年 11 月 17 日，北京市农村工作委员会发出了《关于印发〈北京市村民一事一议筹资筹劳管理办法〉的函》(京农函〔2008〕12 号)，要求从 2009 年开始，在全市全面推进村民一事一议筹资筹劳工作。该文件对筹资筹劳的范围、对象、程序、管理等都做了明确细致的规定，重点强调了：一是开展村民一事一议筹资筹劳工作要坚持遵循村民自愿、直接受益、量力而行、民主决策、上限控制的原则；二是议事范围为建制村、村民小组和受益群体，筹资筹劳对象为受益人口和受益人口中的劳动力，筹资筹劳事项、标准、数额要张榜公布，填入《北京市农民负担监督卡》，并向筹资人开具《北京市行政事业单位银钱收据》；三是凡是与农民生产生活相关的，农民直接受益或间接受益的村内公益事业和生产性建设均可列入村民一事一议筹资筹劳范围。包括：新农村建设项目、村内植树造林、修建道路、改善卫生环境、有线电视公共设施建设、自来水公共设施建设、文化基础公共设施建设、人畜饮水公共设施建设等，筹资筹劳工程项目要经过村民会议和村民代表大会过半数以上参会人员通过；四是对村民筹资筹劳开展的村内公益事业项目，各级政府要按一定比例，采取项目补助、以奖代补等办法给予支持，实行筹补结合。

三、制定一事一议财政奖补政策

2011 年，北京市选取了顺义、平谷、密云、通州四个区县开展了村级公益事业建设一事一议财政奖补试点工作，共确定一事一议财政奖补项目 133 个，项目建设总投资 13 415.05 万元。其中：村民筹资筹劳 2 575.67 万元，村集体投入 639.38 万元，社会捐赠 21 万元，其他投入 4 万元，财政奖补资金 10 175 万元。2012 年 6 月 4 日，北京市农村工作委员会、北京市财政局发出《关于印发〈北京市村级公益事业建设项目管理暂行办法〉的通知》(京政农发〔2012〕16 号)。按中央规定的，北京市一事一议财政奖补项目范围主要包括以村民一事一议筹资筹劳为基础，支农资金和转移支付资金没有覆盖的村内水渠（灌溉区支渠以下的斗渠、毛渠）、堰塘、桥涵、机电井、小型提灌或排灌站等小型水利设施，村内道路（行政村到自然村或居民点）、田间道路和环卫设施、植树造林等村级公益事业。超过本区县规定的筹资筹劳限额标准的项目，农村中小学校舍修建、通村通乡道路建设、农村电网改造升级等项目及应由公共财政承担的农村公益性项目，举债兴办的村内公益性项目和经营性的项目，不得列入一事一议财政奖补范围。单个一事一议项目财政奖补资金原则不能超过 200 万元。

2012 年 6 月 5 日，北京市规划委员会、北京市水务局、北京市园林绿化局联合发出《关于开展村级公益事业建设一事一议财政奖补工作的实施意见》（京政农〔2012〕26 号）。全市一事一议财政奖补项目实行年度总量控制。即：在中央、市和区县三级财政安排的奖补资金总量范围内，每年由各区县选择部分乡（镇）的重点村开展一事一议财政奖补项目建设。根据本市实际，一事一议财政奖补项目的财政奖补比例为：山区区县为 80%，平原区县为 75%。财政奖补资金匹配比例为中央财政占 40%，市级财政占 40%，区县财政占 20%。农民筹资筹劳额度根据各区县的实际情况制定，但不可超过本区县所制定的农民筹资筹劳限额标准。

四、2012 年村级公益事业建设一事一议财政奖补工作

延庆县部署 2012 年一事一议财政奖补工作

北京市农村综合改革领导小组办公室在 10 个远郊区县的 91 个乡镇 202 个村全面推开村级公益事业建设一事一议财政奖补工作，共建设项目 203 个，其中村内小型水利设施 95 个，村内道路 92 个，其他公共设施 16 个，项目内容主要集中于村内排水和道路建设。村级公益事业建设一事一议财政奖补项目总

投资 1.3 亿元。其中：财政奖补资金 10 372.31 万元，村民筹资筹劳及其他 2 896.25万元，项目受益人数达到 18.45 万人。主要做法和取得的成效：一是加强组织领导，确保规范管理。村级公益事业建设一事一议财政奖补被纳入市政府重点工作及新农村“折子工程”范围，主管副市长曾多次批示要总结典型，积极推动新农村建设。为加强组织领导，北京市成立了由市农委、市财政局、市规划委、市园林绿化局、市水务局组成的市级村级公益事业建设一事一议财政奖补工作小组，小组办公室设在市农委，各区县也相应成立了组织机构，配备了专职工作人员，为推动一事一议财政奖补工作提供了强有力的组织保障。小组办公室积极协调市规划委、市财政局、市园林绿化局、市水务局等市农村综合改革协调会议成员单位统筹推进一事一议财政奖补工作，先后召开多次会议对一事一议财政奖补项目申报、工程实施、资金拨付、项目验收和档案管理等工作进行布置和督导，确保一事一议财政奖补工作切实贯彻落实国务院综改办关于规范管理的相关要求。

二是注重基层调研，完善相关制度。为贯彻落实国务院综改办一事一议财政奖补“规范管理年”相关要求，推动村级公益事业建设一事一议财政奖补工作顺利开展，北京市制定出台了《关于开展村级公益事业建设一事一议财政奖补工作的实施意见》《北京市村级公益事业建设一事一议财政奖补资金管理办法》《北京市村级公益事业建设一事一议财政奖补项目管理暂行办法》等有关政策。对一事一议财政奖补的意义、原则、项目范围、申报程序、项目管理、资金管理等进行了明确和规定，为一事一议财政奖补规范管理提供了政策保障。大兴、通州和房山等区县也结合实际，制定了《村级公益事业建设一事一议财政奖补资金管理及核算意见》《村级公益事业建设一事一议财政奖补项目检查验收工作意见》等具体实施办法，提高了政策实施的可操作性。

三是加强宣传培训，营造良好氛围。为宣传一事一议财政奖补工作，北京市充分利用《京郊日报》、村务公开栏、干部走村入户宣传等形式，大力宣传一事一议财政奖补的大好政策，制定宣传标语“推进一事一议财政奖补，享受公共财政阳光照耀”，大力营造工作氛围，让群众主动了解政策，自己宣传政策，最大限度地调动群众参与农村公益事业建设一事一议财政奖补工作的积极性。11 月 24 日，《中国财经报》以“一事一议扮靓京郊新农村——补农村公共产品供给短板 促城乡统筹发展”为题，对通州区一事一议财政奖补工作进行了专题报道。6 月 14 日、9 月 19 日北京市分别组织了全市村级公益事业建设一事一议财政奖补工作培训班，对一事一议财政奖补政策进行了系统解读。各区县也按照市里的统一要求组织开展了项目申报、会计核算和工程验收等方面的培训。按照国务院综改办的统一要求，市里还组织通州、顺义、昌平等区县综改办人员参加了在吉林和江苏举办的全国村级公益事业建设一事一议财政奖补工作培训班，进一步加强对相关政策的学习，借鉴外地的好经验、好做法。

四是严格项目管理，筹建信息系统。为推动一事一议财政奖补项目规范管理，市里制定了严格的项目审批制度，要求各区县严格把关，认真审核，确保项目的合法依规，同时加强监督检查，确保项目建设质量。为提高项目管理的精细化水平，按照要求，开展了村级公益事业建设一事一议财政奖补项目信息管理系统的筹建工作。市农委、市财政局、市农研中心多次召开会议研究信息系统的建设和培训工作，并结合实际制定了系统建设的实施意见，落实了系统建设资金。

五是规范筹资筹劳，不踩减负“红线”。为进一步加强一事一议筹资筹劳的规范管理，市里结合春秋两季农民负担监督检查活动，对各区县一事一议筹资筹劳规范化情况进行了重点检查和指导。北京市一事一议筹资筹劳管理办法明确要求，各区县要根据实际明确本区县一事一议筹资筹劳上限标准，制定配套管理办法，并报市农村综合改革协调会议办公室备案。全市10个远郊区县均已制定了一事一议筹资筹劳配套办法，并明确了筹资筹劳上限标准。2012年全市筹资筹劳共计2 084.91万元，其中筹资金额256.44万元，筹劳折资金额1 828.47万元。在开展一事一议筹资筹劳工作中，筹劳的部分全部由劳动力投劳完成，没有发生以资代劳和用自愿以资代劳名义变相向农民筹资的问题，没有发生超范围筹资筹劳、强行要求农民出资出劳的情况。

五、2013年度村级公益事业建设一事一议财政奖补及美丽乡村建设试点工作

2013年，按照国务院农村综合改革工作小组办公室的统一部署，北京市农村综合改革领导小组办公室在13个涉农区县全面开展村级公益事业建设一事一议财政奖补工作。

（一）组织领导保障到位

北京市高度重视村级公益事业建设一事一议财政奖补工作，由市农村综合改革协调会议办公室牵头，相关部门密切配合，并纳入了市政府重点工作及新农村建设“折子工程”范围，市委常委牛有成同志对一事一议财政奖补工作进行了批示。为加强村级公益事业建设一事一议财政奖补工作的组织领导，市里成立了由市农委、市财政局、市规划委、市园林绿化局、市水务局组成的市级村级公益事业建设一事一议财政奖补工作小组，小组办公室设在市农委，各区县也相应成立了组织机构，配备了专职工作人员，安排了专门工作经费，确保为一事一议财政奖补工作提供强有力的组织保障。

（二）奖补资金保障到位

预算安排。2013 年，北京市在 13 个涉农区县全面开展了一事一议财政奖补工作，中央财政安排了奖补资金 8 952 万元，市级财政配套奖补资金 8 952 万元，区县安排了财政奖补资金 4 476 万元，奖补资金共计 22 380 万元。市级安排的奖补资金与中央持平，超出去年的比例达到 118%。

预算执行。按照中央和市级关于一事一议财政奖补资金管理办法的要求，本市一事一议财政奖补资金在项目启动前预拨 30%，项目实施后按报账制拨付 60%，项目完工验收后办理清算。截至 2013 年年底，全市一事一议财政奖补资金拨付比例超过 90%。

（三）制度建设保障到位

在继续做好国务院综改办和北京市关于一事一议财政奖补实施意见、项目管理办法、资金管理办法、绩效考评办法落实的基础上，2013 年，按照财政部《关于发挥一事一议财政奖补作用推动美丽乡村建设试点的通知》（财农改〔2013〕3 号）要求，结合“北京最美的乡村”评选创建工作的开展情况，北京市出台了《关于发挥一事一议财政奖补作用推动美丽乡村建设试点的实施意见》（京政农发〔2013〕18 号），对美丽乡村建设的试点范围和建设内容等进行了明确。在前期出台全市一事一议财政奖补实施意见、项目管理办法和资金管理办法的基础上，结合支持低收入村发展的政策，还出台了《关于进一步做好村级公益事业建设一事一议财政奖补工作的通知》（京农改发〔2013〕1 号），将一事一议财政奖补的重点支持方向明确为低收入村和美丽乡村，并且要求一事一议财政奖补项目管理要实行全过程公示，以保障广大基层群众的民主权利，提高广大村民参与公益事业建设的积极性。大兴区、通州区、昌平区和房山区等区县还出台了资金拨付和结算办法、项目验收办法等实施细则，提高了政策的可操作性。

（四）严格规范操作程序

严格民主议事程序。各区县严格遵循村民自愿、直接受益、量力而行、民主决策、合理限额的原则，在广泛征求村民意见的基础上，由村委会提出项目建设方案、筹资筹劳方案，提交村民代表大会讨论决定，村民代表大会形成决议后当场宣布，并由参加会议的村民代表签字认可。

规范申报审批程序。由村民委员会在履行相关民主程序后，将项目申报材料报乡镇政府。由乡镇政府对村委会提交的申报材料进行初审后，上报区县农委和区县财政局。由区县农委、区县财政局负责组织对乡镇政府上报的一事一议财政奖补项目建设和资金申请及所附相关材料进行审核。审核合格后，由区县农委、区县财政局逐一履行审批手续并进行汇总，然后报市综改办备案。

抓紧规划编制和项目库建设。本市积极组织各区县结合区域城乡规划和新农村建设规划，按照村民议定、村级申报、乡镇初审、区县审批、市级备案的程序，建立了一事一议财政奖补项目库。

抓紧项目实施。2013 年，在 13 个涉农区县建设一事一议财政奖补项目 354 个，项目内容主要集中于村内排水和道路建设，其中村内小型水利设施 151 个，村内道路 144 个，这两类项目占到项目总个数的比例超过 80%。项目建设均能按照区县农委、财政局批复的意见严格实施，没有发生擅自更改地点、内容、规模或标准的现象。

加强考核验收。本市一事一议财政奖补项目建成后，市综改办组织各区县对完工项目进行了竣工验收，所在村村干部、村民代表和受益群众代表参与了验收工作。验收工作主要针对项目是否符合规划，是否按预算使用资金、是否存在违规筹资筹劳、建设质量是否达到预定标准等内容进行，验收完成后均出具了验收报告。

加大公开公示。本市一事一议财政奖补项目实施村均对项目筹资筹劳方案、村民议事会议记录、项目申请表、资金和劳务使用情况进行了公示，自觉接受社会和群众监督，确保项目建设质量和资金使用安全。通州区实施了“四议两审三公开”制度，做到决议公开、过程公开和结果公开，确保项目的开展在阳光下运行。

加强档案管理。各区县农委、财政局和乡镇政府不断加强一事一议财政奖补项目档案管理等基础工作，及时完整地将村民一事一议会议记录、筹资筹劳方案、财政奖补项目申报、项目建设预（决）算表、项目验收报告和项目建设前后对比图片等相关原始资料进行了汇总归档，并将项目和资金申请表、项目汇总表和项目验收报告等资料报市综改办进行了备案。昌平区还整理制定了一套档案规范模板，对需要存档的环节、内容和形式等都做出了细致的规定。

（五）加大宣传培训力度

2013 年 4 月 10 日、11 日，在本市一事一议财政奖补信息监管系统上线后，市里对全市 151 个乡镇的 200 余名信息监管系统操作人员进行了培训，并下发通知明确了主责部门和具体责任人，确保及时、准确、全面录入项目信息。9 月 12 日，为贯彻落实财政部《关于发挥一事一议财政奖补作用推动美丽乡村建设试点的通知》（财农改〔2013〕3 号）要求，北京市综改办组织对 13 个涉农区县农委、财政局和经管站领导和相关工作人员关于一事一议财政奖补及美丽乡村建设试点工作进行了培训。

2013 年 3 月 18 日，《农民日报》刊载了平谷区一事一议财政奖补工作专题文章。12 月 13 日，《北京日报》也对密云县获评“全国一事一议财政奖补规范管理县”称号进行了跟踪报道。全市各区县充分利用电视台、电台、村务公开栏等媒介加强一事一议财政奖补的宣传工作。市农委也以“群众路线教育实践活动”为契机，利用进村入户的机会，面对面地向广大农民宣传一事一议财政奖补政策。

（六）切实加强监督检查

2013年6月，市综改办对各区县一事一议财政奖补规范管理情况进行了检查，针对检查中发现的问题，市综改办给各区县下发了整改通知书，要求各区县全面自查，积极整改。11月，以市财政局对一事一议财政奖补工作进行绩效考评为契机，督促各区县要切实保证工程质量和资金安全，还对部分区县进行了抽查，确保当年任务的顺利完成。本市还通过春、秋两季农民负担监督检查，对一事一议财政奖补资金进行了专项检查，通过检查未发现加重农民负担的现象，未发生截留挪用、虚报冒领财政奖补资金的情况，未产生新的村级债务。在一事一议财政奖补项目申报、实施、验收过程中，严格执行民主程序，实行全过程公开公示，未引发信访、上访等不良社会反映。

（七）工作成效

进一步扩大覆盖范围。2013年，本市在13个涉农区县全面开展一事一议财政奖补工作，奖补项目354个，比上年增加151个，其中美丽乡村建设试点项目38个，项目总投资达到2.9亿元，各级财政奖补资金2.3亿元，村民自筹及其他0.6亿元。项目建设内容主要集中在村内小型水利设施和村内道路，共建成村内水渠116千米，堰塘水窖1万立方米，村内道路242千米，还建设了部分环卫设施和美化绿化工程，改善了京郊农民的生产生活条件，项目受益人数达到28.5万人，得到基层群众的好评。

因地制宜使用资金。一事一议财政奖补资金单独作为一项惠农资金，根据各村项目实际安排使用。

加大工作创新力度。为确保一事一议财政奖补工作规范有序进行，提高财政资金使用效率，房山区、门头沟区政府每年投资100多万元对所有项目统一设计、预算和监理，将奖补资金集中用于项目建设，扩大了村级公益事业建设一事一议财政奖补项目覆盖范围。为保证工程质量，大兴区在一事一议财政奖补项目中引入了特约监察员制度，实施了区、镇、村三级验收制度，并开展了群众满意度调查，群众满意度高达99％。

（八）关于美丽乡村建设试点

2013年7月，财政部下发了《关于发挥一事一议财政奖补作用推动美丽乡村建设试点的通知》（财农改〔2013〕3号），北京市结合“北京最美的乡村”评选创建工作，出台了《关于发挥一事一议财政奖补作用推动美丽乡村建设试点的实施意见》（京政农发〔2013〕18号），并安排了财政奖补资金5 000万元，其中：中央和市级财政配套4 000万元，区县财政配套1 000万元。在一事一议财政奖补推动美丽乡村建设试点工作中，试点村的选定由区县最美乡村主管部门确定，项目管理和资金管理按原来一般性项目的要求进行。

六、2014年度村级公益事业建设一事一议财政奖补工作

按照国务院综改办《关于报送2014年农村综合改革工作总结和2015年工作思路的函》（国农改办〔2014〕25号）的要求，结合全市关于推进城乡公共服务均等化及支持经济薄弱地区和低收入村发展的总体要求，2014年，继续在13个涉农区县全面开展村级公益事业建设一事一议财政奖补工作，项目总投资3.35亿元。其中：财政奖补资金2.61亿元，村民筹资筹劳4 800万元，其他2 600万元，共建设项目421个。其中，村内小型水利设施209个，村内道路129个，村容美化亮化37个，其他公共设施28个。项目内容主要集中于村内排水、道路建设及美化绿化，项目受益人数达到36万人。主要做法是：一是组织体系不断完善。2014年年初，北京市对市级农村综合改革协调会议组成人员进行了相应调整，协调会议总召集人由王安顺市长担任，召集人分别由李士祥、牛有成和林克庆同志担任，日常工作召集人由赵根武同志担任。市综改办涵盖了市农委、市财政局、市规划委、市园林绿化局、市水务局等相关部门。市农委、市财政局负责牵头一事一议财政奖补工作，其他相关部门密切配合，为推动一事一议财政奖补工作提供了强有力的组织保障。各区县也高度重视一事一议财政奖补工作，列入了本区县的年度重点工作任务，部分区县的项目遴选还要通过区（县）政府常务会。

二是制度体系不断完善。在前期出台全市一事一议财政奖补工作实施意见、项目管理办法和资金管理办法的基础上，结合本市支持低收入村发展的政策，市里还出台了《关于进一步做好村级公益事业建设一事一议财政奖补工作的通知》，将一事一议财政奖补的支持方向明确为低收入村和美丽乡村。为全面加强本市村级公益事业建设一事一议财政奖补工作安全管理，还出台了《关于加强村级公益事业建设一事一议财政奖补工作安全管理的通知》，明确规定：对于工程建筑技能要求较高的项目，如，通行机动车的桥涵、大型护坡和房屋等项目应不予安排；对于确需建设的机电井、堰塘和大型排水渠等项目要通过招投标等方式聘请具有相应资质的建筑单位进行施工建设，并与施工单位签订安全责任书。

三是奖补力度不断加大。按照国务院综改办关于一事一议财政奖补要不断提高“两个比例”（财政奖补占项目总投资的比例、中央和市级财政奖补占财政奖补总量的比例的要求），北京市从2011年开展一事一议财政奖补试点工作以来，中央和市级奖补资金逐年增长。2011年和2012年分别为1亿元，2013年达到1.8个亿，2014年为2.1亿元，2015年已经安排了2.5亿元，年均增长幅度接近30%。奖补项目的覆盖面不断扩大，2011年133个，2012年203

个，2013 年 354 个，2014 年达到了 421 个，四年累计达到 1 111 个。

四是监督检查不断强化。市里组织召开了全市村级公益事业建设一事一议财政奖补工作动员会，对一事一议财政奖补工作进行了全面部署和系统培训。为督促各区县严格执行一事一议财政奖补工作的相关要求，分别于 5 月、10 月对全市各区县一事一议财政奖补工作开展情况进行了抽查。针对检查中发现的问题，要求各区县全面自查，积极整改。市里还在昌平区和房山区开展了一事一议财政奖补项目专项审计试点，每个区县选择 2 个乡镇、4 个项目开展试点工作，以查促改，提高了两个区县的一事一议财政奖补规范管理化水平，为此项工作起到了较好的示范引领作用。

附录　北京市减轻农民负担法规政策

北京市人民政府办公厅
《关于切实做好减轻农民负担工作的通知》

（京政办发〔1990〕61号　1990年10月16日）

各区、县人民政府、市政府各委、办、局、各总公司：

《国务院关于切实减轻农民负担的通知》（〔1990〕12号）下发以后，我市郊区各区、县以及各有关部门采取有力措施、认真贯彻执行，对促进农村经济的发展和社会的稳定起到积极作用。但是，这一工作的开展还不平衡，个别地区对贯彻国务院关于减轻农民负担的工作还不够得力。为进一步做好减轻农民负担工作，经市政府统一，现将有关问题通知如下：

一、切实减轻农民负担是保护农村乡、村合作经济组织和农民利益、调动农民生产积极性，努力改善政府和农民关系，加强廉政建设的重要工作。为加强对这项工作的领导，决定成立北京市农村负担监督管理领导小组。由黄超副市长任组长、市政府农林办公室主任白有光、市农村经济研究中心主任赵树枫任副组长。领导小组下设办公室，负责日常工作。办公室设在市农村合作经济经营管理站（不另增编制）。各区、县也要建立相应机构。

二、各级农村负担监督管理机构要认真履行职责，切实维护农村合作经济组织和农民的合法权益。对违反规定乱摊派、乱收费、乱罚款的，必须追究有关人员责任。今后，各部门凡要乡、村兴办事业，需乡、村合作经济组织及其所属企业和农民个人出钱、出物、出工的，必须经农村负担监督管理机构审核以后，报同级人民政府批准。

三、对有关增加农民负担的文件进行一次全面的清理。市政府各委、办、局要在11月底以前，对过去下发的有关增加农村合作经济组织及其所属企业和农民负担的文件进行一次清理，并提出处理意见，报市农村负担监督管理领导小组，由市农村负担监督管理领导小组汇总后，报市政府审定。各区、县农村负担监督管理领导小组办公室也要抓好本地区下发文件的清理工作，并提出整顿意见，于11月底前报市农村合作经济经营管理站。

北京市实施《农民承担费用和劳务管理条例》若干规定

（北京市人民政府发布92年第16号政令
1992年11月10日）

第一条　为实施国务院《农民承担费用和劳务管理条例》（以下简称《条例》），结合本市实际情况，制定本规定。

第二条　本市农民承担费用和劳务的管理，适用《条例》和本规定。本规定所称农民承担费用和劳务，是指农民除缴纳税金，完成国家农产品定购任务外，依法所承担的村提留、乡统筹费、劳务以及其他费用。

第三条　市人民政府农林办公室主管全市农民承担费用和劳务（以下简称农民负担）的监督管理工作。区、县人民政府主管本行政区域内的农民负担监督管理工作。市和区、县的农村合作经济经营管理部门分别负责全市和本区、县农民负担监督管理的具体工作。

第四条　农民直接向集体经济组织缴纳的村提留和乡统筹费（不含乡村集体所有制企业缴纳的利润），以乡为单位，以国家规定的统计办法确定的数字为依据，不得超过上一年农民人均纯收入的5%。乡统筹费的最高限额，应当不超过村提留和乡统筹费总数的40%。经营个体工商业和私营企业的农民，缴纳的村提留和乡统筹费不计算在前款规定的限额比例之内。具体限额比例，按照其实际收入，由经营所在地集体经济组织成员大会或成员代表会议确定，并报所在乡、镇人民政府备案。

第五条　乡统筹费用于安排乡村两级办学、计划生育、优抚、民兵训练、修建乡村道路等民办公助事业。乡村两级办学经费在乡统筹费内所占比例，由区、县人民政府在25%至40%的幅度内确定。

第六条　农村劳动力每人每年承担5至10个农村义务工，10至20个劳动积累工。经批准以资代劳的，以资代劳款由乡、镇人民政府根据当地农村劳动力日工资水平确定，并用于农村义务工和劳动积累工的项目。因抢险救灾，需要增加农村义务工的，由乡、镇人民政府统筹安排，也可由区、县人民政府统筹安排。有条件的地方增加劳动积累工的，须经区、县人民政府批准。

第七条　村提留和乡统筹费由村集体经济组织和乡、镇人民政府依法组织收取。村提留和乡统筹费的管理和使用，应当实行严格的财务管理制度，由乡农村合作经济经营管理部门和村会计负责统一管理和核算，单独建账，专款专用，并接受上级农民负担监督管理部门定期进行的财务监督和审计。

第八条　违反《条例》和本规定，设置收费、集资和基金项目进行收费、集资、摊派的，非法增加劳务的，由市、区、县农民负担监督管理部门或者有关部门依照《条例》和国家有关规定处理。

第九条　本规定执行中的具体问题，由市人民政府农林办公室负责解释。

第十条　本规定自1992年11月15日起施行。

北京市农民负担管理条例

（1994年6月21日，北京市第十届人民代表大会
常务委员会第十次会议通过）

第一章　总　　则

第一条　为减轻农民负担，保护农民的合法权益，调动农民的生产积极性，促进本市农村经济发展，根据《中华人民共和国农业法》、《农民承担费用和劳务管理条例》，结合本市实际情况，制定本条例。

第二条　凡在本市行政区域内向农民或者向农村集体经济组织征收、筹集、提取资金费用，要求提供劳务的，必须遵守本条例。

第三条　依照法律、法规向国家缴纳税金，完成国家农产品定购任务，承担村提留、乡（包括镇，下同）统筹费、劳务以及其他依法应当缴纳的费用，是农民的合法负担。承担合法负担是农民应尽的义务，不得拒交和拖欠。除前款规定之外，要求农民无偿提供其他任何财力、物力、劳务的，均为非法行为，农民有权拒绝，有权向人民政府及其有关部门检举和控告或者向人民法院起诉。

第二章　村提留、乡统筹费和劳务

第四条　农民直接向乡、村集体经济组织缴纳的村提留和乡统筹费总额（不含乡村集体所有制企业缴纳的利润），应当根据当地经济状况确定标准，以乡为单位，以国家统计局批准、农业部制定的农村经济收益分配统计报表和计算方法统计的数字为依据，最高不得超过上年农民人均纯收入的5%，其中乡统筹费不得超过总额的40%。

第五条　村提留和乡统筹费主要按农民从事的产业、经济收入承担。实行家庭联产承包责任，承包耕地的农民缴纳的承包款即为村提留和乡统筹费。在乡村集体所有制企业从业的本乡、镇、农民和承包集体山林、果园、水面、畜牧场等从事种植业、养殖业的劳动力，由集体经济组织按照乡、镇人民政府规定的数额，在上缴利润或者承包款中统一扣留村提留和乡统筹费。个体工商

户、私营企业和从事其他劳务的，应当缴纳村提留和乡统筹费，提取比例由区、县人民政府制定，但不计算在本条例第四条规定的限额比例内。

第六条　对于收入水平在本村平均线以下的革命烈军属、伤残军人、失去劳动能力的复员退伍军人和特别困难户，经村社员代表大会讨论评定，可以适当减免村提留。

第七条　村提留包括公积金、公益金（含村合作医疗经费）、管理费。管理费不得超过村提留的40%，特殊情况需要提高管理费比例的，由乡、镇人民政府批准。乡统筹费用于安排乡村两级办学、计划生育、优抚、民兵训练、修建乡村道路等民办公助事业和“五保户”供养。乡村两级办学经费（即农村教育事业费附加）用于本乡、镇范围内乡村两级民办教育事业仍然不足，可以从乡统筹费用中适当追加。任何单位和部门不得在村提留、乡统筹费中另立项目或者扩大范围，不得平调出本村、本乡、镇使用，不得挪作乡、镇财政开支。

第八条　村提留和乡统筹费，分别由村和乡、镇实行全年统算统收制度，村提留由村集体经济组织提取和管理，乡统筹费由村集体经济组织收取，交乡、镇农村合作经济管理部门统一管理与核算。

第九条　村提留和乡统筹费，分别由村集体经济组织和乡、镇人民政府在每年年底作出决算报告，并提出下一年度预算方案，经村社员代表大会或者乡人民代表大会审查通过，并张榜公布，接受群众监督。村提留预决算应当报乡、镇人民政府备案；乡统筹费预决算应当报区、县农村合作经济管理部门备案。

第十条　村提留、乡统筹费属于该乡、村集体经济组织范围内全体成员所有，不得改变其集体资金的性质和用途。应当严格财务制度，专款专用，当年结余可结转下年使用。

第十一条　每个农村劳动力每年承担5至10个农村义务工，主要用于植树造林、防汛、公路建设、修缮校舍等，由乡、镇以上人民政府统一安排用工计划。因抢险救灾，需要增加义务工的，由乡、镇人民政府统筹安排。每个农村劳动力每年承担10至20个劳动积累工，主要用于农田水利基本建设和植树造林，用于农田水利基本建设不得少于75%。需要增加劳动积累工的，由区、县人民政府批准。对因病或者伤残不能承担农村义务工、劳动积累工的，经村社员大会或者社员代表大会讨论通过，可以减免。

第十二条　农村义务工和劳动积累工可以出劳，也可以以资代劳。任何单位和个人不得强迫农民以资代劳。

第三章　集资、收费和其他项目

第十三条　面向农民和集体经济组织的行政性事业性收费，其项目的设置、标准的制定和调整，按照《北京市行政性事业性收费管理条例》的规定执行。收费单位必须持《收费许可证》，并使用市财政部门统一制发或者监制的票据收费。没有《收费许可证》、未持证收费和未使用规定收据收费的，农民和农村集体经济组织有权拒绝。

第十四条　向农民和农村集体经济组织集资必须在法律、法规和国务院有关政策允许的范围内进行，遵循自愿的原则，在集资活动中，坚持适度、出资者受益、资金定向使用。集资项目的设置和范围的确定，须经市人民政府计划主管部门会同财政主管部门、农民负担监督管理部门批准，重要项目须经市人民政府批准。

第十五条　在农村建立种种基金，需要报经国务院财政主管部门会同农民负担监督管理部门和有关部门批准。

第十六条　向农民和集体经济组织发放牌照、证件和簿册，必须依照法律、法规的规定，或者经市人民政府批准。向农民和集体经济组织发放牌照、证件和簿册，只准收取工本费，工本费标准按照有关规定核定。

第十七条　乡、镇人民政府的各项行政经费开支不得向农民摊派。

第十八条　国家机关工作人员在农村执行公务，所需经费不得向农民或者集体经济组织摊派。

第十九条　农业生产资料经营部门，不得截留计划内供应的农业生产资料，并应当严格执行国家价格政策。

第二十条　农用水费和电费必须执行国家和本市规定的价格标准。不得擅自提高收费标准，不得随水费、电费加收其他费用。

第二十一条　禁止强制农民认购有价证券、定购报刊和书籍；禁止强制农民参加保险，法律、法规另有规定的除外；禁止非法对农民罚款和没收财物；禁止强制向农民募捐和摊派；禁止未经市人民政府批准要求农民或者农村集体经济组织出钱、出物、出工的达标升级活动。

第二十二条　国家和本市各级人民政府提供给农民的各种贷款、补贴、预购定金、专项投资、农产品收购资金、救灾救济款、扶贫资金、收购农产品的挂钩优惠物资和返还的减免税，任何单位和个人不得截留、挪用。有关部门和农民负担监督管理部门应当对上述款项的拨付使用情况进行检查、审计。

第二十三条　企业、事业单位或者团体为农民和集体经济组织提供经济、技术、劳务、信息等服务，不得违背自愿原则，收取服务费用应当按照国家有关规定执行，国家没有规定的，由双方协商。

第二十四条　农民交售农副产品，收购单位应当及时兑付，不得拖欠。不得为任何部门代扣各种费用，国家另有规定的除外。收购农副产品，应当严格执行等级标准和相应的价格，不得压级压价，也不得抬级抬价。

第四章　监督管理

第二十五条　市、区、县人民政府农林办公室（农委）是本行政区域内的农民负担监督管理部门。乡、镇人民政府负责本乡、镇农民负担监督管理工作。

日常工作由同级农村合作经济管理部门负责。

第二十六条　各级农民负担监督管理部门的主要职责是：（一）宣传、贯彻国家有关农民负担管理的法律、法规和政策；（二）检查有关农民负担管理法律、法规的实施和政策的执行情况；（三）按照管理权限审核涉及农民负担的文件；（四）监督村提留、乡统筹费和劳务的使用情况；（五）受理有关农民负担的检举和控告，协助有关部门处理涉及农民负担的案件；（六）培训农民负担监督管理工作人员。

第二十七条　区、县农民负担监督管理部门应当每年对农民负担情况进行一次监督检查，并向市农民负担监督管理部门报告。

第二十八条　农民负担监督管理部门及其他有关部门应当受理有关农民非法负担的检举和控告。从受理之日起二个月内作出处理决定。

第二十九条　区、县人民代表大会常务委员会和乡、镇人民代表大会应当加强对农民负担情况的监督，根据当地情况听取并审议同级人民政府的报告。

第五章　法律责任

第三十条　违反本条例规定设置的收费、集资和基金项目，由农民负担监督管理部门或者有关部门报请同级人民政府予以撤销。

第三十一条　凡违反本条例规定增加农民负担的，由农民负担监督管理部门或者有关部门提请同级人民政府责令停止违法行为，限期如数退还非法收取的款物；造成经济损失的，予以赔偿。

第三十二条　违反国家法律、法规和本条例规定，非法加重农民负担的，可以由人民政府给予单位负责人和直接责任人员行政处分；因非法加重农民负担而引发恶性案件，致使国家和人民利益遭受重大损失，构成犯罪的，依法追究刑事责任。

第三十三条　对拒绝承担非法负担或者检举、控告非法摊派的当事人进行打击报复的，由上级主管机关依法处理；构成犯罪的，依法追究刑事责任。

第三十四条　农民负担监督管理部门工作人员不认真履行职务，玩忽职守、徇私舞弊的，由所在单位或者有关机关给予行政处分；构成犯罪的，依法追究刑事责任。

第六章　附　　则

第三十五条　本条例具体应用中的问题，由市人民政府农林办公室负责解释。

第三十六条　本条例自 1994 年 6 月 1 日起施行。

北京市人民政府农林办公室　北京市监察局

《关于实施农民负担监督卡制度的通知》

（京政农发〔1995〕175 号　1995 年 12 月 22 日）

郊区（县）政府农委（办）、监察局、经管站：

根据农业部和监察部联合发出的《关于全面推行农民负担监督卡制度的通知》的要求，经市政府批准，决定从 1996 年 1 月起在全市实行农民负担监督卡制度。现将有关问题通知如下：

一、把实行农民负担监督卡制度作为当前农民负担监督管理工作的重要内容来抓

农民负担监督卡制度是农民负担的一项重要监督管理制度。它是依据国家和地方有关农民负担的法律、法规和政策、规定，按照法定的预算审批程序，把当年农民应承担的村提留、乡统筹和义务工、劳动积累工分解到户的一种文书形式。他爱明确农民合法权益的同时，也明确了农民应承担的义务，有利于在提取农民承担费用和安排劳务的环节上，把住关口，防止加重农民负担的行为发生。对增强农民群众的法治观念，推动农民负担监督管理工作规范化、法制化建设具有十分重要的意义。各级农民负担监督管理部门和监察机关要在当地党委、政府的领导下，把全面推行农民负担监督管理卡制度作为当前农民负担监督管理工作的一项重要内容，认真组织实施。在实施过程中，要及时总结经验，不断完善提高，把工作引向深入。

二、不断规范和完善农民负担监督卡制度

要按照农民负担监督管理工作规范化、法制化建设的要求，做好推行农民负担监督卡的工作。卡的名称统一称“农民负担监督卡”。入卡项目和提取标准，以乡镇人民代表大会审议通过、区（县）农民负担监督管理部门批准的预算方案为依据，把农民承担的三项提留、五项统筹和两项数额，逐项分解到户填入卡里，不准层层加码，更不准把和合理款项填入卡内。监督卡的式样，由市统一制定，力求简单明了，能反映农户的基本情况、权力、义务、应上缴费用和出工登记等基本内容。监督卡由市级统一印制，区县发放、乡镇填写，由农民负担监督管理部门于每年 3 月底前将卡组织发放到农民手中。1996 年度农民负担监督制作费用由市财政解决，以后年度制作费用列入各区（县）财政预算解决。

三、加强对农民负担监督卡的管理

要加强对农民负担监督卡的管理，注重实效，防止流于形式，充分发挥农民负担监督卡的作用。各级农民负担监督管理部门和监察机关要及时向党委、政府报告情况，使推行农民负担监督卡工作尽快纳入当地党委、政府的议事日程，统一部署，增强农民负担监督卡的约束力；要提高农民负担监督卡的入户率，杜绝只到乡村不到户的现象；每年年初要以村为单位张榜公布上一年度农民承担费用和劳务的执行结果和当年的预算安排，切实做到民主理财和财务公开，让群众明白、放心。各级检察机关要会同农民负担监督管理部门，采取定期或不定期的方式，检查监督卡的实施情况，并把它作为农民负担执法检查工作的一项重要内容，切实抓好。

四、切实维护农民负担监督卡严肃性

实行农民负担监督卡制度是当的农业和农村工作政策的具体体现。已经发放必须严格遵守。任何单位和个人不得在农民负担监督卡规定之外，擅自乱收其他费用。对违反规定收取的款项，农民有权拒交，并可向当地农民负担监督管理部门和监察机关举报，也可以直接向当地法院起诉。农民负担监督卡中已注明市级举报电话。农民负担监督管理部门和监察机关要高度重视群众举报，查出有关问题，维护农民负担监督卡的严肃性和农民的合法权益。要教育农民群众认真履行义务，主动缴纳。对卡内规定的款项，凡无正当理由拖欠或拒不缴纳的，乡村集体经济组织可提请农业承包合同管理机关进行仲裁。

五、加强对推行农民负担监督卡工作的领导

实行农民负担监督拉制度涉及面广、工作量大，各级农民负担监督管理部门和监察机关要在当地党委、政府的领导下，认真履行职责。在工作中既要齐抓共管，统一部署，又要分工协作，各有侧重。农民负担监督管理部门要重点抓好卡内项目、标准的审核和填写发卡工作，指导农户按卡上缴费用，管好用好集体资金和劳务；监察机关要督促有关单位及时将卡发放到户，及时制止非法入卡的项目和费用没严肃查处违反规定加重农民负担的行为。

各区县农民负担监督管理部门和监察机关，对在推行农民负担监督卡过程中遇到的有关情况和问题，要及时向市农办和监察局报告。

中共北京市委　北京市人民政府

关于《认真贯彻落实〈中共中央、国务院关于切实做好减轻农民负担工作的决定〉的通知》

（京发〔1997〕1号　1997年3月6日）

各区、县委，各区、县政府，市委、市政府各部委办局，各总公司，各人民团体，各高等院校：

《中共中央、国务院关于切实做好减轻农民负担工作的决定》（中发〔1996〕13号，以下简称《决定》）中指出，近几年来，减轻农民负担工作取得了一定的成效，但是，农民负担重的问题还没有从根本上解决。减轻农民负担，事关重大，绝不是单纯的经济问题，而是关系农村改革、发展和稳定，密切党和政府与群众联系，涉及基层政权的巩固和国家的长治久安的政治问题。北京作为首都，做好减轻农民负担工作，对于更好地履行“四个服务”职能具有重要意义。为了认真贯彻落实《决定》，结合本市实际，特通知如下：

一、认真学习、宣传《决定》，提高认识，统一思想

各级党政领导要组织干部群众，认真学习《决定》，制订出本地区、本部门、本单位的贯彻措施，并以此为标准检查自己的工作，把切实减轻农民负担，增加农民收入和实惠，作为本单位精神文明建设的实事抓紧、抓好，每年年底向市委、市政府写出书面报告。

以乡镇为单位，组织村党支部、村委会、村合作社全体干部，进行集中学习和培训，充分认识做好减轻农民负担工作的重要性和紧迫性，坚决按照中央13项政策和“十要十不要”去做，做到令行禁止，违者必究。

各县（区）、各乡（镇）要将《决定》传达到全体社员群众，并通过召开各种类型座谈会，征求群众对减轻农民负担工作的意见和建议。

新闻宣传单位要给予支持和配合，通过报纸、电台、电视台和有线广播、黑板报等宣传工具，向群众反复宣传，真正做到家喻户晓。

二、坚决贯彻《决定》中“五严禁”的要求，继续治理农村“三乱”

各地区、各部门、各单位对自行制定的各种涉农收费的文件和规定要进行

全面清理，凡与《决定》和中办发〔1993〕10号、京办发〔1993〕20号、京政农〔1994〕88号文件以及市政府公布的有关取消涉农收费的其他文件不符合的，均以《决定》及上述文件为准；对在农民建房、中小学生就学、行业管理、结婚登记、办理户口、用电以及发证、发照、发牌等工作中向农民多收费、乱收费的问题，进行专项治理；对有令不行、有禁不止的单位和个人要依照有关党纪、政纪严肃处理，决不能姑息迁就。凡自1994年1月1日以来违反规定向农民非法收取的款项要全部清退；对于自己不能自行检查、认真清退的，一经发现，还要在新闻媒体上曝光。

"九五"期间，停止审批一切面向农民的新的收费项目。严禁对农民乱收费、乱涨价、乱罚款，严禁一切要求农民出钱、出物、出工的达标升级活动，严禁搞法律规定以外的任何形式的集资活动，严禁各种摊派行为，严禁动用专政工具和手段向农民收取钱物。从今年开始，各区县不得在农民负担监督卡之外，再向农民（包括乡镇企业职工）收取教育基金，也不得另行收取献血费、征兵费，这几项工作所需的费用，全部从村提留和乡统筹中解决。税务部门要对农业税收情况进行一次全面检查，坚决纠正重复征收、擅自提高税率和摊派税收等不规范行为。

三、认真执行《决定》中"三稳定"的政策，按照公平合理的原则，进一步落实农民应承担的合法义务

坚持现行农民合理负担的基本政策稳定不变。包括国家的农业税收政策稳定不变，提留统筹费不超过上年人均纯收入5%的政策稳定不变，农民承担义务工、劳动积累工的政策稳定不变。要认真凭农民负担监督卡收取五项乡统筹、三项村提留，搞好"两工"结算，编制好1996年决算。要集中一段时间，大力宣传党和国家有关法规和政策，造成声势，讲情道理，教育农民积极履行应尽义务。要结合目前正在开展的农村集体资产清产核资工作，认真做好社员与集体债权债务的清理。

在编制1996年决算方案的同时，要认真编制好1997年预算方案。1997年全市农民直接承担的提留统筹原则上控制在上年人均纯收入的3%左右。要认真做好各村人均纯收入的统计调查、测算核实工作，防止虚报多收。村提留与乡统筹各占60%和40%的比例不变。农民各项直接负担都要列入农民负担监督卡。1997年农民负担监督卡的入户率力争达到应发卡农户总数的90%以上。

村提留的使用情况要定期张榜公布，并允许村民查账；乡统筹费必须移交乡（镇）经管站统一管理核算，实行一个"漏斗向下"的监管办法，改拨付制为报账制；村提留和乡统筹收取时要使用市级统一印制的专用票据。使用情况要接受专项审计。坚决禁止在提留统筹收取、管理、使用环节中“上打支”等十种不规范行为，不允许非法采取回收承包地等错误做法，胁迫农民交钱交物。“两工”要以出劳为主，原则上不得以资代劳。农民自愿以资代劳的，必须由本人提出申请。

四、认真研究解决涉及农民负担的深层次问题，切实减轻集体经济组织和乡镇企业负担

努力压缩机构改革确定的乡镇机关编制以外的人员。各区县今年要抓出两个乡镇的试点，使乡镇机关干部总数不超过全乡总人口的3%。村级也要实行精兵简政，减少行政管理费开支。

建立健全乡镇集体经济组织社员代表会等组织机构，明确乡镇集体资产所以者主体，实行乡镇政府财政与集体经济财务公开，防止集体资产流失，间接加重农民负担。

实行民主办社、民主理财，提高乡村集体经济组织民主决策程度。强化内部管理，厉行节约、勤俭办社，提高资产经营效益。凡是合作社重大事项都应经过社员群众民主讨论决定。在城乡结合部和有条件的地方，进行社区股份合作改造试点，认真解决国家征用农民土地后集体资产处置问题。

认真清理乡镇企业社会负担，严禁在法律、法规或承包合同规定之外向企业额外索取任何款项。

对于一时难以解决的涉及农民负担的深层次问题，要开展深入的调查研究，探讨比较可行的解决办法，同时向市农民负担监督管理领导小组报告。

五、加强领导，加强监督检查，实行党政一把手负责制

按照党政领导一把手要亲自抓，负总责，一级管一级的要求以及县、乡领导干部“三不原则”，落实减轻农民负担领导干部责任制，明确市、县（区）、乡（镇）三级党政一把手与分工主管农民负担工作的领导同志及主管部门的责任和权利，层层签订责任状。做到党政一把手负总责，分管领导具体抓，主管部门负责落实。要把减轻农民负担工作作为考核和任用各级领导干部特别是县、乡两级领导干部的一项重要指标。

各级政府在组织上要建立健全农民负担监督管理机构，稳定干部队伍，加强培训，提高素质；在物质上要从财政拨出专款，列入预算予以保证，不断改善农民负担监督管理工作条件和办案手段。乡镇经管站要结合“三定”明确职责，充实人员，落实经费。市农民负担监督管理领导小组是代表市委、市政府协调全市农民负担管理工作的机构，各地区、各部门、各单位要认真贯彻执行领导小组布置的各项任务，做到思想一致，步调一致，政策一致。

六、加强执法检查，严肃查处加重农民负担的违法违纪行为

今后每年都要组织两次全市性的农民负担执法检查。每次检查，在各乡镇自查和区县复查的基础上，市委、市政府有关部门要组织联合检查组，对各区县、乡镇进行抽查。市、县（区）各有关涉农收费部门同时对本单位执收、执罚情况进行自查，并向市农民负担监督管理领导小组报告情况。市委、市政府决定，今年4月首先进行一次农民负担春季执法检查。检查的内容：一是学习、宣传《决定》情况；二是1997年度农民负担监督卡落实和村提留、乡统筹预算及去年决算情况；三是去年农民负担执法检查中发现问题的整改情况。

要发挥人大、政协的监督作用。坚持农民负担和专项审计制度，加强群众的民主监督和舆论监督。对加重农民负担的违法违纪行为，各级纪检监察部门严格按党纪、政纪严肃查处。对涉及农民负担的诉讼案件，司法机关要及时审理。

各地区、各部门要将学习、宣传、贯彻、落实《决定》情况及时报告市农民负担监督管理领导小组。

中共北京市委　北京市人民政府

《关于郊区农村税费改革试点工作的意见》

（京发〔2000〕19号　2000年7月5日）

为贯彻落实中共中央、国务院《关于进行农村税费改革试点工作的通知》精神（中发〔2000〕7号），探索建立规范的农村税费制度、从根本上减轻农民负担的有效办法，现结合本市郊区农村实际，就农村税费改革试点工作提出如下意见：

一、充分认识在郊区农村进行税费改革试点工作的重要意义

近年来，本市认真贯彻执行党中央、国务院关于减轻农民负担的一系列指示，以深化农村改革、大力发展农村经济、增加农民收入的同时，清理压缩涉及农民的收费项目，规范提留统筹及“两工”（劳动积累工和义务工），建立健全农民负担管理制度，使农民个人直接承担的各项费用和劳务严格控制在中央规定的限额之内，农民群众基本满意，农村社会稳定。

但现行的农村税费制度和征收办法还不尽合理，由乡村集体经济组织和乡镇企业承担的农民间接负担较重，农民个人应承担的合法税费征收困难；面向农民和乡村集体经济组织的乱收费、乱集资、乱罚款和各种摊派还时有发生；在城市建设、农村教育、社会公益事业和土地征占过程中加重农民负担的问题仍然存在。这些问题，严重侵害了农民的物质利益和民主权利，影响了党群、干群关系，不利于郊区农村经济的健康发展，必须通过深化改革加以解决。

推进农村税费改革，事关郊区360万农民的切身利益，是规范农村分配制度，遏制面向农民的乱收费、乱集资、乱罚款和各种摊派，从根本上解决农民负担问题的一项重要措施。各级党委、政府务必从政治和全局的高度充分认识进行农村税费改革的重大意义。

二、农村税费改革试点工作的指导思想、基本原则和主要内容

农村税费改革试点的指导思想是：贯彻党的十五大、十五届三中全会精神和中央税费改革文件精神，根据社会主义市场经济发展和推进农村民主法制建设的要求，规范农村税费制度，从根本上治理对农民的各种乱收费，切实减轻包括乡镇企业负担在内的农民负担，进一步巩固农村基层政权，促进农村经济健康发展和首都郊区农村社会长期稳定。

农村税费改革试点的基本原则是：

（一）针对本市农民直接负担较轻，而由乡村集体经济组织和乡镇企业承担的间接负担较重的实际情况，从轻确定农民直接负担水平，采取有力措施，把乡村集体经济组织和乡镇企业负担减下来。

（二）针对本市部分地区农民承担合法负担的思想意识较为淡薄的问题，在改革中坚持思想工作先行，采取多种形式，教育农民增强履行合法负担的自觉性。

（三）针对乡镇机构和人员过多造成乡村集体经济组织承担的农民间接负担较重的问题，在进行税费制度改革的同时，积极推进乡镇机构改革，转变政府职能，精简机构，压缩人员，量入为出，减少政府开支。

农村税费改革试点的主要内容是："四取消、两调整、一改革"，即：取消乡统筹；取消农村教育集资等专门面向农民征收的行政事业性收费和政府性基金、集资；取消屠宰税；取消统一规定的劳动积累工和义务工；调整农业税和农业特产税政策；改革村提留征收使用办法。

三、试点单位与步骤

昌平区为本市试点单位。整个试点工作，从今年7月开始到明年3月结束，分六个阶段进行：

（一）统一思想阶段。通过认真学习《中共中央、国务院关于进行农村税费改革试点工作的通知》等中央文件，使试点单位各级领导提高认识，统一思想。

（二）培训干部阶段。对参与试点的干部和广大基层干部进行有关法规、政策的培训，确保农村税费改革工作顺利进行。

（三）调查摸底、测算收支、编制预算、制定配套政策措施阶段。

1. 调查内容：

（1）村提留、乡统筹、农业税、农业特产税及其他农民负担征收使用现状；

（2）乡（镇）机构设置、人员编制和经费收支情况；

（3）农村中小学校布局、教师队伍和教育经费收支情况；

（4）村级干部设置、干部报酬情况；

（5）专门面向农民的行政事业性收费和政府性基金、集资的项目及收取情况等。

2. 测算内容：

（1）新的农业税具体适用税率；

（2）农业税计税土地面积；

（3）1998 年前 5 年农作物平均产量、平均价格及亩收益；

（4）费改税以后农业税和农业特产税年征收总额；

（5）农业特产税的税率和征收地区；

（6）农业税附加的征收比例；

（7）乡（镇）干部人员编制及乡（镇）财政收支预算；

（8）农村中小学校布局方案和教师队伍整顿压缩方案；

（9）村级干部补贴人数和补贴标准等。

3. 制定 11 项管理办法：

（1）农业税征收办法；

（2）农业特产税征收办法；

（3）农业税附加征收管理办法；

（4）农村税费改革以后以工补农办法；

（5）向不承包土地但从事工商活动的农村居民收取村内公共事业资金的办法；

（6）原民办公助的农村学校资产管理办法；

（7）村级补贴干部及其报酬管理办法；

（8）一事一议的村内集体生产公益事业用工管理办法；

（9）一事一议的村内集体生产公益事业筹资管理办法；

（10）关于取消专门面向农民的行政事业性收费和政府性基金、集资的决定（公布具体项目）；

（11）对违法加重农民负担行为的处罚办法。

（四）宣传、动员阶段。采取多种方式向社会特别是广大农民进行深入宣传，做到家喻户晓，使这项改革得到全社会的理解和支持。

（五）组织实施阶段。向农户收取农业税及其附加、农业特产税，向不承包土地并从事工商活动的农村居民收取村内集体公益事业资金。要通过重新核发农民负担监督卡将上述合法任务分解落实到村和农户，并采取多种形式使农民群众接受，自觉自愿地缴纳新的农业税及其附加。

（六）总结经验完善政策阶段。认真总结试点单位的经验和教训，进一步完善有关政策，并制定出全市税费改革方案。

四、加强对农村税费改革试点工作的领导

搞好郊区农村税费改革试点工作意义重大。各级党委、政府要统一思想，充分认识农村税费改革的重要性、紧迫性和复杂性，态度要积极，步伐要稳妥，方案设计要周全，干部群众思想工作要深入细致。要充分估计试点工作的难度，切实加强对试点工作的领导。党政一把手要亲自抓，负起全面责任。各部门、各单位要积极支持和配合。

为加强对农村税费改革试点工作的领导，市委、市政府决定成立北京市农村税费改革工作领导小组，刘淇同志任组长，张福森、岳福洪、翟鸿祥同志任副组长，市委组织部、市委农工委、市农委、市政府研究室、市政府法制办、市财政局、市地税局、市物价局、市农研中心、市民政局、市教委、市人事局等 12 个单位的负责同志为小组成员。领导小组下设办公室，设在市财政局。昌平区也要成立相应机构。在深入调查研究、广泛听取基层和农民意见的基础上，按照中央通知精神，制定切实可行的具体改革试点方案，将各项政策措施落到实处。

全市农村税费改革工作，要在试点的基础上总结经验，制定方案，精心组织，逐步推开。暂未实行农村税费改革的地方，要继续严格执行国家现行有关税费政策和中央关于减轻农民负担的各项规定，进一步减轻农民负担。

中共北京市委农村工作委员会　北京市农村工作委员会
北京市新闻出版局　北京市监察局

《关于实行村级报刊订阅费用限额控制制度的通知》

（京农发〔2002〕43 号　2002 年 8 月 27 日）

郊区各区（县）委、区（县）人民政府，市有关部门：

为了加强对本市村级报刊订阅费用的管理，切实减轻农民负担，根据《国务院办公厅转发农业部等部门关于2002年减轻农民负担工作意见的通知》（国办发〔2002〕10号）和《农业部、新闻出版总署关于全面实行村级订阅报刊费用限额控制制度的通知》（农经发〔2002〕3号）的规定，现决定在全市实行村级报刊订阅费用限额控制制度。现就有关问题通知如下：

一、按照村级集体经济发展水平确定不同限额标准

人均集体所有者权益在1 000元以下的村，每年报刊订阅费用限额为3 000元；人均所有者权益在1 000～5 000元的村，每年报刊订阅费用限额为3 500元；人均所有者权益在5 000元以上的村，每年报刊订阅费用限额为8 000元。凡超过上述限额报刊订阅费用，须经村社员大会或社员代表会议讨论通过，方可订阅。否则由责任人自己支付，村集体财务不予报销。对市级低收入（年人均劳动所得在2 500元以下）村，每年的报刊订阅费用不得超过1 000元。

二、实行严格的报刊订阅费用监控制度

为了加强对村级报刊订阅费用限额的监督管理，由市农村负担监督管理领导小组办公室向各村发放《北京市村级报刊订阅费用监督卡》。村级报刊订阅费用开支情况要在每年的年底向全村农民群众公布，接受群众监督。农村集体经济审计机构要对村级报刊订阅费用开支情况进行审计监督。

三、限额内的村级报刊费用要首先用于党报党刊的订阅

《人民日报》《求是》杂志、《北京日报》和《前线》杂志是中央和本市的重要党报党刊，承担着宣传党的路线方针的重要任务，对指导农村经济发展发挥着极其重要的作用。要切实做好党报党刊的发行工作，尤其要把做好中央党报党刊发行工作放在首位，凡未完成党报党刊任务的村，一律不得订阅其他报刊。

四、规范行业性报刊订阅

除《人民日报》《求是》杂志、《北京日报》和《前线》杂志四种党报党刊以外，其他凡是通过党政部门进行面向农村征订的行业性报刊，应坚持自愿的原则，一律不得下达指标，搞硬性摊派，或列入工作考核评比条件。对于根据本地实际需要征订的，由区县农委、宣传、监察等部门研究确定各部门宣传征订的1～2种报刊，但不得下达订阅数量，其他行业性报刊如工作需要，可由主管部门订阅后向下赠阅。

五、定期组织检查，加大处罚力度

在每年进行的春季农民负担监督管理执法检查中，各区县对村级报刊订阅限额控制制度执行情况进行认真检查，并将检查结果上报市农村负担监督管理办公室。市农村负担监督管理办公室要组织有关单位进行抽查。任何单位和部门不得利用职权和工作之便向农村集体、农民强行摊派征订报刊，凡发现向农村强行摊派征订报刊的，各有关部门要视情节轻重，追究当事人和有关领导的责任；新闻出版部门将按照有关规定给予停办报刊的处罚。

中共北京市纪律检查委员会　中共北京市委农村工作委员会　北京市监察局　北京市农村工作委员会

关于印发《北京市实施〈关于对涉及农民负担案（事）件责任追究制度的暂行办法〉的意见》

（京农发〔2002〕56号　2002年11月22日）

市委、市政府关于减轻农民负担的各项方针政策，强化减轻农民负担责任追究制度，切实减轻农民负担，进一步密切党群、干群关系，维护首都社会稳定，结合本市实际，制定本意见。

一、追究工作适用范围及对象

（一）本办法适用于本市行政区域内的党政机关、人民团体、企事业单位和村级党组织、村民委员会、村经济合作社。

（二）追究对象是指：对发生涉及农民负担案（事）件负有责任的本市各级党政机关、人民团体、企事业单位和村级党组织、村民委员会、村经济合作社中的党员，以及国家公务员和国家行政机关任命的其他人员。

二、追究涉及农民负担案（事）件责任的依据

追究涉及农民负担案（事）件责任工作是一项涉及国家法律法规及有关政策规定的严肃事情，必须严格按国家法律法规和党纪政纪的规定执行。追究涉及农民负担案（事）件的主要依据是：《中国共产党纪律处分条例（试行）》、《中共中央办公厅国务院办公厅关于印发〈关于对涉及农民负担案（事）件实行责任追究的暂行办法〉》、《中华人民共和国行政监察法》、《中华人民共和国农业法》、《国家公务员暂行条例》、国务院《农民承担费用和劳务管理条例》、国务院《违反行政事业性收费和罚没收入“收支两条线”管理规定行政处分暂行规定》、《北京市农民负担管理条例》及其他有关法律法规和国家有关规定。

三、涉及农民负担案（事）件的责任

区县委书记、区县长、乡镇党委书记、乡镇长，负有对保障党中央、国务院和市委、市政府有关减轻农民负担的方针政策和法律法规在本行政区域内全面贯彻实施的领导责任。

区县和乡镇党委、政府主管减轻农民负担工作的领导，负有保障本行政区域内农民直接负担不超限额、农村集体负担得到有效控制、不发生面向农民和农村集体经济组织的乱收费、乱罚款、乱集资和各种摊派行为或者发生后能够得到及时有效制止和纠正的直接领导责任。

区县、乡镇党委和政府的各部门负有确保本部门不出现因违法违规行为而增加农民和集体经济组织负担的直接责任。

区县农委、纪检、监察、财政、物价和经管等部门负有宣传贯彻和组织实施有关减轻农民负担的方针政策、法律法规，定期开展农民负担管理的执法检查，认真受理涉及农民负担的群众来信、来访和电话举报并依法查处的责任。

区县司法机关负有以事实为依据、以法律为准绳及时审理涉及农民负担的诉讼案件，保障事实认定准确、适用法律正确、判决或裁决公正、公平的责任。

村党支部、村委会和村经济合作社的主要负责人，负有保证不因村内部原因增加农民和集体经济组织负担，保障涉及农民负担的案（事）件举报人不受打击报复的责任。

四、追究工作程序

（一）市和区县农村负担监督管理领导小组办公室在受理农民或者集体经济组织的举报以后，要及时调查取证，提出处理意见。凡确属加重农民负担的，责令被举报单位停止违法行为，限期如数退回非法收取的款物；造成经济损失的，由被举报单位予以赔偿；触犯党纪、政纪的，移交纪检、监察部门处理；构成犯罪的，移交司法机关依法追究刑事责任。

（二）对违法、违纪加重农民负担负有直接责任和领导责任的个人，要追究责任，由纪检、监察、组织、人事等部门根据各自的职责具体执行。

五、追究工作的标准和纪律

（一）追究领导责任时，要围绕案（事）件找原因，围绕原因找责任，查清存在的隐患，针对存在的问题，帮助发生问题的地区、单位落实整改措施，坚持做到“三个必须”，即必须查清事实；必须处理负有责任的干部；必须落实整改措施。

（二）发生问题的地方、部门、单位的主要领导、分管领导及有关人员须向调查组实事求是讲明情况，不准掩盖事实，推诿责任，更不准弄虚作假。

（三）要把重大问题领导责任追究制度执行情况作为年度考核的一项重要内容。对应当进行追究的案（事）件不调查处理，或查处不力的，上级部门要责令其认真查处。

（四）各级组织、人事部门要把减轻农民负担工作作为考核和任用各级党政领导人员特别是县、乡两级党政领导人员的一项重要依据和内容，在涉及区县、乡镇领导人员晋职、晋级时，按照干部管理权限和规定的程序，征求有关方面的意见。

六、追究工作组织实施机关

（一）涉及农民负担案（事）件责任追究工作分别由市委农工委、市农委及各区（县）农工委、农委牵头，协调纪委、监察、组织、人事部门共同实施。

（二）实施中的具体问题由市农委负责解释。

中共北京市委　北京市人民政府

《关于全面进行农村税费改革试点工作的通知》

（京发〔2003〕14 号　2003 年 7 月 16 日）

各区（县）委、区（县）政府，市政府各部委办局，各总公司，各人民团体，各高等院校：

根据党的十六大和中央农村工作会精神，以及《中共中央、国务院关于进行农村税费改革试点工作的通知》、《国务院关于全面推进农村税费改革试点工作的意见》，市委、市政府决定在全市进行农村税费改革试点工作。现就有关事项通知如下：

一、充分认识农村税费改革试点工作的重大意义

农业、农村和农民问题始终是我国现代化建设的根本问题，是全党工作的重中之重。首都率先基本实现现代化，关键也是郊区农村的现代化。当前，郊区农村改革和发展的势头很好，经济总量和质量不断提高，农民收入稳步增长，负担水平逐年下降，农村社会繁荣稳定。但是由于现行的农村税费制度和征收办法不尽合理，农民负担较重、收取税费不规范的问题仍然存在。有些部门和地方随意向农民伸手，针对农民和乡村集体经济组织的乱收费、乱集资、乱摊派还时有发生；在城市建设、和土地征占中侵害农民利益、加重农民负担的现象屡禁不止；一些地方应由农民负担的税费收缴难的问题仍较严重。这些问题，严重侵害了广大农民的物质利益和民主权利，影响了党群、干群关系，不利于调动广大农民的积极性，不利于集体经济发展，不利于保护和发展郊区的生产力，不利于农村社会稳定。从根本上解决这些问题，是新形势下加快郊区经济社会发展、全面建设小康社会的重要课题。党中央、国务院高瞻远瞩，决定进行农村税费改革试点工作。这是从我国农村经济发展新阶段的实际出发做出的重大决策，是贯彻“三个代表”重要思想，加快农村经济社会发展的一项重大制度创新，是解决新时期农业、农村和农民问题的战略性举措，对于理顺国家、集体、个人三者关系，保护农民利益，调动农民生产积极性，促进农村经济快速发展和农民增收，巩固农村基层政权，保持农村社会稳定，意义十分重大。

按照党中央和国务院的部署，从2000年下半年开始，我市在昌平区进行了农村税费改革试点，达到了农民负担明显减轻、农村基层政权和村级组织正常运转、农村教育经费得到保证、推动了经济发展和社会进步的目的，得到了基层干部和广大农民的拥护。实践证明，党中央、国务院关于农村税费改革的各项方针、政策完全符合我市实际。市委、市政府决定在试点的基础上，今年税费改革试点在全市进行。这是落实十六大精神，实现城乡统筹发展，加快郊区现代化建设的重大措施，也是广大农民的迫切要求。各级党委和政府一定要从贯彻落实“三个代表”的要求出发，从首都率先基本实现现代化的大局出发，从全面建设小康社会出发，充分认识进行农村税费改革的重大意义，以对党对人民高度负责的态度，按照党中央、国务院和市委、市政府的部署，认真搞好农村税费改革试点工作。

二、全市农村税费改革试点工作的指导思想、基本原则和主要内容

按照《中共中央、国务院关于进行农村税费改革试点工作的通知》（中发〔2000〕7号）、《国务院关于全面推进农村税费改革试点工作的意见》（国发〔2003〕12号），以及国务院办公厅批准的《北京市农村税费改革试点方案》，本市农村税费改革试点工作的指导思想是：认真贯彻十六大精神，全面贯彻“三个代表”重要思想，按照社会主义市场经济发展和推进农村民主法制建设的要求，规范农村税费制度，从根本上治理对农民的各种乱收费，切实减轻农民负担，充分调动广大农民的积极性，大力发展和保护郊区生产力，发展壮大

集体经济，巩固农村基层政权，推进郊区经济的快速发展和社会的全面进步。

农村税费改革试点工作的基本原则是：从轻确定农民负担水平，村村减轻，户户受益，并保持长期稳定。在保证农民负担明显减轻的前提下，妥善处理改革力度与各方面承受能力的关系，保证镇（乡）政府和村级组织正常运转以及义务教育发展的需要。实行科学规范的分配制度和简便易行的征收方式。实行综合配套改革，为农村税费改革提供必要保障。

农村税费改革试点工作的主要内容是："四取消"、"两调整"、"一改革"。

"四取消"：一是取消乡统筹费。取消乡统筹费后，原由乡镇财政开支的九年制义务教育经费全部上划区县管理，原由乡统筹负担的计划生育、优抚和民兵训练支出，由乡镇财政预算安排。镇级道路建设资金由本级政府负责安排。农村卫生医疗事业逐步实行有偿服务，政府适当补助。二是取消农村教育集资等专门面向农民征收的行政事业性收费和政府性基金、集资。三是取消屠宰税。四是取消统一规定的劳动积累工和义务工。取消"两工"后，各级政府要采取措施，保证生产公益事业、水利工程修建维护等所需建设资金。村内集体生产公益事业所需劳务实行"一事一议"、上限控制，投劳最高不得超过每个劳动力每年 10 个标准工日。

"两调整"：一是调整农业税政策。全市农业税实行 5%的比例税率，以玉米作为农业税主粮，农业税计税价格综合考虑 2001 年度的市场价和保护价因素合理确定。重新确定农业税计税常年产量和计税土地面积，并认真解决有税无地和有地无税问题。对因自然灾害、依法征占减少的耕地，应据实核减。对未经合法审批，因长期建设占地和农村公益事业占地等减少的计税土地，应据实核减，并由占地单位按规定补办审批手续和补缴税款；确有困难的，应先登记造册，暂不纳入计税面积，另行处理，不得将这部分面积计算的农业税负担平摊到农民头上。核定的计税面积和常年产量要符合实际，张榜公布，与农民见面，得到农民的认可。二是原征收农业特产税的土地调整为征收农业税。

"一改革"：即改革村提留征收使用办法。村干部报酬、五保户供养、办公经费三项费用，除原由集体经营收入开支的继续保留外，凡由村提留开支的，采用新的农业税附加方式统一收取。农业税附加征收比例为农业税正税的 20%。用农业税附加方式收取的村提留属于集体资金，实行镇（乡）管村用。村提留改革后，村内兴办集体生产公益事业所需资金，实行一事一议、上限控制，筹资最高不得超过每人每年 20 元。暂停执行对不承包土地并从事工商业活动的农村居民收取资金用于村内公益事业的政策。

三、搞好相关配套改革

搞好相关配套改革，是为农村税费改革创造良好环境，保证改革成功并不断巩固改革成果的根本措施。相关配套改革要与农村税费改革试点工作同步进行、共同推进。

（一）继续做好乡镇行政区划调整和乡镇机构改革工作。城乡结合部地区，已经具备城市化条件的乡，要撤乡建街道办事处；规模偏小的其他乡合乡建镇。远郊平原地区对规模偏小、布局不合理的乡镇进行适度调整。山区符合建镇标准的乡，可撤乡建镇。进一步调整乡镇政府机构，优化乡镇事业单位结构，大力压缩财政供养人员，防止已经精简的乡镇机构和人员反弹。进一步转变乡镇政府职能，把乡镇工作的重点转移到行政管理、发展公益事业和强化服务上来，逐步建立起适应市场经济要求的乡级管理体制。

（二）核定村级干部数量，实行固定补贴，确保村级组织正常运转。实行村级干部交叉任职，压缩后勤管理人员。按照不同地区、村庄规模和经济发展水平，确定村级干部数量，并由市区（县）财政对村级干部工资和办公经费实行固定补贴。村级干部报酬标准由本村社员（村民）大会或者社员（村民）代表大会讨论确定，并报镇（乡）党委、政府审批。

（三）改革农村教育管理体制，保证教育经费的投入。各级政府要认真贯彻落实《国务院办公厅关于完善农村义务教育管理体制的通知》（国办发〔2002〕28号）精神，承担起兴办义务教育的责任。要建立农村义务教育经费保障机制，改革后农村义务教育的投入，确保不低于改革前乡统筹费中的农村教育附加、经国家批准的农村教育集资以及正常财政投入的总体水平。完善人事编制管理制度，精简优化农村中小学教师队伍。调整农村中小学布局，合理配置农村教育资源。

（四）大力发展集体经济。农村税费改革后出现的资金缺口，除了实行财政转移支付外，主要靠大力发展乡村集体经济来解决。要深化集体经济组织产权制度改革，搞活经营机制，提高集体资产经营效益。加强村级财务监督管理，实行民主管理，财务公开，村民监督，上级审计。妥善处理乡村不良债务，摸清底数，分清责任，区别情况，逐步化解。要制定扶持乡村集体经济发展的优惠政策，支持和鼓励镇（乡）村集体经济的健康发展。

（五）逐步建立农民社会保障制度，做好“五保户”供养工作。进一步落实农民最低生活保障制度，建立新型农村合作医疗制度。农民整建制转居的地区，具备条件的，落实各项社会保障制度。集中供养的“五保户”所需费用由乡镇政府开支；分散供养的“五保户”所需费用由集体经济组织担负，不足部分由乡镇政府补助。

（六）规范农村税费征收和管理。全面清理本市涉农收费项目，坚决取消不合理收费。任何地方、任何部门都不得设立面向农民的行政事业性收费和政府性基金、集资项目，不得以任何理由擅自向农民和乡村集体经济组织摊派，不得开展要求农民和乡村集体经济组织出资、出劳的各种达标升级活动。对村级报刊订阅费实行总额控制。进一步规范农村经营服务性收费，不准强制服务、强制收费或只收费不服务。健全农民负担监督卡、涉农价格和收费公示等有效的监督机制，完善对违规、违章加重农民负担案件的查处和责任追究制度。农业税及其附加由地方税务机关负责征收管理，依率征收、依法减免、简化手续、方便群众。原由乡村集体经济组织负担的税费，仍由乡村集体经济组织负担。暂停清理农民历年税费尾欠，对确有困难的农民要给予减免照顾。

（七）进一步健全乡镇财政管理体制。按照分税制的要求，明确划分区县、乡镇政府的事权和财权。中央、市和区县安排的转移支付资金重点向困难地区倾斜，保证基层正常经费需求。

（八）修订、制定有关地方性法规和政府规章。根据农村税费改革后的新情况，对本市现行的有关法规、规章进行修订，并根据需要制定相关配套法规、规章，为全面推进农村税费改革、巩固改革成果提供有力保障。

四、农村税费改革的主要步骤

全市农村税费改革工作年初开始，年底结束，大致分为六个阶段进行：

（一）1月至5月为准备阶段。主要进行全市有关数据测算、制定政策文件等工作。

（二）6月中旬至7月中旬为宣传和培训阶段。

（三）7月下旬至8月下旬为各区县制定实施方案阶段。各区县要依据本市农村税费改革试点方案，在8月中旬前，拟订出本区县的实施方案，经市政府批准后实施。

（四）9月至10月为实施配套改革阶段。按照农村税费改革试点方案，抓紧进行乡镇区划调整、乡镇机构和村级干部精简、乡镇财政体制改革、教育管理体制改革、精简优化教师队伍、农村中小学布局调整和清理整顿涉农收费项目等配套改革。

（五）11月至12月中旬为兑现农民合法负担阶段。按照税费改革试点方案，将农民应当承担的农业税及其附加以及村内集体生产公益事业一事一议筹资、投劳最高限额分解到户，向各户发放农民负担监督卡，并由地方税务部门从2003年开始按新的农业税政策征收农业税及其附加。

（六）12月下旬为总结阶段。对农村税费改革试点工作进行认真总结，针对存在的问题，拟订改进、完善措施。

五、加强对农村税费改革试点工作的领导

农村税费改革试点工作是一项关系全局的重大改革，涉及方方面面的利益调整。各级党委、政府要充分认识其艰巨性和复杂性，切实加强领导，为改革

提供重要的组织保证。为了加强对农村税费改革试点工作的领导和协调，市委、市政府建立农村税费改革试点工作协调会议制度，市委、市政府领导同志为召集人，有关部门为成员单位，具体组织工作由市农村税费改革试点工作协调会议办公室承担。各区县和乡镇也要设立领导机构和办事机构，做到党政一把手亲自抓、负总责，分管领导直接抓，各有关部门分工协作、密切配合。并要抽调得力人员，组成工作班子。要充分发挥农村基层组织特别是党支部的领导核心作用，要在宣传动员群众、搞好基础工作、解决具体的矛盾和问题上充分发挥基层组织的优势。

切实做好宣传工作。要充分利用多种宣传工具，采取喜闻乐见的形式，向广大干部、农民和社会各界深入宣传农村税费改革试点工作的目的、意义，要把党中央、国务院和市委、市政府关于农村税费改革的政策原原本本地交给群众。要使广大干部充分认识进行农村税费改革的重要性、必要性和紧迫性，从而高度负责地做好对农村税费改革试点工作的领导和组织实施。要使农民对农村税费改革试点工作的目标、内容和政策家喻户晓，从而拥护改革，参与改革，增强依法履行义务和依法维护自身权益的自觉性。要使社会各界理解改革、支持改革，为改革创造良好的社会环境。各级要对负责税费改革工作的干部和有关人员进行政策和业务培训，提高他们领导和组织实施农村税费改革试点工作的能力，建立起一支政策水平高、业务能力强的农村税费改革骨干队伍。

精心组织实施工作。农村税费改革试点工作是一项十分复杂的系统工程，要通盘考虑，精心组织，周密部署。各区县、乡镇一定要准确把握我市农村税费改革试点方案的重要内容和政策精神，并在深入实际、调查研究、摸清情况、找准问题的基础上，制定出本地区符合实际、得到广大农民拥护的实施方案。要做好各项基础工作，认真进行有关资料的收集整理和数据的测算，确保各项改革措施的制定建立在科学可靠的基础上。要尊重群众的首创精神，发现基层创造的好经验。对那些具有全局意义的好做法，要认真总结，及时推广。要认真研究农村税费改革试点工作中出现的新矛盾、新问题，及时提出切实可行的解决办法。对涉及全局的重要问题，要提出对策建议，及时请示汇报。

加强督促检查工作。市和区县都要建立督促检查制度，采取日常检查与重点检查、定期检查与随机抽查、明查与暗访相结合的方式，加大督促检查力度。对执行政策中出现的偏差，要及时纠正；对农民反映的问题，要认真对待、及时处理。建立健全税费改革责任追究制度，对违反农村税费改革试点工作政策，特别是顶风违纪行为，要依法严肃处理。

市和区县各有关部门要带头贯彻落实党中央、国务院和市委、市政府关于农村税费改革试点工作的精神，自觉服从农村税费改革试点工作的总体安排，适应改革要求，及时调整工作思路和工作方法，调整完善有关政策，为农村税费改革试点工作的顺利进行创造重要条件。

北京市农村工作委员会　北京市财政局

《关于印发〈关于保证村级组织正常运转专项补助资金管理的使用办法〉的通知》

（京政农发〔2004〕35号　2004年6月2日）

远郊各区、县人民政府：

根据市委九届六次全会决议，从2004年开始，我市暂停征收农业税及其农业税附加。为保证村级组织正常运转，市政府决定安排专项资金，对村级进行补助。现将《关于保证村级组织正常运转专项补助资金管理的使用办法》（以下简称《使用办法》）印发给你们，并对村级补助资金的使用提出如下要求，请一并执行。

保证农村基层政权的正常运转，是中央推行农村税费改革，在农村实现"三个确保"（确保农民负担不反弹，确保农村义务教育的必要投入，确保乡镇政权和基层组织的正常运转）的重要内容之一。各级政府不仅要从资金上，还要从行政机制和制度上加以保证。

首先，按照责权统一的原则，区县和乡镇政府对维护农村基层组织稳定，保证工作的正常开展，负有直接的责任。区县政府要把基层政权建设作为一项重要职责，做到"有人办事，有钱办事"。要保证村级专项补助资金按规定用于农村基层的各项公共事务基本开支。决不允许挪用截留，变相搞任何政绩项目。

第二，区县和乡镇各级财政部门要在遵循《预算法》的基础上，理顺各级事权、财权关系，完善财政体制，通过规范、稳定的资金渠道确保村级补助资金安全规范、公正合理的使用。这次市级财政拨付的资金，完全是补助性质，而要保证村级组织长期稳定运行，并且随着农村经济发展，要不断提高资金的运转质量，还需要区县、乡镇财政广开财源，合理安排资金，特别是今后基层出现的一些关系民生的大事，应责无旁贷地给予保障。

第三，加强村级专项补助资金使用政策的学习和宣传。区县和乡镇领导对此次补助资金的使用性质要有清醒的认识。用于干部、村级公务人员的补助，绝不是要搞村级事务公务员化，要严格控制人员机构。防止出现补贴人员膨胀，导致村里办事的资金减少。要使广大农民利益得到最大保证，防止有人拿钱，无人办事的情况发生。

第四，保证集体经济薄弱村的正常运转，必须建立动态管理制度。此次印发的《使用办法》中，确定了2004—2007年的补贴对象，是为了确保政策在一段时间的相对稳定性。随着农村经济发展水平的变化，经济薄弱村的水准、范围和数量，也在发生变化。因此，从长远考虑，必须对村级补助资金实行动态管理，使补助资金作用得到长期、持久的充分发挥。同时还要避免一些有条件发展的经济薄弱村不求发展，滋长“等、靠、要”思想的出现。

第五，村级补助资金的使用，要有助于基层民主的发挥，有助于村民自治建设，防止补助资金成为强化个人权利、行使特权或成为个别干部以权谋私的工具。上级拨付的补助资金必须让村民知晓，实行公示，用于公益事业的资金项目必须由村民代表大会集体讨论通过，并接受群众监督。

各区县要按照上报的村级补助名单合理确定各村补助标准，资金严格按照《使用办法》使用。补助资金要在6月中旬以前落实到村。

关于保证村级组织正常运转专项补助资金管理的使用办法

（2004年6月2日）

第一条　根据《国务院关于全面推进农村税费改革试点工作的意见》（国办发〔2003〕12号）、中共北京市委、市政府《关于印发〈北京市农村税费改革试点方案〉的通知》（京发〔2003〕14号）和市委市政府领导对《关于农村税费改革后对部分村给予资金补助的请示》（京政农文〔2004〕5号）、《关于暂缓征收农业税后对乡镇增加市级转移支付资金的请示》（京政农文〔2004〕6号）的批示精神，为了保证农村税费改革“三个确保”的落实，加强对本市村级补贴资金的管理，提高补贴资金的使用效益，确保村级组织的正常运转，特制定本办法。

第二条　本办法所称专项补助资金，包括：

（一）市、区（县）财政拨付的用于村级固定干部补贴、办公经费和五保户供养资金；

（二）全面免征农业税及其附加以后，市财政按照2003年农业税附加实际征收数额给予的补助资金（朝阳区、海淀区、丰台区、石景山区除外）；

（三）市财政对部分村追加的补贴资金。

第三条　专项补助资金政策保持相对稳定。村级干部固定补贴、办公经费和五保户供养资金，按照《北京市农村税费改革试点方案》确定的补贴额度和拨付办法执行。市级财政对部分村追加的补助资金、村别和数额一定4年不变，年限为2004年至2007年。对市级补助村以外新出现的村级组织运转困难的村，由区县和乡镇财政负责解决。

第四条　专项补助资金必须足额及时拨付到村。市级专项补助资金拨付到区县，区县将市、区（县）专项补助资金拨付到镇（乡），再由镇（乡）拨付到村。市级对部分村追加的补助资金按各区（县）上报的名单拨付，区县根据村自身集体经济收入水平和村庄规模，确定补贴标准，实行差额补贴。专项补助资金必须全额、及时拨付到村，任何单位和个人不得截留和挪用。

第五条　专项补助资金必须专款专用。村级干部固定补贴、办公经费和五保户供养资金以及市财政按 2003 年实际征收的农业税附加数额给予村级的补助资金，按《北京市农业税附加实施办法（试点）》和《北京市村级干部报酬管理办法》实行。

对部分村追加的补助资金主要用于村级公务人员报酬、社会管理费用和集体公益事业费用，不得挪作他用。严禁在干部固定补贴之外挪用其他补贴资金用于发放干部报酬；严禁将补助资金用于购置小轿车、移动电话、高标准装修办公场所；严禁用补助资金抵顶村级拖欠的生产经营性债务。不得报销手机通讯费、外出考察差旅费、退休补助金、招待费、献血补助等非公益性开支。公款订阅报刊费用每年不得超过 3 000 元；

第六条　加强对专项补助资金的财务管理。村级设立“税费改革专项补贴”会计科目，专门核算农村税费改革村级补贴资金。“税费改革专项补贴”科目之下分别设立“干部固定补贴”、“办公费补贴”、“五保户供养补贴”、“村务人员报酬”、“社会管理费和公益事业费用补贴”等明细科目，并详细记录开支内容。

第七条　坚持村务公开制度。专项补助资金使用计划必须经村民代表会议民主讨论通过，不得由少数干部私自决定。

补助资金拨入情况必须向村民公开；资金使用情况，每半年向村民公布一次。

村民主理财小组负责对本村专项补助资金的使用情况进行监督、检查，补助资金支出凭证必须经村民主理财小组审核签字后方可入账。

第八条　建立专项补助资金使用情况报告制度。每年年底，各村要将专项补助资金的使用情况上报乡镇财政和经管部门，并随年终决算逐级上报区县和市财政、经管部门。

第九条　建立专项补助资金审计监督制度。乡镇集体经济审计部门，对所属各村的专项补助资金使用情况，要进行年度审计，审计结果必须逐级上报区县和市集体经济审计部门。市、区县审计部门也要对资金的拨付使用情况进行审计。对截留、贪污或者不按规定用途使用的，要追究有关责任人的责任，在认真整改、追回损失之前，暂停拨付下一年度补贴资金。

第十条　市财政按照 2003 年农业税实际征收数额给予的补助资金，按照

《北京市财政局关于农村税费改革后加强乡镇财政管理意见的通知》规定，用于乡镇弥补原乡统筹中乡村公益事业支出。

第十一条　本办法由市农委和市财政局负责解释。

第十二条　本办法自公布之日起执行。

北京市纠风办　北京市新闻出版局
北京市农村工作委员会　北京市教育委员会
《关于全面实行乡镇、村级组织、农村中小学校公费订阅报刊最高限额标准，切实加强监督落实工作，减轻基层和农民负担的通知》

（京新出联〔2004〕75 号　2004 年 2 月 25 日）

郊区各区县人民政府：

为贯彻落实《中央办公厅、国务院办公厅关于进一步治理党政部门报刊散滥和利用职权发行，减轻基层和农民负担的通知》（中办发〔2003〕19 号）和《国务院纠风办、新闻出版总署、农业部、教育部关于全面实行乡镇、村级组织、农村中小学校公费订阅报刊最高限额标准，切实加强监督落实工作，减轻基层和农民负担的通知》（新出联〔2003〕18 号）的要求，现就进一步规范我市乡镇、村级组织和农村中小学校公费订阅报刊管理的有关事项通知如下：

一、全面实行乡镇、村级组织和农村中小学公费订阅报刊最高限额控制制度

从 2004 年起我市全面实行乡镇、村级组织和农村中小学公费订阅报刊最高限额控制制度，按照实事求是的原则，确定乡镇、村级组织和农村中小学每年公费订阅报刊最高限额的标准，具体是：

1. 乡镇公费订阅报刊最高限额的标准

按照各类乡镇的经济实力来确定：财政收入较多、集体经济实力较强的乡镇，每年机关报刊订阅费用不得超过 4 万元；财政收入和集体经济一般的乡镇，每年机关报刊订阅费用不得超过 3.5 万元；财政收入较少、集体经济实力较差的乡镇，每年机关报刊订阅费用不得超过 3 万元。具体每个乡镇报刊订阅限额，由区县农民负担监督管理办公室核定。

2. 村级组织公费订阅报刊最高限额的标准

按照村级集体经济发展水平确定，继续贯彻执行京农发〔2002〕43 号文件规定的限额标准，人均集体所有者权益在1 000元以下的村，每年报刊订阅费用限额为3 000元；人均所有者权益在1 000～5 000元的村，每年报刊订阅费用限额为3 500元；人均所有者权益在5 000元以上的村，每年报刊订阅费用限额为8 000元。凡超过上述限额报刊订阅费用，须经村社员大会或社员代表会议讨论通过，方可订阅。否则由责任人自己支付，村集体财务不予报销。年人均劳动所得在2 500元以下的村，每年的报刊订阅费用不得超过1 000元。

3. 农村中小学校公费订阅报刊最高限额的标准

全市农村中小学校统一规定为中学5 000元、小学1 000元、中心校3 000元。

二、按照党报党刊在基层发行的要求和范围，切实做好党报党刊在郊区的发行工作

各区县政府和有关部门要高度重视党报党刊的发行，严格按照党报党刊在基层和农村的种类和范围，切实做好党报党刊的征订和发行工作。《人民日报》、《求是》杂志和《北京日报》、《前线》杂志是中央和我市的党报党刊，承担着宣传党的路线方针的任务，对指导农村经济发展发挥着极其重要的作用。凡是公费订阅报刊的乡镇机关和领导干部，要首先订阅党报党刊特别是中央级党报党刊，未完成党报党刊征订任务的，一律不得订阅其他报刊。公费订阅党报党刊，也不准超过上述限额标准。

三、规范行业性报刊订阅

党政部门征订《人民日报》、《求是》杂志和《北京日报》、《前线》杂志四种党报党刊，不得任意将其他报刊列入党报党刊的征订范围。党报党刊所办子报子刊不得随党报党刊搭车发行。面向乡镇、村级组织和农村中小学的行业性报刊，应坚持自愿订阅的原则，党政部门一律不得下达指标，搞硬性摊派或列入工作考核评比条件。对于本地确需征订的其他报刊，由区县农委、宣传、监察等部门研究确定，但不得超过限额，其他行业性报刊如工作需要，可由主管部门订阅后向基层赠送。区县自办的内部刊物必须严格执行《内部资料性出版物管理办法》的规定，不得收取任何费用，不得公开征订发行，不得搞有偿经营性活动，一律实行免费赠阅。

四、实行严格的公费报刊订阅费用监控制度

严格执行公费报刊订阅费用控制制度。市、区县有关部门要加强对乡镇和村公费订阅报刊情况的监督检查。

乡镇机关由市农委、市监察局和市新闻出版局向各乡镇发放《北京市乡镇

报刊订阅费用监督卡》。乡镇报刊订阅费用开支情况，由各区县农民负担监督管理办公室在每年的年底向市农委、市监察局和市新闻出版局报告。市农民负担监督管理办公室负责对乡镇报刊订阅费用开支情况进行检查监督。

村级组织由市农村负担监督管理领导小组办公室向各村发放《北京市村级报刊订阅费用监督卡》。村级组织报刊订阅费用开支情况要在每年的年底向全村农民群众公布，接受群众监督。农村集体经济审计机构要对村级组织报刊订阅费用开支情况进行审计监督。

五、加大对党政部门报刊发行的监督管理

各区县政府和有关部门要建立和完善监督机制，加大监管力度，狠刹党政部门报刊发行中的不正之风，对于利用职权摊派发行，增加基层和农民负担的问题，一经发现要立即纠正，严肃查处，情节严重的，要追究部门和报刊负责人的领导责任。

1. 监管工作的具体责任分工：

区县农业、教育行政部门负责及时了解和掌握乡镇、村级组织和农村中小学执行公费订阅报刊限额的情况，对超出限额问题进行分析，并向同级党委和政府报告，配合纪检、监察（纠风）等部门对存在问题加以纠正；新闻出版局负责对违纪违规摊派发行的报刊单位进行查处，并及时会同纪检、监察（纠风）部门和财政、审计、工商、税务等职能部门查处其违纪违规行为。

2. 监管工作的具体内容：

党政部门是否通过发文件、下指标等方式发行党报党刊之外报刊；是否将企业、事业、乡镇、村级组织等基层单位订阅报刊与工作考核、评优达标挂钩，搞所谓“一票否决”；是否存在利用登记、年检、办证、办照、征税等工作之便向服务和管理对象摊派报刊；是否采取电话通知、利用系统工作会议提要求、下发报刊订阅“建议表”等工作渠道变相摊派报刊；是否为报刊承揽广告业务提供方便，是否以各种名目向报刊社收取管理费、发行费、劳务费，把报刊的经营收入变成机关的“小金库”。按规定实行管办分离的报刊是否得到落实；报刊社发行报刊是否一律由市场渠道发行；报刊社是否采取提成回扣、赠钱赠物、出国考察、公费旅游等手段推销报刊；是否利用版面以宣传、表扬为由搞有偿新闻或所谓形象版变相摊派，或以批评相要挟强行征订。农村基层单位公费订阅报刊是否超出限额标准；内部资料性出版物是否免费赠阅。

六、定期组织检查，加大处罚力度

市农村负担监督管理办公室坚持每年春秋两季对农民负担监督管理工作进

行检查，并把各区县报刊订阅限额控制制度执行情况作为检查的重点。检查采取自查与抽查相结合的办法进行。在区县自查的基础上，市农村负担监督管理办公室再组织市有关单位对区县进行抽查。

任何单位和部门一律不得利用职权和工作之便强行摊派征订报刊，凡发现向农村强行摊派征订报刊的，各有关部门要视情节轻重，追究当事人和有关领导的责任，新闻出版部门将按照有关规定给予停办报刊的处罚。

北京市农村工作委员会　北京市财政局
北京市审计局　北京市监察局
《关于进一步加强村级公益事业专项补助资金监督管理的通知》

（京政农发〔2006〕2号　2006年2月20日）

郊区各区县人民政府：

为全面落实科学发展观，贯彻市委市政府《关于建设和谐社区和谐村镇的若干意见》精神，结合完善后的市与区县分税制财政管理体制，我市设立了村级公益事业专项补助资金。为进一步加强村级公益事业专项补助资金的监督管理，确保资金及时足额落实到基层，提高资金使用效益，现通知如下：

一、充分认识加强村级公益事业专项补助资金监督管理的重要性

村级公益事业专项补助资金是市委、市政府统筹城乡经济社会发展，推进社会主义新农村建设的一项重要举措，也是建设和谐社区和谐村镇的重要保障。各区县政府必须充分认识加强村级公益事业专项补助资金监督管理工作的重要性，严格按照相关文件精神，采取有效措施，加大宣传力度，抓好落实，加强监督检查，提高资金使用效益。

二、严格按照补助标准拨付村级公益事业专项补助资金，确保资金及时、足额到位

村级公益事业专项补助资金标准：集体经济薄弱村每年补助15万元，其他村每年补助8万元。

市财政于每年1月底前，按照上述补助标准将补助资金足额拨付各区县。各区县于每年2月底前，按照上述补助标准将补助资金足额拨付各村级组织。

区县可以根据财力增长情况，在市级补助标准的基础上，逐步加大本区县对村级公益事业的投入。

三、制定管理办法与实施细则，建立村级公益事业专项补助资金落实的保障机制

各区县政府要按照相关文件规定，在今年3月底前制定本区县村级公益事业专项补助资金管理办法与实施细则，严格资金使用管理，确保专款专用。

专项补助资金要严格按照规定用于村级公益事业，区县、乡镇不得将专项补助资金与其他资金混合使用，也不得将各村专项补助资金“捆绑”使用，任何单位和个人不得截留和挪用。

严禁挪用专项补助资金用于发放干部报酬；严禁将补助资金用于购置小轿车、移动电话、装修办公场所；严禁将补助资金用于农村个人水电费、抵顶村级拖欠的生产经营性债务。不得用于通讯费、外出考察差旅费、退休补助金、招待费、献血补助等项开支。

四、完善村务公开和民主议事制度，将村级公益事业专项补助资金的使用纳入村级民主管理范围

专项补助资金拨入情况必须向村民公开，经村民代表会议民主讨论制定补助资金使用计划，并于每年一季度前报送乡镇政府备案。

村民主理财小组负责对本村专项补助资金的使用情况进行监督、检查，并及时向村民公布，补助资金支出凭证必须经村民主理财小组审核签字后方可入账。

乡镇政府在专项补助资金使用上不得以村账托管的名义设置审批环节，不得代替村级组织支配使用专项补助资金。

五、建立村级公益事业专项补助资金使用报告制度和审计监督制度

建立专项补助资金使用情况报告制度。各村每月将专项补助资金的使用情况上报乡镇集体经济管理部门，乡镇集体经济管理部门汇总后逐级上报。

乡镇集体经济审计部门应对所属各村的专项补助资金使用情况进行年度审计，审计结果必须逐级上报区县和市集体经济管理部门，同时抄送区县和市审计部门。

市、区县审计、监察部门对资金的拨付使用情况进行审计、监察。对挪用、截留、贪污的，要追究有关人员的责任。

各区县要建立农委、财政、审计、监察等部门齐抓共管的长效机制，切实加强对专项补助资金的监督管理。市农委、市财政局、市审计局、市监察局等有关部门将定期组织联合检查。

北京市人民政府
《关于做好本市农村综合改革工作的意见》

（京政发〔2007〕32号 2007年12月13日）

各区、县人民政府，市政府各委、办、局，各市属机构：

为进一步巩固农村税费改革成果，扎实推进社会主义新农村建设，根据《国务院关于做好农村综合改革工作有关问题的通知》（国发〔2006〕34号）精神，结合本市实际，现就做好农村综合改革工作提出以下意见：

一、充分认识农村综合改革的重大意义

经过几年的改革实践，本市农村税费改革取得显著成效。全面取消了农业税等专门面向农民的各种税费，大幅度减轻了农民负担。实行城乡统筹，加大财政转移支付力度，扩大公共财政覆盖农村的范围，保障了村级组织的正常运转，改善了农村生产生活条件，扩展了农民就业领域，加快了农民增收步伐。但制约农村经济发展和社会稳定以及实现城乡和谐发展的体制性障碍还没有完全消除。推进农村综合改革，是巩固农村税费改革成果的迫切需要，是建设社会主义新农村的重要内容，涉及农村政治、经济、文化、社会等诸多领域，关系农村生产关系和上层建筑的深刻变革，具有重大意义。

各区县政府、市各有关部门要充分认识农村综合改革的重要性和复杂性，自觉从推进社会主义新农村建设、统筹城乡发展、实现区域和谐、开创首都现代化建设新局面的高度出发，切实做好农村综合改革工作。

二、农村综合改革的指导思想、工作目标和总体要求

（一）指导思想

以邓小平理论和“三个代表”重要思想为指导，全面落实科学发展观，深入贯彻党的十七大精神，坚持以人为本，按照建立以工促农、以城带乡长效机制和构建城乡经济社会发展一体化新格局的总体要求，进一步加大城乡统筹力度，推进农村改革发展，促进农民持续增收，扎实推进社会主义新农村建设。

（二）工作目标

力争在“十一五”期间或用更长一些时间，基本完成乡镇机构改革、农村义务教育改革和县乡财政管理体制改革任务。调整和完善农村生产关系和上层建筑，进一步解放和发展农村生产力，建立规范高效的农村行政管理体制和运

行机制，建立覆盖城乡的公共财政制度和政府保障的农村义务教育体制，促进农民减负增收和农村社会事业发展，为全面推进社会主义新农村建设提供体制和机制保障。

（三）总体要求

统一思想认识，加强组织领导；解决遗留问题，扎实稳步推进；加强调研总结，完善政策扶持；积极探索实践，实行重点突破。各区县政府、市各有关部门要将农村综合改革与社会主义新农村建设紧密结合，统筹兼顾，协调推进，保证各项改革和建设的整体成效。

三、扎实推进和落实农村综合改革主要任务

（一）推进乡镇机构改革试点工作

乡镇机构改革要以转变职能为核心，按照推动功能区域发展、职能服从功能的原则，进一步明确乡镇政府职能定位，切实提高行政效率，加快职能转变，形成责权一致、分工合理、决策科学、执行顺畅、监督有力的农村行政管理体制和运行机制。要分别在近郊区、远郊平原区和山区县选择不同区域功能定位和经济发展水平的乡镇先行试点，在取得经验的基础上逐步推开。

1. 加快乡镇政府职能转变

乡镇政府要结合区域功能定位，按照有利于促进功能区域发展的方向转变职能，以统筹区域经济社会发展、落实国家产业政策、优化地区发展环境、推进乡镇域经济发展、深化农村经济体制改革和加强农村公共服务为重点。

加强宏观经济指导。按照进一步推进政企分开、政资分开、政事分开、政府与市场中介组织分开的原则，减少乡镇政府对微观经济的干预，加强宏观经济指导，组织制定本地区产业发展规划，加大地区性优势产业扶持力度，加强农村基础设施建设和管护，优化地区经济发展环境。

深化农村经济体制改革。进一步落实和稳定农村基本经营制度，不断完善以家庭承包经营为基础、统分结合的双层经营体制，积极推进土地承包经营权依法自愿、有偿流转和集体建设用地使用权流转。有条件的地方可以发展多种形式的适度规模经营，大力发展都市型现代农业。加强对乡村集体经济产权制度改革的指导，通过多种形式和途径，不断创新农村集体经济发展思路和运行机制，提高集体资产经营效益，增强农村集体经济实力，化解农村人民内部矛盾。根据《中华人民共和国农民专业合作社法》（中华人民共和国主席令第57号），加强对农民专业合作组织的指导、扶持和服务，积极引导农民发展专业合作组织，提高农民的组织化程度。

发展农村公共服务。进一步加强和完善农村社会化公共服务体系建设，为

农民生产提供科技、金融、信息等产前、产中、产后服务。认真组织好科技兴农和科技富农工作。组织好农村教育、卫生、计划生育、文化、体育、社会福利等公共服务设施建设和管护工作，不断完善农村公共服务设施条件。加强对农村基层干部的培训。加大农村富余劳动力转移就业培训工作力度，提高农民就业能力，促进农民就业向二、三产业转移。健全农村社会保障体系，大力发展农村新型合作医疗，提高公共卫生服务和保障水平。根据经济发展水平，逐步完善农村最低生活保障制度，逐步建立健全农民养老保障制度，大力发展农村养老服务事业。组织开展农村文化体育活动，丰富农村文化生活，推进农村精神文明建设。

加强农村社会管理。依法加强对农村集体经济组织的监督管理，重点加强农村土地承包管理、耕地管理、农民负担监督管理以及农村集体资产财务管理，提高农村集体经济的运行水平。强化乡镇政府组织指导扶贫济困和社会救助、开展法制宣传、排查化解矛盾、农村社区建设以及农村基层组织建设的职能，进一步提高乡镇政府维护地区稳定、建设和谐社会的能力。

2. 合理调整乡镇政府机构

从职能定位出发，根据地域特点、产业结构和城镇化发展水平，按照综合设置的要求，合理调整乡镇机构设置。明确乡镇集体资产管理主体，建立健全乡镇集体资产管理机构；强化担负综合经济管理、社会管理和维护稳定职能的机构；撤销职能萎缩或弱化的机构；合并职能相同或相近的机构；理顺农村经营管理机构。

积极推进乡镇事业站所改革。根据地区经济发展和农民需求，整合服务资源，探索站所设置方式和服务模式。强化公益性站所的服务功能，其经费主要由财政保障；增强经营性站所的自我发展能力，并逐步走向市场。

全面推行乡镇人员编制实名制，减少临时聘用人员。建立编制、人事、财政等部门协调机制，确保五年内乡镇机构编制和财政供养人数只减不增。

3. 合理划分乡镇政府职责权限

按照权责一致的要求，合理划分乡镇政府与上级政府的职责权限，理顺垂直管理部门与乡镇政府之间的职能分配关系。凡法律、法规及规范性文件明确规定由上级部门承担的职责，不再转交乡镇政府承担。确需乡镇政府配合的，应明确相应的权利和义务。

规范乡镇政府与村民自治组织的关系。进一步发挥村民自治组织的作用，扩大基层群众自治范围，完善民主管理制度，属于村民自治范畴并且通过村民自治的形式能够解决好的事务，应该交由村民自治组织承担。乡镇政府重点做好指导和服务工作，实现乡镇政府行政管理与村民自治组织的有效衔接和良性互动。

4. 为乡镇机构改革创造良好环境

市、区有关部门要适应乡镇机构改革需要，及时调整领导方式、运行机制和工作方法，为乡镇政府转变职能创造条件。不得以机构上下对口或项目安排、资金分配、年终考核等手段干预乡镇机构设置和人员配备。取消针对乡镇政府的招商引资等考核指标和脱离实际的“达标评比”活动，创新考核体系和激励机制，使乡镇政府集中精力从事社会管理和公共服务。

（二）全面深化农村义务教育改革

进一步完善政府投入办学、各级责任明确、财政分级负担、经费稳定增长的农村义务教育经费保障机制，强化市级统筹力度，加强农村教师队伍建设，提高农村教师素质，逐步缩小城乡义务教育的差距，提高农村义务教育质量，促进教育公平，使城乡教育协调发展。

1. 进一步完善农村义务教育投入保障机制

落实区县政府发展农村义务教育的责任，将农村义务教育经费全面纳入财政保障范围，建立市和区县分项目、按比例分担的农村义务教育经费保障机制。落实新调整的义务教育公用经费定额标准，确保新增教育经费用于农村的比例不低于70%。继续加大市级财政对财力薄弱地区教育经费的倾斜力度。

2. 加快改善农村中小学办学条件

各远郊区县要结合新城规划、区县域规划确定的人口布局及规模，判断学龄人口变化趋势，进一步调整和优化农村中小学布局，整合教育资源，山区农村义务教育资源要适当集中，有条件地区应加快发展寄宿制学校，完善农村中小学各种教育配套设施建设，提高教育资源利用率。2010年底前，全市农村中小学办学条件主要项目要达到北京市新颁中小学办学条件标准。加快搭建教育信息平台，完善农村中小学现代远程教育体系。

3. 深化教育人事制度改革

进一步优化农村教师队伍结构，加强农村教师队伍培训，依法全面实施教师资格准入制度。教师空缺职位要面向社会公开招聘，规范和改进教师评价与考核办法，稳步推行聘用合同制和专业技术职务聘任制。结合发展农村学前教育等社会公益事业，做好离岗分流教师的安置工作。

4. 加快城市教育资源向农村流动

继续实行每年千名城镇教师到农村中小学支教制度，建立高校毕业生到农村中小学支教制度。积极开展城乡教育对口支援，鼓励大学生到农村基层开展服务和创业活动。积极探索和创新加快城市教育资源向农村流动的管理模式。

5. 规范农村中小学收费管理

要结合“两免一补”政策的实施，采取有效措施，进一步规范农村中小学教育收费行为，切实减轻农民负担。

（三）加快推进乡镇财政管理体制改革

按照社会主义市场经济条件下公共财政的原则要求，结合乡镇机构改革和职能转变，加快建立健全财权与事权相匹配的区县和乡镇财政管理体制，完善乡镇财政体制。

1. 完善乡镇财政管理体制

明确界定区县和乡镇政府的支出责任。按照财权与事权相统一的原则，根据乡镇政府承担的管理职责与任务，进一步界定区县和乡镇政府的支出责任。

合理调整和划分收入。根据经济发展水平、财政收支状况和乡镇政府承担的事权，合理划分区县和乡镇间的财政收入。在优化投资环境、努力培植税源的同时，保证区县政府对区域经济社会发展的调控能力。

加大转移支付力度。进一步完善粮食直补、农资综合直补及生态林补偿等政策，促进农民持续增收；整合农村税费改革和农业税减免转移支付力度，切实提高乡镇政府和村级组织经费保障能力，确保乡镇机构和村级组织的正常运转；完善村级组织公益事业转移支付制度，发展农村公益事业，提高农村公共服务水平；完善农村社会事业专项转移支付制度，促进农村教育、文化、卫生、计划生育等社会事业的发展。

调整财政支出结构。进一步加大区县财政对农业和农村的投入，财政新增教育、文化、卫生、计划生育等项经费主要用于农村，国家基本建设资金增量主要用于农村，政府土地收益用于农村的比例要有明显增长。统筹各部门力量，进一步加大支农资金整合力度。

2. 转变乡镇财政管理方式

实行预算共编。各区县财政部门要按照相关规定，结合本地区实际，研究制定乡镇财政预算安排的指导意见，报同级政府批准后组织实施。对于财政管理基础较好且有能力编制部门预算的乡镇，要根据区县财政部门的指导意见，编制乡镇部门预算草案；对于财政管理基础薄弱、没有能力编制部门预算的乡镇，本着自愿参与的原则，可试行乡镇财政区县管理的办法，在不改变资金使用权的前提下，由区县财政部门代编预算。

推行集中收付。严格规范乡镇账户管理，明确现有账户的核算职能，严格禁止乡镇自行开设账户。区县政府要逐步推进国库集中收付制度改革，建立国库单一账户体系。有条件的乡镇，要积极推行财政直接支付，减少中间环节；对暂时还不具备条件的乡镇，要积极推行财政资金授权支付，逐步向直接支付过渡；对财务管理相对薄弱的乡镇，可探索试行由区县统一管理财政收支的办法，将其账户上收，或将财政专项资金通过区县财政委托中介机构代理记账进行核算，年终转入乡镇财政进行账目汇总。

加快采购统办。在采购资金来源渠道不变的前提下，乡镇政府提出采购申请和采购计划，由区县政府采购办统一办理乡镇政府采购。

严格财政性票据统管。按照“区县统管票据、乡镇财政监管”的原则，区县财政部门负责各乡镇政府票据的发放、检查及核销管理；乡镇财政负责所属各基层单位票据的发放，同时协助区县财政部门对其票据实施监管。区县财政部门要建立健全票据管理监督检查机制，按照财政性票据管理相关规定，严格把好票据购领、使用、保管、缴验四个关口，加快票据管理规范化进程。

四、积极稳妥开展化解乡村债务工作

各级政府要充分认识制止新债、化解旧债的重要性和紧迫性，进一步健全和落实对县乡领导干部控制和化解乡村债务工作的考核制度。

（一）严格锁定旧债

各区县政府要对 2006 年 12 月 31 日前由乡镇政府和村民委员会形成的债权、债务，包括以乡镇政府或村民委员会名义担保形成的债务，尤其是举办农村义务教育和村级公益事业形成的债务进行全面清理核实，严格锁定旧债。

（二）坚决制止新债

各乡镇政府和村民委员会要严格按照《国务院办公厅关于坚决制止发生新的乡村债务有关问题的通知》（国办发〔2005〕39 号）和本市有关文件要求，不得以任何名义举债，特别是在推进社会主义新农村建设过程中，决不能盲目举债搞建设，不得搞“形象工程”。要严格按照“谁举债、谁负责”的原则，加大监督检查力度，严肃查处违法违纪行为。

（三）开展化解债务试点工作

各区县政府要结合本地区实际，确定债务化解工作顺序。要优先化解与农民利益直接相关的农村义务教育、基础设施建设和社会公益事业发展等方面债务。把化解因乡村公益事业建设形成的对农民、乡村干部、乡村工程业主等个人的债务作为重点。

（四）设立政府偿债准备金

根据债务规模，按当期政府债务余额的一定比例安排政府偿债准备金，实行专户管理，单独进行会计核算，支持基层优先化解由于发展农村公共事业建设所形成的债务。

（五）加大村务公开民主管理工作力度

加强村级财务管理，规范村级财务支出行为。在坚持资金所有权、使用权不变并认真履行民主程序的前提下，积极推行村级会计委托代理制和村级大额资金专储账户管理方式，建立健全村级财务管理制度。进一步落实和完善村级民主理财制度和村级财务公开制度，加强民主监督。积极推广村级财务预决算制度，加强对村级财务收支的监管。加大村级财务审计工作力度，全面实行村级干部任期经济责任审计制度。

五、创新农民负担监督管理机制

继续坚持减轻农民负担工作政府主要领导负责制和“谁主管、谁负责”的部门责任制，建立健全减轻农民负担长效机制，实行标本兼治，采取定期开展农民负担执法检查、发放农民负担监督卡、进行涉农收费公示等方式，做到预防与查处相结合。

（一）依法规范管理和使用农村集体土地征地补偿费

按照以人为本、平等保护集体和个人权益的原则，依法规范农村集体土地征地补偿费的管理和使用。征地补偿费中的地上附着物补偿费和青苗补偿费要按照“谁投入，谁享有”的原则支付所有权人；土地补偿费与安置补助费应首先用于安置征地转居人员。对已确定的被征地转居人员，按照《北京市建设征地补偿安置办法》（市政府令第148号）的规定，及时足额提供安置费用；对尚未确定的被征地转居人员，要按照标准计算出安置费用，专户储存，专款专用。征地补偿费用于支付上述各项费用后的剩余部分，可作为土地补偿费支付给被征地的农村集体经济组织，本着统筹农民个人利益和集体利益、当前利益与长远利益的原则，依法由集体经济组织成员大会或成员代表会议讨论决定分配方案和使用办法。农村集体经济组织应当依法公开土地补偿费和安置补助费的使用情况，接受监督。

（二）杜绝向农民（含农户、乡村集体经济组织、村民委员会、国营农场）乱收费

严格规范涉及农民负担的行政事业性收费和罚款项目，加强对农民乱收费、乱罚款和乱集资行为的监督检查，并重点加强对农村电费等经营性收费和农业生产资料价格等生产性收费的监管，不得开展要求农民出钱出物的达标升级和检查评比活动。

（三）杜绝面向农民（含农户、乡村集体经济组织、村民委员会、国营农场）的各种摊派

严禁以任何名目向农民摊派农村基础教育经费，特别是在政府教育投入保障机制完善地区，农村中小学校不得要求农民负担正常运转经费，不得要求农民承担校舍建设和维修费用。未经村集体经济组织成员代表大会或者村民代表会议民主决策，村级组织不得要求捐资助学。坚持公款订阅报刊限额制，任何组织不得向乡镇政府、村级组织和农村中小学校摊派报刊订阅任务。除法律、法规规定农民需履行的义务或应承担的责任外，任何组织都不得强迫农民和村级组织从事出钱、出工、出物的活动，更不得向乡村组织下达相应的任务指标。不得要求农民承担社区居民委员会正常运转经费。各级政府部门不得以调

整农业结构等理由强令农民完成种养计划和技术推广任务。

（四）切实加强各级财政对村级组织和农民转移支付资金的监督管理

严禁任何组织和个人以任何理由截留、挪用、挥霍财政补贴资金。凡有上述行为的，有关部门要及时制止，并依法严肃查处。

（五）强化对村民“一事一议”筹资筹劳的监管

通过筹资筹劳方式发展农村公益事业，要由农民集体决策，特别是在新农村建设中，要建立公共财政投入与农民投资投劳相结合的共建机制，既要引导农民自愿筹资筹劳改善生产生活条件，又要禁止不切实际的达标升级活动，防止和纠正违背农民意愿超范围、超标准向农民筹资筹劳的行为。要加强对所筹资金使用的监督管理，确保资金使用方向和效率。

（六）加强对农民专业合作经济组织收费的监管

切实加强对向农民专业合作经济组织乱收费乱摊派等问题的监督管理，保护农民专业合作经济组织及其成员的合法权益。

六、加强农村综合改革工作的组织领导

深化农村综合改革工作涉及农村政治、经济、文化、社会等诸多领域，覆盖面广，任务艰巨。全市各级党委、政府要充分认识推进农村综合改革工作的复杂性和长期性，切实加强对农村综合改革工作的领导，周密安排、精心组织、加强协调，大力推进。继续坚持农村税费改革中主要领导亲自抓、负总责的领导方法，完善农村综合改革协调会议制度，充实农村综合改革协调会议办公室的工作力量，使其切实承担起领导农村综合改革的重要职责。市机构编制、教育和财政部门分别负责全市乡镇机构改革、农村义务教育改革、乡镇财政管理体制改革的政策研究和协调指导工作，各有关部门要积极配合、大力支持，确保农村综合改革工作的顺利进行。

中共北京市委农村工作委员会
北京市农村工作委员会

关于印发《北京市村民一事一议筹资筹劳管理办法》的函

（京农函〔2008〕12号　2008年11月17日）

郊区各区县委、政府：

为规范本市村级范围内村民一事一议筹资筹劳的管理，根据《国务院办公厅关于转发农业部村民一事一议筹资筹劳管理办法的通知》（国办发〔2007〕4号）精神，结合本市实际，特制定《北京市村民一事一议筹资筹劳管理办法》，现印发给你们，请做好农村一事一议筹资筹劳工作。

北京市村民一事一议筹资筹劳管理办法

为规范本市村级范围内村民一事一议筹资筹劳（以下简称筹资筹劳），加强农民负担监督管理，保护发展农民的合法权益，促进农村基层民主政治建设，发挥农民在村民自治中的主体作用，根据《国务院办公厅关于转发农业部村民一事一议筹资筹劳管理办法的通知》（国办发〔2007〕4号）精神，结合本市实际，特制定本办法。

本办法所称筹资筹劳，是指为兴办村民直接受益的集体生产生活等公益事业，按照本办法规定经民主程序确定的村民出资出劳的行为。筹资筹劳应遵循村民自愿、直接受益、量力而行、民主决策、上限控制的原则。市农民负担监督管理部门负责本市行政区域内筹资筹劳的监督管理工作。区县人民政府农民负担监督管理部门负责本区县行政区域内筹资筹劳的监督管理工作。乡镇人民政府负责本行政区域内筹资筹劳的监督管理工作。

一、筹资筹劳的范围与对象

（一）本办法规定的筹资筹劳适用范围是村内农田水利基本建设、道路修建、植树造林、与农业综合开发有关的土地治理项目和村民认为需要兴办的集体生产生活等其他公益事业项目。

属于明确规定由各级财政支出的项目，以及偿还债务、企业亏损、村务管理等所需费用和劳务，不得列入筹资筹劳的范围。

（二）筹资筹劳的议事范围为建制村。

（三）筹资的对象为本村所议事项受益人口。

筹劳的对象为本村所议事项受益人口中的劳动力。

（四）五保户、现役军人不承担筹资筹劳任务；退出现役的伤残军人、在校就读的学生、孕妇或者分娩未满一年的妇女不承担筹劳任务。

（五）属于下列情况之一的，由当事人提出申请，经符合规定的民主程序讨论通过，给予减免：

1. 家庭确有困难，不能承担或者不能完全承担筹资任务的农户可以申请减免筹资；

2. 因病、伤残或者其他原因不能承担或者不能完全承担劳务的村民可以申请减免筹劳。

二、筹资筹劳的程序

（六）需要村民出资出劳的项目、数额及减免等事项，应当经村民会议讨论通过，或者经村民会议授权由村民代表会议讨论通过。

（七）筹资筹劳事项可由村民委员会提出，也可由 1/10 以上的村民或者 1/5 以上的村民代表联名提出。

对提交村民会议或者村民代表会议审议的事项，会前应当向村民公告，广泛征求意见。提交村民代表会议审议和表决的事项，会前应当由村民代表逐户征求所代表农户的意见并经农户签字认可。

（八）召开村民会议，应当有本村 18 周岁以上的村民过半数参加，或者有本村 2/3 以上农户的代表参加。召开村民代表会议，应当有代表本村 2/3 以上农户的村民代表参加。

村民会议所作筹资筹劳方案应当经到会人员的过半数通过。村民代表会议表决时按一户一票进行，所作方案应当经到会村民代表所代表的户过半数通过。

村民会议或者村民代表会议表决后形成的筹资筹劳方案，由参加会议的村民或者村民代表签字。

（九）筹资筹劳方案经乡（镇）人民政府初审后，报区（县）农民负担监督管理部门复审。对符合本办法规定的，区（县）农民负担监督管理部门应当在收到方案的 7 个工作日内予以答复；对不符合筹资筹劳适用范围、议事程序以及筹资筹劳限额标准的，区（县）农民负担监督管理部门应当在 10 个工作日内提出纠正意见。

三、筹资筹劳的管理

（十）筹资筹劳实行上限控制。筹资筹劳的具体上限，由各区（县）人民政府根据本地区农村经济发展水平和村民的承受能力确定。各区县确定筹资筹劳标准或变更筹资筹劳标准后报市农民负担监督管理部门备案。

（十一）对经审核的筹资筹劳事项、标准、数额，乡（镇）人民政府应当在《北京市农民负担监督卡》上登记。

村民委员会将农民负担监督卡分发到农户，并在村务公开栏公布筹资筹劳的事项、标准、数额。

村民委员会按照农民负担监督卡登记的筹资筹劳事项、标准、数额收取资金和安排筹劳。

（十二）村民委员会委托村集体经济组织财务人员负责向筹资对象收取。村集体经济组织财务人员应向筹资对象开具《北京市行政事业单位银钱收据》，所收资金纳入村集体经济组织会计账内的“专项应付款一事一议筹资”科目核算。

村集体经济组织财务人员向自愿以资代劳的申请人开具《北京市行政事业单位银钱收据》，所收资金纳入村集体经济组织会计账内的“专项应付款一事一议筹劳以资代劳款”科目核算。

（十三）村民应当执行经民主程序讨论通过并经区（县）农民负担监督管理部门审核的筹资筹劳方案。对无正当理由不承担筹资筹劳的村民，村民委员会应当进行说服教育，也可以按照村民会议通过的符合法律、法规的村民自治章程、村规民约进行处理。

（十四）筹集的资金应单独设立账户、单独核算、专款专用。

村民民主理财小组负责对筹资筹劳情况实行事前、事中、事后全程监督。筹资筹劳的管理使用情况经民主理财小组审核后，定期张榜公布，接受村民监督。

（十五）任何单位或者个人不得平调、挪用一事一议所筹资金和劳务。

任何机关或者单位不得以检查、评比、考核等形式，要求村民或者村民委员会组织筹资筹劳，开展达标升级活动。

任何单位或者个人不得擅自立项或者提高标准向村民筹资筹劳；不得以一事一议为名设立固定的筹资筹劳项目。

村民或者村民委员会有权拒绝违反规定的筹资筹劳要求，并向乡（镇）人民政府及区（县）以上农民负担监督管理部门举报。

乡（镇）人民政府和区（县）以上农民负担监督管理部门在接到有关举报后，应当及时进行调查处理，并给予答复。

（十六）各级农民负担监督管理部门应当将筹资筹劳纳入村级财务公开内容，并对所筹集资金和劳务的使用情况进行专项审计。

（十七）属于筹劳的项目，不得强行要求村民以资代劳。村民因故无法出劳的，可以请人代为出劳或者以资代劳。村民自愿以资代劳的，由本人或者其家属向村民委员会提出书面申请，可以以资代劳。

以资代劳工价标准由区（县）农民负担监督管理部门根据经济发展和村民收入水平研究提出，原则上为本区（县）上年度农民劳均所得与全年工作日（自然天数扣除法定假日）的商，报市农民负担监督管理部门备案后，于每年3月底前与筹资标准一并公布。

（十八）由村民筹资筹劳开展村内集体生产生活等公益事业建设的，各级政府可按照一定比例，采取项目补助、以奖代补等办法给予支持，实行筹补结合。

对政府给予资金扶持的筹资筹劳项目，有关项目管理部门在进行项目审核、审批时，农民负担监督管理部门应就项目筹资筹劳是否符合村民一事一议的有关规定进行审查，并参与对项目筹资筹劳和资金使用情况的监督。

村民一事一议筹资筹劳项目奖励补助具体办法由市财政局、市农村工作委员会另行制定。

（十九）违反本办法规定、要求村民或者村民委员会组织筹资筹劳的，区（县）以上农民负担监督管理部门应当提出限期改正意见；情节严重的，依据涉及农民负担案（事）件责任追究的有关规定，对直接负责的主管人员和其他直接责任人员给予处分；对于村民委员会成员，由处理机关提请村民会议依法罢免或者做出其他处理。

（二十）违反本办法规定、强行向村民筹资或者以资代劳的，区（县）以上农民负担监督管理部门应当责令其限期将收取的资金如数退还村民，并依照本办法第十九条规定对相关责任人进行处理。

（二十一）违反本办法规定、强制村民出劳的，区（县）以上农民负担监督管理部门应当责令其限期改正，按照当地以资代劳工价标准，付给村民相应的报酬，并依照本办法第二十条规定对相关责任人提出处理建议。

四、其他相关规定

（二十二）根据受益主体和筹资筹劳主体相对应的原则，可适当缩小议事范围。以村民小组或者以自然村为单位议事的，参照本办法的有关规定执行。

（二十三）各区（县）可依据本办法制定实施细则。

（二十四）本办法自发布之日起施行。原《北京市村级范围内筹资筹劳管理暂行办法》同时废止。